BIBLIOTHÈQUE DE LITTÉRATURE DU XXᵉ SIÈCLE
sous la direction de Didier Alexandre
42

Wagner

André Suarès

Wagner

Édition critique par Frédéric Gagneux

PARIS
CLASSIQUES GARNIER
2022

Frédéric Gagneux est docteur en littérature et civilisation françaises (Sorbonne Université). Il a publié sa thèse *André Suarès et le wagnérisme* (Paris, 2009), ainsi que des textes inédits de Suarès. Il a également collaboré à des actes de colloques consacrés à l'écrivain et participé à la rédaction du *Dictionnaire encyclopédique Richard Wagner* (Arles, 2010).

ISBN 978-2-406-13531-9 (livre broché)
ISBN 978-2-406-13532-6 (livre relié)
ISSN 2103-4796

PRÉFACE

« Si Wagner (somme toute, j'en conviens avec plaisir) n'est pas allé jusqu'au bout, c'est moi qui suis plus Wagner que lui[1] », écrit André Suarès à son ami Romain Rolland le 28 mars 1890. Cette lettre a été écrite une dizaine d'années avant la parution de *Wagner* mais elle éclaire son premier portrait de grand homme. L'écrivain trouve dans le projet wagnérien un écho à sa propre recherche artistique. Dans la même lettre, il écrit encore :

> Ce magicien-artiste est mon propre cœur, tout épris de l'art : j'appelle sa tumultueuse conscience du nom de Wagner (…). Il est mon mage, – comme il faut bien que toute conscience ait le sien.

Cette profession de foi fait penser à l'expression de Victor Hugo : « être Chateaubriand ou rien ». Qu'un jeune écrivain se donne pour modèle une figure littéraire qui l'a précédé, c'est la marque d'une ambition supérieure. Il est plus surprenant qu'un écrivain présente un musicien comme modèle absolu, non seulement à égaler mais encore à dépasser. C'est qu'en cette fin de siècle, Wagner n'apparaît pas seulement comme un musicien mais surtout comme un artiste complet. Parce qu'il écrit lui-même les poèmes de ses drames lyriques, mais aussi parce qu'il est l'auteur de nombreux écrits théoriques en prose sur la recherche de la fusion des arts, de l'art total qui mêle musique, poésie et jeu théâtral. Et c'est bien ainsi que Suarès le perçoit et le présente à Romain Rolland dans une autre lettre du 13 octobre 1888 :

> Rien pour mon âme n'est à comparer à Wagner : les autres sont ou la Musique suprême, ou la Poésie à sa plus haute expression ou la Peinture à son comble, lui seul est l'Artiste Complet[2].

---

1 *Cette Âme ardente*, Albin Michel, 1954, p. 217.

2 *Ibid.* p. 144.

Bien entendu, pour le jeune écrivain, « Être Wagner » est moins la question qu'« Être Suarès », mais Wagner peut montrer en partie le chemin.

L'ÉCRITURE

André Suarès a commencé l'écriture de son *Wagner* en 1895 après son premier voyage en Italie. Selon Marcel Dietschy[3], il s'était installé dans la villa « Graziella », au Roucas-Blanc, à Marseille. Le Roucas-Blanc, quartier du 7e arrondissement de Marseille, doit son nom au rocher blanc sur lequel il est édifié. On y trouvait de riches villas qui profitaient d'une vue panoramique sur la méditerranée, mais aussi des petits cabanons populaires où l'on aimait se retrouver le dimanche, dans un paysage encore sauvage en cette fin de siècle. Suarès y passait plusieurs semaines ou même plusieurs mois pour s'isoler, profiter de la nature et écrire. Son père y avait possédé trois ou quatre « maisons des champs » mais, ruiné, avait été contraint de les vendre. Plus tard, le jeune écrivain louait une de ces petites maisons bon marché, très simples et entourées de terrains cultivés. Il y retrouvait parfois son frère Jean et sa sœur Esther avec qui il partageait légumes et fruits du jardin : tomates et pommes de terre, figues et pistaches. On connaît par sa correspondance la « maison Clélia » qu'il décrit comme « une île d'harmonie et de calme à deux pas de cet enfer de Marseille[4] ». La villa Graziella est un modeste cabanon. Yves-Alain Favre affirme que la rédaction complète date de mai 1896[5]. Suarès nous donne en effet l'indication suivante à la fin de son texte : « À la villa G…, en Provence, mai 1896 ». Mais en réalité, il a remanié son texte jusqu'en 1899, année de la publication. Nous en voulons pour preuve ce qu'il écrit à Romain Rolland le 8 septembre 1899 :

3 Marcel Dietschy, *Le Cas André Suarès*, Neuchâtel, À la Baconnière, 1967, p. 270.
4 Lettre inédite, collection Maurice Noël. Robert Parienté : *André Suarès l'insurgé*, Robert Laffont, 1999, p. 106-107.
5 Yves-Alain Favre, *La Recherche de la grandeur dans l'œuvre de Suarès*, Paris, Klincksieck, 1978, p. 71 : « Le livre a été écrit et terminé en mai 1896 ».

> Cet opuscule date de 1896. Par malheur, et selon ma funeste habitude, j'y ai rajouté en le recopiant [...]. La copie est de cette année, comme tu le sais.

Il faudrait retrouver le manuscrit (1896) afin de le comparer au texte publié (1899) pour savoir ce qu'il a réellement ajouté ou transformé, mais nous n'en n'avons retrouvé aucune trace. L'essentiel de la rédaction du *Wagner* précéderait donc celle du *Tolstoï* daté d'août 1898. Il n'est pas étonnant qu'il en soit ainsi. Wagner occupe l'esprit du jeune Suarès depuis longtemps. Il déclare au chapitre II de son *Wagner*, avoir connu d'abord *Lohengrin* et *Parsifal*, alors qu'il était « encore enfant ». Il écrit à Marie Dormoy le 11 septembre 1922 : « J'avais dix ou onze ans au temps de *Parsifal* ». *Parsifal* est créé en 1882 à Bayreuth et Suarès est né en 1868. Il n'est pas plus précis sur la façon dont il a rencontré l'œuvre de Wagner. Il faut attendre 1892 pour que *Lohengrin* soit représenté à Marseille mais on jouait en concert des pages symphoniques du compositeur, salle Valette[6] ou même au Grand Théâtre. Ainsi, dès avril 1861, on peut entendre l'ouverture de *Tannhäuser* (un mois environ après le grand scandale de sa création parisienne) et en février 1863, sa marche avec chœurs du même ouvrage. On joue donc Wagner à Marseille[7] où Suarès a pu l'entendre. D'autre part, il lit les partitions et joue des arrangements pour piano.

Suarès quitte Marseille pour Paris en 1883, l'année de la mort de Wagner, et intègre l'École normale supérieure en 1886 où il partage avec Romain Rolland sa turne d'étudiant. C'est une époque très riche pour le wagnérisme[8]. Il assiste aux concerts des chefs wagnériens d'alors, principalement Édouard Colonne et Charles Lamoureux, dans une ambiance souvent houleuse entre hourras et huées. Il entend les ouvertures (*Tannhäuser* est la plus souvent jouée) et préludes, les grandes pages wagnériennes symphoniques (la « chevauchée des Walkyries »),

---

6 La salle Valette était une salle de concert en bois d'environ 2000 places, édifiée en 1870 par Frédéric Valette (1817-1886), au 200, rue Paradis à Marseille. Elle prit ensuite le nom de « théâtre des Nations » puis de salle Prat. Elle ferma ses portes en 1950 avant d'être détruite. Ce fut un haut lieu des concerts classiques marseillais.

7 Les Marseillais ont pu découvrir *Tannhäuser* en 1896 et *La Walkyrie* en 1896 sur scène au Grand Théâtre.

8 On se reportera pour plus de détails à notre ouvrage *André Suarès et le wagnérisme*, Classiques Garnier, Paris, 2009 (poche, 2021) et à notre contribution au colloque *La couronne littéraire d'André Suarès*, Classiques Garnier, Paris, 2017, « Suarès, Wagner et le wagnérisme français », p. 191-201.

les chœurs (la marche nuptiale de *Lohengrin*, *Parsifal*), les grandes pages chantées (le final du *Crépuscule des Dieux*) et parfois des actes isolés. Il assiste aux concerts en lisant la partition, souvent accompagné de son ami Romain Rolland, et retrouve parfois son ancien camarade de Louis-le-Grand, Paul Claudel. Ces concerts parisiens permettent aussi de découvrir de grands interprètes wagnériens internationaux. Ainsi, il entend Amalie Materna, première Brünnhilde et première Kundry du festival de Bayreuth, dans la scène finale du *Crépuscule des Dieux*, le 17 mars 1889[9]. Ces concerts exceptionnels permettaient d'entendre des pages wagnériennes chantées en allemand alors qu'on utilisait traditionnellement une traduction française pour les représentations scéniques. En un temps où il n'existait pas d'enregistrements sonores de qualité, Suarès connaissait également les grands interprètes internationaux comme le légendaire Arthur Nikisch qui dirigeait le 10 mai 1897 l'orchestre philharmonique de Berlin dans un concert Beethoven. Il dut attendre pour assister à des représentations scéniques, n'ayant pas les moyens financiers de voyager : *Les Maîtres chanteurs de Nuremberg* à Paris en 1897 (avec Lucienne Bréval et Francisque Delmas[10]), *L'Or du Rhin* en 1902 à Paris, *Siegfried* la même année, *Parsifal* en 1925, *La Tétralogie* en 1929, *Tristan* en 1935. Ainsi, au moment de la parution de son *Wagner*, Suarès avait-il une bonne connaissance de l'œuvre musicale même s'il n'avait pas encore vu beaucoup de représentations intégrales scéniques en version originale.

L'autre élément très important pour sa culture wagnérienne est la parution de la *Revue wagnérienne*[11] entre 1885 et 1888 alors que Suarès était étudiant. Elle se donne pour but de faire connaître non seulement l'œuvre de Wagner mais aussi ses écrits théoriques sur l'art. On en retient la recherche de la fusion des arts et on cherche quelles en sont les conséquences pour la littérature, la poésie, le roman, la peinture, la musique. Les deux fondateurs, Édouard Dujardin et Houston Stewart Chamberlain présentent un Wagner « grand poète », « grand

9 La tétralogie de *L'anneau du Nibelung* est créée à Bayreuth en 1876.

10 Célèbres interprètes français de Wagner.

11 Frédéric Gagneux, édition critique en ligne de la *Revue wagnérienne* : https://obvil.sorbonne-universite.fr/corpus/critique/revue-wagnerienne_tome-1 (page consultée le 25/04/2022). On sait par la thèse de Thomas Doherty que Suarès possédait la totalité des numéros de la revue dans sa bibliothèque de la rue de la Cerisaie à Paris. Doherty, Thomas : *André Suarès et la Musique*, thèse de doctorat, Middlebury College, 1959.

penseur » et surtout « créateur d'une nouvelle forme d'art[12] ». C'est ce qu'on appelle alors le wagnérisme et cette revue devient un laboratoire pour tous les artistes qui s'intéressent aux synesthésies[13]. Si cette revue recense et critique les représentations wagnériennes, elle présente surtout des articles sur l'art. C'est une revue d'esthétique qui s'interroge sur l'art de l'avenir à travers le prisme wagnérien de la fusion des arts. Les symbolistes y trouvent un lieu privilégié de réflexion sur les grands thèmes qui traversent leur mouvement : l'importance de la musique, la mystique de l'art, la recherche d'un théâtre qui se fait célébration, l'art élevé au rang de religion… La *Revue wagnérienne* cite les écrits en prose de Wagner et les analyse. Certains ont été traduits, mais pas tous. Le plus connu d'entre eux et le plus accessible aussi est *Une Communication à mes amis* (1851) qui reprend les idées principales des grands essais théoriques que sont *L'œuvre d'art de l'avenir* (1849) et *Opéra et Drame* (1851). Plus tard, pour préparer le public français à la représentation de *Tannhäuser*, la *Lettre sur la musique* (1860), avait eu un grand retentissement pour la mise en place d'un wagnérisme français, et Baudelaire l'avait citée longuement dans *Richard Wagner et « Tannhäuser »* à Paris (1861). La *Lettre sur la musique* pose les bases des théories wagnériennes et reste le meilleur et le plus simple moyen d'entrer dans cet univers. Les premiers essais littéraires d'André Suarès doivent beaucoup à cette atmosphère wagnériste[14] des années qui suivent la mort du compositeur en 1883. La *Revue wagnérienne* participe à un wagnérisme littéraire et artistique qui trouve un écho tout particulier auprès des artistes symbolistes. Dans sa recherche d'un art total, Teodor de Wyzewa publie dans la *Revue wagnérienne* des articles sur la musique, la peinture ou la littérature wagnériennes. Suarès lui répond à sa manière en liant poésie et musique dans ses poèmes-partitions[15].

Le *Wagner* de Suarès paraît donc dans un contexte wagnérien fort d'un point de vue musical, littéraire, pictural, esthétique. Deux années

12 Article « La Revue wagnérienne », *La Revue musicale*, octobre 1923.

13 Le lien entre les arts, entre les sens, les perceptions. Faire appel à la couleur pour évoquer une musique, une musique pour évoquer un parfum…

14 Les wagnériens aiment l'œuvre de Wagner, la défendent et la font connaître. Les wagnéristes cherchent à réaliser un art total en peinture, littérature, musique à la suite des théories de Wagner sur l'art.

15 On se reportera à nos précédentes parutions chez Classiques Garnier pour mieux comprendre et appréhender l'influence de Wagner sur les premiers écrits de Suarès.

auparavant, en 1897, un ouvrage résumait bien l'ambiance générale du wagnérisme par ses premières lignes devenues célèbres :

> On va à Bayreuth comme veut, à pied, à cheval, en voiture, à bicyclette, en chemin de fer, mais le vrai pèlerin devrait y aller à genoux. Mais la voie la plus pratique, au moins pour les Français, c'est le chemin de fer.

Albert Lavignac, dans *Le Voyage artistique à Bayreuth* fait preuve d'un humour que n'a pas Suarès face au culte wagnérien. Son livre présente tout ce qu'il faut savoir sur les œuvres, la biographie, le logement à Bayreuth… c'est un véritable guide de voyage et son titre reflète tout à fait son contenu. Suarès ne se réfère pas à Lavignac, mais on trouve au moins deux références importantes en ce qui concerne les lectures qui ont pu influencer l'écriture de son propre ouvrage. Le premier apparaît dans la lettre à Romain Rolland du 28 mars 1890 déjà citée :

> Tant pis, extrême tant pis pour Wagner, s'il n'a pas été tel que je le pense – après tout que m'importe : nulle image, nul souvenir étrangers ne m'en gâtent l'ordonnance – et, dès longtemps, l'on sait que je n'ai pas les goûts de l'exhumation et de l'histoire : Monsieur Adolphe Jullien, lui, est un historien, à la bonne heure, – impartial comme il sied, avec, – voilà de l'histoire, – d'étonnants aphorismes historiques « vilain homme, ignoble parfois, mais grand artiste » – non je ne suis pas historien.

Adolphe Jullien est l'auteur d'un *Richard Wagner, sa vie et ses œuvres*, (Librairie de l'Art, Paris, 1886). L'ouvrage, dans son édition de luxe, reliée cuir, était illustré de quatorze lithographies originales de Fantin-Latour, grand peintre wagnériste qui cherchait une correspondance entre la musique et l'art pictural[16]. Jullien apparaît sur le célèbre tableau de Fantin-Latour, *Les wagnéristes*[17], portant haut-de-forme, à la gauche d'Emmanuel Chabrier qui se tient au piano. Suarès affirme sa différence avec Jullien et sa démarche d'historien. Il dénonce ses jugements moraux et revendique une approche subjective de son sujet :

> Qu'est-ce que ça me fait que Wagner ait été simple, de volonté une, pratique et, bref, très *mondaine*, soucieuse des intérêts terrestres ?
>
> Tout au plus, aurais-je pitié de lui – le cher et pas vulgaire excellent homme, qui a vécu à Zürich et à Bayreuth – symbole éphémère, voilà tout.

16 Il pensait le « flou » en peinture comme l'équivalent de la mélodie en musique.
17 Présenté au salon de 1885.

> Mais le vrai, le seul Wagner, celui dont tant de vers songeurs et d'ineffables musiques m'ont fait plus verser de larmes d'amour et d'extase, que *mille vies successives* avec leurs escortes de deuils et de joies n'en pourraient contenir, – ce Wagner-là, ce magicien-artiste est mon propre cœur, tout épris de l'art : j'appelle sa tumultueuse conscience du nom de Wagner, ou d'un autre : les « autres » cherchent la ressemblance : qu'ils cherchent, ces votiphores – : ceux-là le trouveront qui me ressembleront.

L'ouvrage le plus important aux yeux de Suarès est paru une seule année avant le sien. Il s'agit du *Wagner, poète et penseur* d'Henri Lichtenberger[18], éminent universitaire qui avait soutenu une thèse en 1891 sur les Nibelungen. Suarès lui consacre un article dans la *Revue d'art dramatique* d'octobre-novembre 1898[19]. Nous reproduisons cet article intégralement en annexe de cette édition car il est très important. L'originalité de Lichtenberger est d'éclairer la pensée et l'œuvre de Wagner par sa biographie, mais surtout de présenter sa pensée, sa philosophie et ses œuvres théoriques sur l'art. C'est la grande valeur de son livre encore aujourd'hui. Selon Suarès, cet ouvrage est « le mieux fait que nous ayons en français sur l'illustre musicien ». Lichtenberger cite largement et précisément Wagner en allemand. Suarès regrette le manque de traductions, mais on remarquera qu'il fait exactement la même chose dans son propre ouvrage.

Dans ce même article, Suarès replace le livre de Lichtenberger dans la longue liste des publications sur le compositeur ce qui nous permet de faire le point sur ce qu'il a pu utiliser lui-même. Les deux biographies « classiques » de Wagner par Houston Stewart Chamberlain et Carl Friedrich Glasenapp[20] apparaissent en première ligne alors qu'elles n'étaient pas encore traduites en français ce que regrette Suarès, et ce qui

18 Henri Lichtenberger (1864-1941), agrégé d'allemand, professeur de littérature et philologie germaniques à la Faculté des lettres de Paris (1905-1934).

19 *Wagner* est achevé d'imprimer le 31 octobre 1899.

20 Ces deux écrivains ont connu intimement Wagner et apporté des éléments de référence en ce qui concerne la biographie du compositeur. Houston Stewart Chamberlain (1855-1927) est un écrivain d'origine anglaise. Il épousa Eva Wagner, la fille du compositeur. Cofondateur de la *Revue wagnérienne*, il est l'un des rédacteurs des *Bayreuther Blätter* et l'un des principaux chroniqueurs du festival. Dès 1896, il devient ouvertement conservateur et antisémite. Cette dimension n'est pas encore apparue à Suarès au moment de l'écriture de son *Wagner*. Carl Friedrich Glasenapp (1847-1915) est un musicographe allemand. On lui doit la première biographie de référence du compositeur : *Das Leben Richard Wagners* (1894-1911) en six volumes. Il commence son travail à 16 ans et présente le premier volume à Wagner lui-même en 1876 lors du premier festival de Bayreuth.

nous laisse supposer qu'il les a lues en allemand, ou les connaît de seconde main par la *Revue wagnérienne*, ou justement ce livre de Lichtenberger.

L'article sur Lichtenberger permet de mieux situer Suarès dans le petit monde de la critique wagnérienne, ce qui est d'autant plus précieux qu'il cite rarement ses sources et utilise volontiers l'allusion. Il est difficile de mesurer l'influence du livre de Lichtenberger sur l'écriture du *Wagner*. Si sa rédaction remonte bien à 1896, il est négligeable puisque le livre de Lichtenberger parut en 1898. Mais Suarès dit avoir complété certains points en 1899 comme il le mentionne dans sa lettre à Romain Rolland. Nous signalons dans nos notes les liens que nous percevons entre les deux ouvrages et ils sont nombreux. Suarès renvoie souvent aux écrits de Wagner et laisse à penser qu'il les a lus dans la langue originale. C'est le cas lorsqu'il donne le numéro d'un volume et la page de l'édition allemande. Mais, on peut aussi penser qu'il reprend des références trouvées dans le livre de Lichtenberger qui cite Wagner en allemand sans le traduire le plus souvent. Dans la partie « Leitmotiv et organisme », Suarès raconte comment le thème principal des marins du *Vaisseau fantôme* s'est imposé à Wagner lors d'une navigation aventureuse. Suarès annonce en note les références suivantes : IV, 2. Cela renvoie à un passage d'*Une communication à mes amis*. Lichtenberger analyse le même passage dans son ouvrage et donne exactement la même référence, dans l'édition allemande, en grand germaniste qu'il est. Il en est ainsi plusieurs fois. À moins de trouver un manuscrit ou un état préparatoire du *Wagner*, il est impossible de se montrer définitif sur ce que Suarès avait lu directement en allemand et ce qu'il connaissait par les revues wagnériennes et autres sources en français. Toujours est-il qu'il connaît parfaitement le contenu des textes en prose de Wagner ce qui n'est pas si courant, et ce qui montre sa connaissance profonde de la pensée esthétique du compositeur.

LA PARUTION EN REVUE

Le texte parut d'abord en épisodes dans la *Revue d'art dramatique* et, dans cette version, présente des différences par rapport à l'édition de 1899. En ce qui concerne le texte lui-même, il y en a très peu. Nous les indiquons en notes lorsqu'elles peuvent changer le sens du texte, mais la plupart du temps, il ne s'agit que de changements insignifiants : « ce » remplaçant « le » par exemple. On trouve aussi parfois des changements de ponctuation, des virgules ou points-virgules ajoutés ou retirés. Difficile de savoir si ces petits changements sont dus à Suarès ou à l'éditeur, en l'absence de manuscrit original. Beaucoup plus marquant, tous les chapitres ne sont pas parus dans la revue, et l'ordre en a parfois été changé. Surtout, l'organisation d'ensemble est très différente. Dans le livre, les trois parties principales sont encadrées par une partie d'introduction et une partie conclusive. Dans la table des matières, Suarès indique bien « première partie », « deuxième partie » et « troisième partie ». Ce bloc principal est encadré d'un chapitre introductif (« la rencontre ») et d'un chapitre conclusif (« L'adieu à Bayreuth »).

Dans la *Revue d'art dramatique* l'œuvre est découpée en quatre parties :

1. *Du Culte de Wagner*, novembre 1898
2. *Vues sur la vie de Wagner*, janvier 1899
3. *Wagner et le Drame*, de mai 1899 à août 1899
4. *L'Adieu à Bayreuth*, septembre 1899

– *Du culte de Wagner* (novembre 1898)
  - I. Beethoven et Wagner
  - II. Si l'on peut juger Wagner ou s'il faut lui rendre un culte

  « Un livre sur Wagner », l'article sur le livre d'Henri Lichtenberger : *Richard Wagner, poète et penseur*, est intercalé ici, entre la partie I et la partie II. (Décembre 1898)

– *Vues sur la vie de Wagner* (janvier 1899)
  - I. Bonheur de sa naissance
  - II. Sensualité de Wagner
  - III. L'amitié de Wagner et de Liszt
  - IV. Michel-Ange et Wagner
  - V. Wagner et le roi Louis
  - VI. Le matin de Venise
  - VII. Sur la route de Wahnfried

– *Wagner le drame* (mai 1899 à août 1899)
  - I. Le drame et l'action

1. Le drame (mai 1899)
2. Drame et musique
3. Opéra et drame (juin 1899)

II. Si le drame de Wagner est une action
1. Idées de Wagner (juillet 1899). Ce seul chapitre contient à lui seul ce qui deviendra dans la version éditée
2. Extrémités (texte enchainé directement)
3. Le drame psychologique (séparé par trois étoiles marquant un nouveau paragraphe).

III. Que le drame est une symphonie
1. Organisme et leitmotiv (août 1899)
2. Le poète épique
3. Le drame et l'orchestre

– *L'adieu à Bayreuth* (septembre 1899)
I. Ave
II. Sur la colline
III. Tentation de Wagner
IV. Entretien avec Bakounine
V. Remarques
VI. Rencontre de Vesper
VII. Paroles d'un homme à l'auditoire de *Parsifal*

La partie d'introduction « La rencontre » n'existe pas en revue. Le texte débute par la première partie « Du culte de Wagner » et ne comporte que deux chapitres « Beethoven et Wagner » et « Si l'on peut juger Wagner, ou s'il faut lui rendre un culte ». Il manque « L'idole » que Suarès ajoute dans la version en livre. Ce premier ensemble est publié dans le numéro de novembre 1898.

En décembre 1898, il n'est pas directement suivi par la seconde partie, mais par l'article « Un livre sur Wagner », présentation critique du *Wagner, poète et penseur* d'Henri Lichtenberger (Alcan, 1898). En raison de l'importance du contenu de cet ouvrage et de sa publication entre la première et la seconde partie du *Wagner*, il nous a semblé important de le proposer dans son intégralité en fin de volume. Sans considérer qu'il fait partie intégrante de la version éditée en revue, il est tout de même proposé au lecteur dans cette parution en épisodes. De plus, cet article montre que Suarès connaissait bien cet ouvrage qui a pu influencer ou enrichir son texte initial de 1896.

La seconde partie du livre : « Vues sur la vie de Wagner », paraît en janvier 1899 et présente sept chapitres contrairement à la version éditée qui en comporte neuf. Il manque « Tentation de Wagner », ainsi qu'« Entretien de Wagner avec Bakounine ».

La suite correspond à la troisième partie du livre « Wagner et le drame », qui apparaît dans son organisation de la même façon que dans la version finale, en mai 1899 (I ; 1, 2), juin (I ; 3), juillet (II ; 1, 2, 3), août (III ; 1, 2, 3). On remarquera cependant une différence pour le chapitre II, « Le drame de Wagner est une action ». Il se présente dans la revue en un seul bloc alors qu'il est divisé en trois chapitres dans la version finale : « Idées de Wagner », « Extrémités » et le « Drame psychologique ».

La partie la plus remaniée est la dernière « L'Adieu à Bayreuth ». Alors qu'elle n'en présente plus que trois dans le livre, elle est composée de sept chapitres dans la revue : « Ave », « Sur la colline », « Tentation de Wagner », « Entretien avec Bakounine », « Remarques », « Rencontre de Vesper », « Paroles d'un homme à l'auditoire de *Parsifal* ». Nous retrouvons les deux chapitres qui manquaient dans la seconde partie.

« Ave » ouvre le livre et forme avec « rencontre de Vesper » un chapitre d'introduction que Suarès augmente d'un nouveau texte « Ordre ». Suarès conserve pour cette dernière partie qui forme une conclusion : « Sur la colline », « Remarques », et « Paroles à l'auditoire de *Parsifal* ... ».

Finalement, Suarès a profondément remanié l'organisation de son ouvrage mis à part la partie III, sur Wagner et le drame. Au fond, les chapitres sont autant de courts textes qui ont leur propre unité et peuvent être mis en lien les uns avec les autres de façons différentes.

L'organisation finalement choisie est claire et met en valeur les différents thèmes qui organisent son livre. Le noyau (partie III) est la réflexion esthétique sur le drame et l'union des arts. La seconde partie présente des éclairages sur certains points biographiques. La première prend en considération la manière dont on perçoit Wagner, la question du « culte » artistique qu'il est capable de susciter. Enfin, deux autres encadrent l'ensemble : un chapitre d'introduction, « La Rencontre », et un autre de conclusion « L'adieu à Bayreuth ».

Une dernière règle d'organisation s'impose dans le livre, qui n'apparaissait pas dans la revue : le respect du chiffre trois[21]. Chaque partie comporte elle-même trois parties, divisées en trois pour la troisième partie et en neuf pour la seconde. C'est un élément wagnérien symboliquement fort : Wagner organisait ses drames lyriques ainsi, toujours en trois actes. Nul doute qu'il faille ici en trouver la raison. L'ensemble est organisé en trois parties précédées par un chapitre faisant office de prologue et suivies d'un autre qui clôt l'ouvrage. Dernier élément à remarquer : l'édition de 1899 présente deux tables des matières qui encadrent le texte : pour commencer un « ordre des matières » et pour terminer, une « table des matières ». C'est une curiosité qu'il est difficile d'imputer soit à l'éditeur, soit à l'auteur mais qui ajoute encore à la symétrie d'ensemble.

Encore faut-il préciser que le livre parut à trois cents exemplaires, grâce à l'aide financière de Maurice Pottecher et de Michel Bréal, le beau-père de Romain Rolland. Si les deux amis de l'École normale supérieure s'étaient éloignés en 1892 après le mariage de Rolland, cette intervention financière a contribué à les réconcilier.

LA RÉCEPTION ET LA CRITIQUE

Comment ce texte fut-il reçu ? Henri Lichtenberger cite l'ouvrage de Suarès à son tour, en 1907, dans la 4e édition de son *Richard Wagner, poète et penseur* au chapitre « Idées de Wagner sur l'art », ainsi que dans sa conclusion. Ainsi le *Wagner* de Suarès apparaît-il dans la liste des livres français conseillés aux lecteurs :

> Parmi les ouvrages écrits en français, on consultera avec profit ceux de Schuré (*Histoire du drame musical*), de Freson (*Esthétique de R. Wagner*), de Noufflard (*Wagner d'après lui-même*), de Suarès (*Wagner*) et surtout d'A. Ernst (*l'Art de R. Wagner*)[22].

21 « Le chiffre 3 est donc, non sans quelque artifice, à la base de toute l'ordonnance du *Wagner* », écrit Mario Maurin dans son article « Le *Wagner* de Suarès », *Suarès et l'Allemagne*, *La Revue des Lettres modernes*, n° 484-490, 1976, p. 133.

22 *Op. cit.*, p. 203.

Il le cite plus loin aux côtés d'auteurs wagnériens de référence comme Schuré, Jullien, Ernst ou Kufferath[23], ce qui est une marque de réelle reconnaissance.

Jean Astier, spécialiste de la question musicale chez Suarès, précise que le livre fut bien accepté à sa parution par le compositeur Paul Dukas, mais hélas, sans donner plus de précision. En revanche, lui-même n'est pas tendre avec Suarès :

> Trop souvent, Suarès se grise d'érudition, cédant au snobisme du dogmatisme. Il abandonne souvent son sujet pour nous faire part de ses conceptions sur la critique créatrice et la critique savante, sur le théâtre lyrique. Parfois, la digression l'emporte sur le sujet initial : ainsi dans la première partie, intitulée « du culte de Wagner », il s'étend sur sa conception de la critique musicale, parle de Franck, Bach, Palestrina, Gluck, Mozart et n'arrive à Wagner que par le biais d'un parallèle avec Beethoven[24].

Il est vrai que Suarès consacre de nombreux passages à la question de la critique. Mais il ne faut justement pas les considérer comme des digressions, mais bien plutôt comme faisant partie d'une réflexion essentielle pour l'écrivain qui pose, dans ce premier portrait littéraire, les bases de son style propre. On perçoit sa volonté d'affirmer et de défendre son originalité d'écrivain et de critique, d'autant plus sur un sujet qui a déjà produit une vaste et riche littérature. Il doit à tout prix se démarquer.

Marcel Dietschy, musicologue suisse, spécialiste de Debussy et suarésien de la première heure, présente un Suarès idolâtre qui livre un « hommage romantique » :

> Wagner, c'est l'Artiste complet, et le seul. Wagner, c'est la religion. Et Suarès ne manque pas de se prosterner devant ce Titan[25].

André Cœuroy était l'un des fondateurs de *La Revue musicale* à laquelle Suarès participa en publiant des chroniques sous le titre de « Pensées sur la musique ». Dans son *Wagner et l'esprit romantique*, et avec son esprit sarcastique habituel, il parle d'un « Suarès, muré dans sa superbe de wagnérien béat[26] ».

---

23 *Ibid.*, p. 4660.

24 Jean Astier, *La passion musicale d'André Suarès*, Lucien Volle, 1975, p. 59.

25 Marcel Dietschy (1915-1981) : *Le cas André Suarès*, Neuchâtel, 1967, p. 270.

26 André Cœuroy, *Wagner et l'esprit romantique*, Paris, Gallimard, « Idées », 1965, p. 322.

Ces jugements, souvent très critiques, mettent en évidence le manque d'unité de l'ouvrage. Il déroute en échappant aux formes habituelles : ce n'est pas une biographie, pas plus qu'un ouvrage critique classique, encore moins un guide musical à la manière de Lavignac. C'est plutôt la confrontation d'un écrivain avec un artiste, une réflexion sur la force intérieure qui mène à la création, un miroir qui doit permettre à Suarès de mieux se connaître lui-même, et définir son propre projet artistique. Suarès surprend par ses jugements critiques sur Wagner. Il déconcerte par la comparaison du compositeur avec d'autres artistes (parfois d'époques très différentes) et d'autres puissances créatrices. Il s'offre des réflexions sur la musique ou la critique elle-même. L'unité n'apparaît pas tout de suite. Elle est à trouver dans la recherche que Suarès mène vers sa propre conception de l'art et de la création. À propos d'un autre projet (un livre sur Beethoven), Suarès écrit à Rolland le 4 mars 1927[27] :

> Sache à ton tour que j'ai, moi aussi, sur le chantier, un petit livre depuis plus de vingt ans : est-ce un portrait du vieux sourd ? Pas même. Une sorte de colloque avec lui, une suite d'entretiens, non pas sans disputes.

De la même façon, il s'agit dans ce *Wagner*, d'un « colloque avec le compositeur », une confrontation avec ce que cela peut supposer de « disputes[28] ». Dans le même état d'esprit, Mario Maurin présente ce texte comme « un *remerciement* au double sens du terme, expression de reconnaissance et acte de congé, hommage qui ne dissimule pas l'intention de "reprendre à la musique son bien"[29] ».

Un des moyens de mieux comprendre la logique de ce livre est justement de s'intéresser à la définition de la critique par Suarès. Il prend pour exemple le *Beethoven* de Wagner publié en 1870. On sait par la thèse de Thomas Doherty[30] qu'il en possédait un exemplaire annoté dans sa bibliothèque de la rue de la Cerisaie. C'est le livre d'un artiste sur un autre artiste et un modèle selon l'écrivain :

> Qu'on publie les cahiers de Beethoven ; qu'on déchiffre sa Correspondance, qu'on cherche à ne rien laisser d'obscur dans sa vie ni dans son œuvre ;

---

27 Cité par Yves Alain Favre.

28 Dans le sens de confrontation d'idées.

29 *Op. cit.*, p. 133.

30 Doherty, Thomas : *André Suarès et la Musique*, thèse de doctorat, Middlebury College, 1959.

> c'est à merveille. Wagner ira justement à Bonn, toucher toutes ces reliques. Cependant, lui ressuscitera le Saint et en fera un portrait admirable. Pour le dire enfin, *la Critique est une Science, qui a une œuvre d'art pour fin.* Or, à cette œuvre, il faut, non un savant, – un artiste[31].

Il s'en prend à Villemain[32] et à ceux qu'il appelle les « mécaniciens de l'art », qui ont une perspective historique ou matérialiste. S'il reconnaît à Houston-Stewart Chamberlain d'être un biographe de Wagner « inimitable », il lui reproche de ne pas saisir l'âme de l'œuvre, à savoir Wagner lui-même[33]. La dimension scientifique est importante mais il manque à ces critiques la part d'imagination nécessaire à la création véritable :

> Leur méthode seule est sûre pour l'étude. Mais la pleine intelligence d'un art, d'une œuvre, à plus forte raison d'un homme, ne va point sans *Imagination.* C'est elle qui donne la véritable intelligence.

Selon Suarès, le critique doit faire à son tour œuvre d'art :

> (...) puisque nous sommes artistes, de notre héros et de son œuvre, faisons une œuvre d'art[34].

Un autre texte du compositeur sur la critique est *Une communication à mes amis* paru en 1851 et dont le titre est en lui-même un programme :

> Je donne cette explication à mes *amis* parce que je ne puis espérer être compris que par ceux qui ont envie et besoin de me comprendre ; il ne peut donc s'agir que de mes amis.

Selon le compositeur, « séparer l'artiste de l'homme est aussi vide de sens que de couper l'âme du corps ». En opposition avec une analyse trop intellectuelle de l'artiste et de son œuvre, il défend la dimension émotionnelle, intuitive, de la perception de l'œuvre. On retrouve ce que Suarès appelle « l'imagination », qui donne la véritable intelligence de l'art, ce que la pure analyse intellectuelle ne permet pas :

---

31 *Wagner*, p. 34.

32 Abel François Villemain (Paris 1791-1871). Professeur à la Sorbonne, à l'École normale supérieure, député et membre de l'Académie française, il est connu pour ses volumes sur l'histoire de la littérature française.

33 *Wagner*, p. 35.

34 *Wagner*, p. 10.

> On ne saurait aimer un artiste ayant mes visées ni par conséquent comprendre son art si cette compréhension et l'amour qui la rend possible ne trouvaient à leur tour une source, la source principale, dans la sympathie, c'est-à-dire la compassion que sa vie, au sens le plus humain de ce mot, suscite[35]. (...) L'artiste s'adresse au sentiment et non à l'entendement : lui répondre avec l'entendement signifie simplement qu'il n'a pas été *entendu*, et notre critique n'est en vérité rien d'autre qu'un aveu d'incompréhension de l'œuvre d'art.

Suarès se place dans la ligne directe de la critique telle que Wagner l'envisage, et il définit sa propre conception de la critique dans ce premier portrait de grand homme :

> Il est singulier qu'on n'ait point encore fixé le lieu où l'apologie d'un grand homme, l'analyse de son art, celle de ses œuvres, et le récit de sa vie se rencontrent. Ce serait là le plan véritable de la critique. Pour le moment, chacun des éléments, dont l'ensemble la détermine, prétend y suffire, et n'y réussit pas en effet[36].

Il n'est pas certain qu'il ait réussi à créer une unité entre ces différents points, mais on trouvera là les différents axes selon lesquelles il a abordé la composition de son livre. Il faut ajouter une autre dimension : pour Suarès, « la grande œuvre d'art est l'œuvre d'une grande vie[37] ». La création d'une œuvre d'art est un chemin intérieur, une mystique qui suppose un travail sur soi. Le travail de l'œuvre va de pair avec un cheminement intérieur. L'artiste est sur le chemin de sa propre réalisation. C'est en ce sens qu'il prête ces paroles à Wagner arrivé à la fin de sa vie :

> J'ai osé. J'ai osé être ! Je l'ai pu. Voilà l'œuvre sans pareille. Voilà la merveille, où la vie se reconnaît et rend hommage à la vie. J'ai osé aller au bout de moi-même, le pouvant : audace divine : si grande, que rien n'est plus grand, sinon d'être en possession de pouvoir en faire la tentative[38].

Suarès se donne pour objectif de saisir une puissance créatrice en marche vers sa réalisation. Pour autant, l'imitation ne servirait de rien, chaque artiste devant trouver sa propre voie et sa forme particulière d'expression.

---

35 *Une communication à mes amis*, Trad. Jean Launay, Mercure de France, 1976. Ecrite en 1851.
36 *Wagner*, p. 31.
37 *Ibid.*, p. 41.
38 *Ibid.*, p. 95.

Celui qui, sans doute, a le mieux présenté le texte de Suarès est Maurice Pottecher dans *La République française* du 21 novembre 1899. L'ami fidèle de Suarès tenait une rubrique intitulée « Les grands concerts » sous le pseudonyme de Litte[39]. Cette fin novembre proposait peu de nouveautés aux concerts Colonne et Pasdeloup, et Pottecher présentait deux ouvrages nouvellement parus. Le premier était la méthode pianistique de Marie Jaëll : *Le toucher*. Le second était le *Wagner* de Suarès. Nous présentons ici la seconde partie de son article :

> L'autre ouvrage, publié par la *Revue d'art dramatique*, est un volume consacré à Wagner. Il a pour auteur, M. Suarès. Ce n'est ni une biographie du maître dont la vie est suffisamment connue après tous les travaux qui ont été faits par M. H. S. Chamberlain, Glasenapp, Noufflard, Kufferath, Julien et A. Ernst ; ni une analyse technique des drames, ni un de ces panégyriques, ou un de ces « éreintements » également excessifs, comme en fournit encore la rhétorique de tant d'écrivains. Il faut y voir plutôt un portrait de l'artiste fait par un écrivain remarquable qui est à la fois un poète et un critique, doué d'une rare intelligence, entrant profondément dans l'intimité de son modèle, sans rien abdiquer lui-même de sa forte personnalité : aimant et vénérant le génie auquel il doit les plus vives jouissances, mais refusant de rien lui céder de ses idées propres, et ne croyant pas que l'admiration doive se transformer en un culte aveugle et fanatique. On trouvera dans ce livre, où le style, en sa forme incisive, rapide et toute classique, ne semblera pas moins original que les idées, les vues les plus neuves et les plus intéressantes non seulement sur l'œuvre wagnérienne, mais aussi sur la musique contemporaine, sur l'art en général et sur la conception de la critique. L'auteur ne cache ni n'adoucit sa pensée qui est souvent sévère pour ce que Tolstoï appelle le faux art et qui est presque tout notre art moderne ; mais sa haine violente contre les esprits médiocres et les gloires frelatées est compensée et se justifie par l'enthousiasme ardent qu'il témoigne aux œuvres véritablement belles et pures, sorties du génie humain. Et la juste raillerie qu'il fait des imitateurs de Wagner, au lieu de blesser leur amour-propre devrait leur ouvrir les yeux, s'ils étaient encore capables d'une vue claire et sincère, sur l'abîme sans issue où ils entraînent la musique moderne. « Wagner semble, dit-il, n'avoir dissipé de fausses apparences que pour en introduire d'autres, en nombre, en poids démesurés, qui écrasent tout sentiment sous elles, qui suppléent à toute pensée sincère, à toute passion vraie. Lui, qui cherchait, jusqu'en son secret le plus intime, l'essence cordiale

39 Maurice Pottecher commence à écrire cette chronique en 1895 mais, rapidement accaparé par ses projets théâtraux, il peine à trouver le temps et demande l'aide de Suarès. À partir de 1897, ils se partagent cette occupation régulière ce qui permet à Suarès d'assister à de nombreux concerts gratuitement et de gagner un peu d'argent. *Cf.* Frédéric Gagneux : *André Suarès et le wagnérisme*, Classiques Garnier, 2009, p. 93-94.

de l'expression, il a déchainé dans la musique tous les artifices de métier. Au lieu de passions toutes pures, ce n'est que fausse psychologie. À la place de la nature, l'affectation continue. À la place de la grandeur, l'emphase du langage… Pour dire : "Bonsoir, ma mie", ils empruntent la voix de Wotan, faisant ses adieux à la divinité anéantie[40]. Et le moindre galant, qui chante dans son madrigal, se prend pour Tristan, le possédé du mortel amour. »

Il est impossible que ceux qui liront ce livre, où tant d'ardeur de sentiment se mêle à beaucoup de profonde et fine pensée, n'y sentent point, – même s'il les surprend et parfois les blessent, – l'âme d'un véritable artiste, doublé d'un remarquable écrivain.

Litte.

L'ORGANISATION

Nous nous proposons ici de parcourir les différentes parties pour aider le lecteur à se repérer dans l'architecture d'ensemble et expliciter les différents éléments parcourus par Suarès afin d'éviter au lecteur l'impression de se perdre dans ses disgressions. Le chemin paraît plus facile lorsque l'on a une idée de l'itinéraire à suivre, d'autant plus si l'on n'est pas un lecteur familier de l'univers wagnérien.

Le chapitre d'introduction est en trois parties. La première, « Ave », pose la question difficile de l'héritage wagnérien et du festival de Bayreuth, devenu malgré Wagner lui-même, un lieu à la mode. Le compositeur semble trahi par sa réussite même. La seconde, « Rencontre de Vesper », est un épisode poétique, autour du festival Bayreuth et d'une représentation de *Parsifal*. Le narrateur rencontre un jeune homme, plus proche de la Renaissance italienne que de la mythologie nordique. Suarès lie ici ses deux grands amours : l'Italie et l'Allemagne. C'est un peu « le Condottiere à Bayreuth ». Cette apparente liberté n'est pourtant pas incongrue. Wagner est mort à Venise et son *Parsifal* doit beaucoup à ses dernières années passées en Italie. Son œuvre ultime apparaît ici comme l'œuvre majeure. Si le narrateur ne saurait être totalement identifiable à Suarès lui-même, l'auteur livre quelques éléments biographiques. Il parle aussi de la « doctrine wagnérienne » (c'est-à-dire sa théorie de

40 Le dieu Wotan endort sa fille Brünnhilde dans la dernière scène de *La Walkyrie* au sommet d'un rocher entouré de flammes. On appelle ce passage « les adieux de Wotan ».

l'art total développée dans ses écrits en prose), qu'il dit avoir connue avant l'œuvre elle-même[41] sans préciser de quelle façon. Il passe donc de l'homme à sa doctrine pour s'en libérer et revenir à l'homme et à ses œuvres. C'est le mouvement qu'il propose dans son *Wagner* : un va et vient entre les théories, les œuvres et les éléments biographiques. Finalement, Suarès veut se libérer du wagnérisme, qui ne peut selon lui, créer que des imitateurs afin d'accéder à une création personnelle. La fin de cette première partie avec le troisième chapitre « Ordre », révèle bien le projet suarésien :

> O Wagner, je te vois avec une joie unique : car sur ta pensée, qui est celle de l'art, je fonde un Ordre.

La méditation sur Wagner permet à Suarès de définir son propre geste créateur et il annonce un plan : ce que l'œuvre « passe pour être », ce qu'elle fut dans son projet, et ce qu'elle est en réalité.

Après ce moment préliminaire, la première partie (« Du culte de Wagner ») est elle-même composée de trois chapitres. Le premier, « L'idole », présente Wagner comme une divinité primitive qui dévore ses victimes. Suarès critique violemment les wagnériens idolâtres, et les wagnéristes qui reproduisent la manière wagnérienne dans leur propre création. César Franck apparaît ici comme l'un de leurs représentants. À l'opposé, dans le domaine pictural, il prend en exemple Claude Monet qui a su trouver son propre style en cherchant lui aussi le lien entre les arts[42]. D'autres (peintres, écrivains ou musiciens) oublient tout simplement d'être eux-mêmes dans cette recherche du wagnérisme en suivant une théorie : « le mal dangereux de ces musiciens est de ne se connaître jamais soi-même », « l'idole leur cache le vrai dieu et la vie[43] ». Plus loin, il fait allusion à Vincent d'Indy et la Schola Cantorum[44]. Suarès oppose la théorie à « la belle imagination » et « le vrai sentiment ». Tout

---

41 Pour plus de détails, on pourra se reporter à notre livre *André Suarès et le wagnérisme*, Paris, Classiques Garnier, 2009.

42 Cette allusion rapide rappelle le lien entre les impressionnistes et le wagnérisme. Certains peintres, d'écoles ou de styles très différents ont cherché à traduire en couleurs, en images, des impressions musicales, de Fantin-Latour à Kandinski. *Cf.* Richard Wagner, *Visions d'artistes*, Catalogue de l'exposition de Genève, Paris, Somogy, 2005, p. 252-259.

43 *Wagner*, p. 20.

44 « Michel-Ange et Wagner », p. 69.

occupés à suivre les préceptes wagnériens, les musiciens finissent par méconnaître les grands maîtres classiques.

Suarès poursuit cette réflexion avec un texte tellement enthousiaste sur Beethoven que Mario Maurin se demande « s'il va en rester pour Wagner » :

> Il est l'homme unique dans l'Histoire de l'Art, qui a vécu dans le sublime, comme les autres dans l'air tempéré où ils respirent[45]. (...) La musique de Beethoven est le pur dialogue de l'Infini avec le Cœur[46].

Suarès compare les derniers quatuors à « l'oraison d'un dieu ». Ces pages sur Beethoven sont un très bel hommage au compositeur. Finalement, il compare Beethoven et Wagner. Beethoven s'est concentré dans la profondeur de son âme quand Wagner, en conquérant, a exploré la vie, la sensation. Suarès le compare à Napoléon par la volonté. Dans ces pages très personnelles, Suarès s'attache à caractériser les musiques de Mozart, Weber, Berlioz, Beethoven, et replace Wagner parmi ses grands prédécesseurs. Il termine en annonçant qu'il se donne comme but de montrer le caractère organique de la création wagnérienne. Rappelons ici que Suarès a souvent écrit sur Beethoven et avait en projet d'écrire un ouvrage sur lui[47].

Le dernier chapitre de cette première partie pourrait s'intituler « critique de la critique ». Suarès s'intéresse aux positions de Sainte-Beuve, Carlyle, Villemain, pour montrer la limite des critiques historiques, savantes ou rhétoriques qui, selon lui, ne parviennent pas à saisir l'âme du créateur. L'intérêt de la critique étant d'explorer « les raisons d'aimer un grand homme », seul Wagner, en 1869, pouvait s'exprimer sur Beethoven. Il faut du génie pour parler d'un génie : la critique doit elle-même être une forme de création. L'un des exemples de critique réussie est donc à trouver chez Wagner lui-même qui a consacré plusieurs écrits à Beethoven, dont un essai commémoratif en 1870 pour le centenaire de sa naissance. On revient alors au compositeur, après ce qui n'aurait pu paraître qu'une grande digression. Les écrits de Chamberlain et Wolzogen ont contribué à construire un culte du compositeur. C'est

---

45 p. 24.

46 *Wagner*, p. 25.

47 Voir à ce sujet l'article d'Yves-Alain Favre : « Les variations de Suarès sur Beethoven », dans *Suarès et l'Allemagne*, la revue des lettres modernes, Minard, 1977.

pour Suarès la marque d'une incompréhension, car accepter un dogme, c'est refuser de réfléchir (« on adore assez souvent ce qu'on ne comprend qu'à peine »). Suivre une théorie ne peut aboutir à une vraie création. Wagner lui-même n'en suivait aucune. Il n'est devenu théoricien que pour expliquer son œuvre au public, ce qu'il fit à contre-cœur et surtout après-coup. On comprend ici que Suarès essaie lui-même de se dégager de l'emprise de cette grande figure : « tout le siècle a bu le philtre d'Isolde comme Tristan[48] ». Wagner apparaît sous la figure de Merlin, et sa musique, de Circé. Ses admirateurs sont sous sa domination, ils doivent se dégager de son emprise. Il n'y a pas de critique « sans jugement » et Suarès refuse le culte wagnérien. L'essentiel est dans l'homme, et c'est là que Suarès pense trouver « son » Wagner.

La seconde partie est logiquement consacrée à certains aspects de sa biographie en neuf chapitres : « vues sur la vie de Wagner ». Suarès retient quelques éléments pour ébaucher un portrait du compositeur. Un chapitre sur sa naissance, deux sur sa personnalité (« sensualité » et « tentation de Wagner »), quatre sur des rapprochements avec des personnalités contemporaines ou non (Liszt, Bakounine, Louis II et Michel-Ange) et deux enfin sur des lieux emblématiques (Venise et Bayreuth).

« Bonheur de sa naissance » présente la famille de Wagner, sa ville natale (Leipzig), son pays et la période historique (le moment où Bismarck cherche à donner son unité au pays). Il en conclut que Wagner est profondément l'homme de son temps et qu'il a réalisé ce dont son temps avait profondément besoin : Wagner « est venu à son heure ». Si tout, en France, menait à un grand poète, tout en Allemagne annonçait un grand musicien. D'autres ont réalisé ainsi une attente dans l'histoire des nations (Alcibiade, Napoléon), l'histoire de l'art (Vinci) ou de la musique (Beethoven et Wagner). Dans ce portrait, Wagner est musicien avant même d'être poète. Suarès va à l'encontre des wagnéristes qui font de Wagner un poète–musicien et le rend tout entier à la musique qui l'emporte sur le drame et porte la dimension tragique des drames lyriques. Suarès retrace la carrière du compositeur, de Leipzig à Dresde où le poste de chef d'orchestre lui donne une fine connaissance des instruments, utile pour ses futures compositions.

Le chapitre suivant, « Sensualité de Wagner », montre combien la puissance de création puise dans les forces vives de l'artiste, dans ce que

48 *Wagner*, p. 30.

Suarès appelle « sensualité » et que d'autres, plus tard, nommeraient « libido ». Il décrit un Wagner d'une sensibilité violente, terrible, qu'il sublime et dépasse dans une œuvre de génie. Suarès reprend les accusations d'adultère qui ont poursuivi Wagner, avec Mathilde Wesendonck d'abord puis Cosima von Bülow. Il présente un homme incapable de suivre les règles de la société et échappant à la morale commune. Le chapitre se termine par le pouvoir de sa musique sur l'esprit et les sens, ainsi que sur ses séductions et ses dangers.

Suivent trois confrontations avec des contemporains : Liszt, Louis II de Bavière, et Bakounine ; et un autre artiste plus éloigné artistiquement et temporellement : Michel Ange. Suarès ne retrace pas ces rencontres d'un point de vue historique ou purement biographique mais montre l'énergie créatrice qui surgit de leur confrontation. Mario Maurin écrit à ce propos[49] :

> On pourrait croire que sa pensée, comme l'étincelle électrique, a besoin de deux pôles pour jaillir.

La longue amitié de Richard Wagner et Franz Liszt a connu des épisodes difficiles. Suarès insiste sur les angoisses existentielles de Wagner entre quarante et cinquante ans et sa tentation du suicide dans les moments les plus désespérés. Liszt a été d'un grand secours et Suarès oppose les visions du monde des deux amis. L'un était un fervent catholique quand l'autre aspirait à créer une religion de l'art. Le chapitre « Tentation de Wagner » insiste sur les périodes de désespérance du compositeur et fait écho à la propre expérience de Suarès face au décès de son père en 1892.

Le rapprochement de Michel-Ange et Wagner peut surprendre tant ils sont éloignés temporellement et culturellement. Suarès compare leurs volontés, leurs caractères hors-normes. Il voit dans leurs successeurs la même difficulté à se hisser à leur hauteur. Il écorne César Franck et Vincent d'Indy sans citer directement leurs noms à cette occasion. Leurs successeurs n'ont imité que les caractéristiques extérieures, les plus spectaculaires sans en percer la véritable nature créatrice. Wagner s'était débarrassé des conventions de l'opéra mais ses successeurs en ont imposé d'autres en imitant à gros traits les caractères extérieurs de sa musique.

---

49 Mario Maurin, *op. cit.*, p. 138.

Les références au Roi Louis II de Bavière sont l'occasion de les défendre des accusations d'homosexualité portées par les journaux de l'époque. Mario Marin remarque qu'il se défend lui-même en raison des lettres enflammées qu'il a échangées avec Romain Rolland[50]. Ce dernier aussi s'en est expliqué dans ses mémoires. César ou Michel-Ange, avant Wagner, ont supporté les mêmes accusations. On lui a aussi reproché de vider les caisses du royaume de Bavière avec des projets artistiques hors de prix. Enfin, la relation extraconjugale de Wagner avec Cosima von Bülow, la fille de Franz Liszt alors épouse du célèbre chef-d'orchestre Hans von Bülow, a définitivement causé sa disgrâce. Les années passées à Munich à la cour du roi Louis sont riches de scandales autant que de projets artistiques.

La confrontation avec Bakounine concerne la période révolutionnaire de Wagner. Lors du soulèvement de Dresde en 1849, Wagner était fortement lié à plusieurs figures révolutionnaires comme Bakounine, Herwegh ou Rœckel. Cet engagement l'a conduit à la fuite et l'exil pendant une dizaine d'années. C'est de cette période que datent ses principaux textes théoriques comme *L'art et la révolution* et *Opéra et drame.* Bakounine apparaît comme l'outil d'une « destruction universelle » quand Wagner rêve de « bâtir sur le sol vierge, une cité idéale ». Suarès reprend une anecdote rapportée par Wagner lui-même dans sa biographie : l'émotion de Bakounine face à la IXe symphonie de Beethoven que Wagner doit diriger.

Les deux textes qui terminent cette partie, « le matin de Venise » et « sur la route de Wahnfried » sont des évocations de la mort de Wagner à Venise puis du retour de son corps à Bayreuth où il est inhumé. Ils se terminent sur l'affirmation du moi créateur.

Finalement, Suarès reprend des épisodes biographiques emblématiques de la légende wagnérienne. Il les présente sous la forme de rêveries, de confrontations, parfois anachroniques (Michel-Ange) et entourées de réflexions sur les forces créatrices, sur le sens et le but de la critique.

La troisième partie « Wagner et le drame », est plus théorique. Toujours en trois parties et trois sous-parties.

Dans le chapitre I, « le drame et l'action », après avoir disserté sur la décadence de la société qui va de pair avec la décadence des formes,

50 *Cf.* notre ouvrage *André Suarès et le wagnérisme.*

Suarès définit le drame en onze points pour démontrer que Wagner n'est pas dramaturge mais musicien avant tout. Ces pages sont celles qui ont le plus vieilli, par son sujet très théorique et dont les enjeux nous paraissent lointains aujourd'hui ; par le ton péremptoire utilisé ; la misogynie générale (particulièrement envers les femmes artistes). La numération en onze points n'existait pas dans la version publiée en revue. Si elle ajoute de la clarté au propos, elle le présente de façon plus didactique encore. Son discours sur la décadence des formes est d'autant plus surprenant que Suarès lui-même a joué avec la limite des formes et des genres en les mêlant dans ses premiers essais d'écriture[51].

Pour résumer son propos, le fond du drame est un conflit (idéalement entre l'intelligence et la volonté). Il doit présenter une unité forte, à trouver dans la volonté du poète, sa conception de l'œuvre et non dans le respect de règles imposées. Il écarte *Parsifal* et le *Ring* qui n'ont pas, selon lui, de grande unité malgré leur beauté et leur puissance. Ensuite, le drame est une « action sentimentale » et doit émouvoir. Il ne s'agit pas tant pour le spectateur de comprendre que d'être ému. C'est en cela que le drame est « la plus belle forme de l'art ». Les faits et l'action sont la marque de la pensée ou des sentiments. Enfin, tous les éléments représentés doivent être mus par la nécessité qui est « l'âme même du drame ». Le lecteur s'attend à ce que Suarès prenne un exemple parmi les œuvres de Wagner bien sûr, mais à sa grande surprise, l'auteur choisit *John Gabriel Borkmann* d'Ibsen ! pièce qui était jouée au Théâtre de l'Œuvre durant la saison précédant (1897-1898) la parution de ce *Wagner*[52]. Borkmann sortant de sa maison est une action plus riche et plus puissante que toutes celles de la tétralogie wagnérienne. Étonnant Suarès qui perd le lecteur dans tant de considérations sur la définition du drame pour finir par opposer Ibsen à Wagner au profit de l'écrivain norvégien ! On comprend que le but de ces considérations est principalement de rendre Wagner à la musique ce qui permettrait au poète de reprendre son bien.

Dans « drame et musique », seconde sous-partie de ce premier chapitre, il montre comment Wagner a voulu « faire naître le drame de la

51 Voir notre volume André Suarès : *les premiers écrits, documents et manuscrits*, Classiques Garnier, 2010.

52 En dehors du fait que Suarès utilise ici une œuvre contemporaine (1896), cette allusion à l'actualité est une marque des ajouts au texte original de 1896.

musique » et, en cela, se montre typiquement allemand. Son point de départ est la *Neuvième symphonie* de Beethoven pour chœurs sur un texte de Schiller, alliance de musique et de poésie dans son dernier mouvement, l'*Ode à la Joie*. Mais Wagner ne parvient pas à les unir dans ses œuvres car ils sont par essence inconciliables. La musique est statique alors que le drame est mouvement : le drame est un acte, la musique est une contemplation. Au fond, Wagner écrit plutôt des « spectacles intérieurs ». Ils sont l'expression d'une vision profondément religieuse de l'univers, alors que le drame suppose une conception profondément humaine de la vie. *Parsifal* n'est pas plus un drame que la *Passion selon Saint-Mathieu* de Bach conclut-il. D'ailleurs, Wagner ne qualifie pas ses œuvres de « drames », mais de « spectacles ». L'oratorio en ce sens est plus proche des œuvres wagnériennes.

Le troisième moment, « Opéra et drame », est probablement le plus abstrait pour un lecteur non averti. Suarès se lasse lui-même de son propos et avoue y éprouver trop d'ennui. Mario Maurin parle de « logomachie[53] » et de « fourre-tout ». Le propos est toujours l'erreur de Wagner sur la recherche d'une nouvelle forme d'art mêlant musique et poésie. Suarès se prend au piège de sa propre démonstration et finit par perdre son lecteur.

Le chapitre II de cette troisième partie, intitulé « Si le drame de Wagner est une action », est plus intéressant. Suarès y présente les textes théoriques de Wagner de référence selon lui. Il donne des titres et des indications de tomes et de pages précédés de l'abréviation *Gesam. Schrift.* Pour *Gesammelte Schriften und Dichtungen*, c'est à dire l'édition complète allemande des écrits et des poèmes[54] de Wagner en 10 volumes. Une première édition date de 1871-1883 et une seconde de 1887-1888. Suarès ne précise pas à quelle édition il renvoie. Les titres sont connus et font partie des références classiquement citées dans la littérature wagnérienne. Il n'est pas possible d'affirmer si Suarès possédait ou avait à sa disposition l'édition allemande intégrale ou s'il connaissait ces textes par des ouvrages comme celui de Lichtenberger. Il faut attendre 1907

53 Mario Maurin, *Op. cit.* p. 141 : « Que n'a-t-il laissé avant de commencer ! Cette partie III est un fourre-tout où, malgré quelques fortes formules sur l'inévitable moralité de toute grande œuvre dramatique, il y a trop de ces redites et redondances auxquelles l'ordonnance ternaire que l'écrivain a choisi le contraint. »

54 On désigne souvent par l'expression « poèmes » d'opéras ce qu'on appelle habituellement « livrets » aujourd'hui.

pour voir paraitre la traduction française de J. G. Prod'homme (Paris, Delagrave) en 13 volumes[55]. La *Lettre sur la musique* ou *Lettre à Villot* parut en français en 1860, et fait figure de référence en France depuis sa parution[56]. Suarès ne propose pas à proprement parler de traductions des textes allemands mais il reprend des passages ou de simples expressions de façon plus ou moins approximative comme s'il les citait de mémoire.

Wagner apparaît comme un « redoutable théoricien » depuis l'âge de 25 ans. Ses textes théoriques ont été écrits dans un second temps et le système qu'il expose vise à expliquer et justifier sa création après-coup. C'est du moins ainsi que Suarès les envisage. C'était en cette fin de siècle un véritable débat : les ennemis de Wagner le présentaient comme un théoricien qui appliquait des règles de composition mécaniquement, et ils lui refusaient le statut de véritable créateur à cause de cela. Suarès prend le contrepied de cette position, mais il n'en dénonce pas moins d'autres erreurs de Wagner. S'il avait été romancier, sa théorie aurait montré que tout l'art convergeait vers le roman. Elle lui permet de mieux comprendre sa propre création et mieux aborder son « moi » créateur. Wagner cherche à justifier son œuvre *a posteriori*. Son propos n'est donc pas du tout universel comme il voudrait le faire croire, bien au contraire. D'autre part, sa recherche créative est totalement inscrite dans son siècle : l'Allemagne d'alors était en attente d'un théâtre. Cette lecture retire à Wagner la position de prophète ou de grand théoricien pour le rendre à celle d'artiste, aussi grand fût-il.

Ainsi, accorder une valeur universelle aux écrits de Wagner serait une grave erreur. Et c'est celle de nombreux wagnéristes de cette époque. Suarès relativise l'importance de ces théories et s'étonne même de leur influence. Elles sont principalement pour Wagner un moyen d'introspection et elles présentent de nombreuses erreurs. Wagner a pensé faire renaître la tragédie grecque comme Nietzsche l'explique lui-même dans sa *Naissance de la tragédie* en 1872. Suarès n'y croit pas plus qu'à la fameuse théorie de la fusion des arts. Tout cela est factice comme l'idée que l'orchestre tiendrait le rôle du chœur antique[57]. On

55 Rééditée en 1976 par les Éditions d'Aujourd'hui dans la collection des « introuvables ». Elle est aujourd'hui vraiment introuvable.

56 Elle s'adressait au public français pour le préparer à la création de *Tannhäuser*. Baudelaire la cite longuement dans *Richard Wagner et Tannhäuser à Paris*, en 1861.

57 Idée largement répandue chez les wagnériens, dans leur volonté, parfois factice, de voir dans les œuvres wagnériennes la renaissance de la tragédie grecque.

s'étonnera de cette déconstruction systématique des fondements de la pensée esthétique wagnérienne. Il est possible que Suarès cherche à se positionner vis-à-vis de Nietzsche qu'il affirmait avoir connu bien plus tard. Il fait allusion au philosophe plusieurs fois dans son *Wagner.* Dans « Rencontre de Vesper », il évoque l'épisode de Turin qui déclencha sa folie. Dans « S'il faut juger Wagner ou s'il faut lui rendre un culte », il compare la musique wagnérienne avec la magicienne Circé qui transforme ses adorateurs en pourceaux. Nietzsche avait déjà utilisé cette image à propos des wagnériens dans *Le cas Wagner* dix ans plus tôt. Même s'il n'avait pas une connaissance approfondie des œuvres de Nietzsche en 1899, ses lectures wagnériennes ont pu renseigner Suarès sur la pensée du philosophe, à commencer par le livre de Lichtenberger. Ce dernier a publié *La philosophie de Nietzsche*, en 1898[58]. Ajoutons que *Richard Wagner à Bayreuth*, de Nietzsche a été publié dans une traduction française dès 1877 (Schloss-Chemnitz). Le milieu wagnérien s'est tôt intéressé au philosophe et à ses positions d'abord wagnériennes puis antiwagnériennes. De nombreux articles s'en sont fait l'écho. Suarès, en critiquant les écrits théoriques du compositeur, rend Wagner à la musique. Il met à distance les écrits wagnéristes et les tentatives d'appliquer la pensée wagnérienne de l'art total aux autres formes d'art. La fin de ce second chapitre de la partie III se termine par un appel à se délivrer de Wagner, de ses théories et de ses œuvres. Si Suarès s'est interrogé sur le poète tragique, c'est pour affirmer son propre projet littéraire et mettre à distance cette figure par trop intimidante de Wagner :

> Reconnaissez enfin que l'art de Wagner ne peut point se passer de Wagner même. Comprenez par là qu'il n'est pas à votre portée. Délivrez-le de vous. Délivrez-vous de lui. Prenez-lui sa morale : voilà sa plus forte leçon pour l'art ; si vous l'entendez, vous ferez effort pour ne jamais manquer à la vérité, et ne rien exprimer qui ne sorte du fond de vous-même. Cet homme unique devait donner une œuvre d'art unique comme lui. Faites de même à votre rang sur l'échelle ; ou ne faites rien.

Suarès voit le drame wagnérien comme une symphonie géante, et c'est de la musique que naît le drame wagnérien. Suarès en salue le caractère organique, le compare à un arbre et en présente le leitmotiv comme la

58 Henri Lichtenberger (1864-1941) : *La philosophie de Nietzsche*, Paris, Alcan, 1898, 187 pages, vol. in-18, Bibliothèque de philosophie contemporaine.

cellule vivante. L'utilisation de thèmes n'est pas un procédé mais correspond à la sensibilité artistique de Wagner. C'est un moyen expressif qui s'est imposé à lui. L'imiter en utilisant des motifs musicaux demanderait encore de les utiliser d'une façon originale et novatrice.

Enfin, Wagner est un poète épique. Il puise son inspiration dans les légendes, cherche à atteindre la source même de la culture allemande et tend au sublime. Selon Suarès, l'épopée est une forme naturelle à l'Allemagne qui va de pair avec la musique. En revanche, les Anglais et les Espagnols s'expriment par le drame et n'ont pas de musique. Italiens et Allemands s'expriment par l'épopée et la musique. De la même façon il affirme que les Grecs n'ont pas de musique, ayant tout exprimé par le drame. Il conclut de cette théorie que Wagner écrit des symphonies épiques dans lesquelles l'orchestre a le premier rôle et exprime le tragique. Le chant et le dialogue s'excluant, les héros wagnériens ne dialoguent pas : ils monologuent comme dans le final de la *Walkyrie* ou les extases amoureuses de *Tristan*. *Tristan* est le contraire d'un drame car il est d'un grand statisme. Rien de commun avec la tragédie grecque comme Wagner voudrait le faire croire : l'union du drame et de la musique nuit aux deux. Wagner a fait cet essai mais lorsque le poète et le musicien sont deux, ils se combattent. Et, quand il s'agit de la même personne, l'un des deux aspects gagne sur l'autre. La musique de Wagner fait supporter sa poésie. *L'ode à la joie* de Beethoven ne mène pas au drame mais à une symphonie vocale. Suarès termine sur *Parsifal* et l'attente d'une religion donnée par l'art.

Toutes ces réflexions en arrivent finalement à une conclusion on ne peut plus wagnérienne. Il est d'une génération qui « a eu ses vingt ans en Wagner » comme le déclarait Claudel. Suarès montre l'échec de Wagner en retournant à la définition du poète tragique, à l'histoire même des genres musicaux et dramatiques. Ce faisant, il montre que le chemin est encore à parcourir, que le poète tragique est encore à venir. On devine aisément qu'il se propose de le devenir. Ce portrait n'est pas celui d'un wagnérien idolâtre comme on a pu le dire. S'il montre son admiration, il analyse aussi les erreurs de Wagner, les fausses interprétations de ses successeurs et l'horizon qui s'offre à la création littéraire : la venue d'un nouveau poète tragique. Pour le démontrer, hélas, il aura aussi adopté le style des écrits wagnériens et leur lourdeur théorique.

Enfin, la dernière partie, « L'adieu à Bayreuth » est plus poétique, plus courte aussi même si elle est toujours en trois chapitres. Le premier,

« Sur la colline », présente une image simple du compositeur : celle du défenseur des animaux qui se battait contre la vivisection et fit enterrer son chien juste à côté de son propre tombeau et de celui de Cosima.

Dans « Remarques », il s'attaque aux musiciens, les traitant de petits esprits et résume encore sa pensée. Ici, il se répète vraiment et ses attaques gratuites contre ses contemporains rendent la lecture difficile. Le livre se termine par une évocation poétique du dernier jour du premier festival de Bayreuth et le soleil couchant. Pour le grand homme, pas d'adulation ni de jaloux esclavage ; seulement la reconnaissance d'un temple dédié à l'Art.

NOTES SUR CETTE ÉDITION

Le *Wagner* de Suarès n'a pas été republié depuis 1899. C'est un livre important pour la connaissance de Suarès même si ce portrait est inégal. Certaines pages sont d'une grande originalité, d'une grande poésie et proposent une image très personnelle du compositeur. D'autres ont considérablement vieilli et présentent des jugements dépassés, d'un autre temps. Pour autant, l'ensemble est très éclairant sur le style de Suarès, sa conception de l'art, et son évolution artistique. On aurait pu ne conserver que des extraits, mais ce serait donner une fausse idée de l'œuvre de Suarès en la rendant plus conforme au goût du temps. On ne saurait se faire une idée juste de ses œuvres qu'en les lisant telles qu'elles nous sont parvenues dans leur intégralité. Cette édition propose des notes qui éclairent le texte, les allusions à la musique, à l'actualité, au théâtre, et visent à rendre compréhensibles les références spécifiquement wagnériennes. Suarès s'adresse à un public éclairé, cultivé, au fait de l'actualité wagnérienne et procède beaucoup par allusions. Sans ces notes, certains passages risqueraient de devenir de véritables énigmes pour de nombreux lecteurs. Nous reproduisons également les notes de Suarès en précisant qu'il s'agit des notes de l'auteur. Nous ajoutons à cette édition plusieurs éléments. Tout d'abord, l'article sur le livre de Lichtenberger que les premiers lecteurs ont découvert en même temps que le *Wagner* dans son édition en revue, ainsi qu'un texte sur les *Wesendonck Lieder*. Ensuite, une revue non exhaustive de concerts wagnériens importants auxquels Suarès a assisté. Enfin, une mise au point sur une question importante pour un wagnérien : Suarès a-t-il assisté au festival de Bayreuth, et s'est-il au moins rendu dans cette ville ? Nous finissons par une bibliographie suarésienne sur Wagner et un index des noms et des œuvres.

WAGNER

Mes drames sont des hauts faits rendus visibles de la musique[59].
WAGNER, *Ersichtlich Gewordene Thaten der Musik*, IX, 306.

59 Cette phrase de Wagner citée en exergue, en français et en allemand, correspond à la tentative par le compositeur lui-même de définir la forme originale de ses créations. La référence donnée par Suarès (IX, 306) renvoie aux *Œuvres complètes* de Wagner dans sa version allemande (*Gesammelte Schriften und Dichtungen*) publiée en 1872. Pour la version française, on se reportera au texte « Sur l'expression Musikdrama » (« Ueber die Benennung musikdrama »), *Œuvres en prose* de Richard Wagner, Tome XI, trad. J. G. Prodhomme, Delagrave, Paris, 1923, p. 126. Suarès revient sur cette expression dans le dernier chapitre, « L'adieu à Bayreuth ».

LA RENCONTRE[1]

I
Ave

Un homme, étant venu à Bayreuth, vit cette foule ; et il prit en pitié Wagner d'y être livré. Il vit la maison où ce grand homme a laissé sa trace, mais d'où son esprit se retire. Il entendit les querelles et les railleries, que les épigones de ce nouvel Alexandre se prodiguent, dans le palais même où le conquérant a bâti un monument à ses conquêtes. Il chercha la raison de ces parodies, et pourquoi Wagner se meurt peu à peu dans son triomphe. Et ce n'est pas seulement parce que la lutte vivifie, et que tout n'a qu'un temps. Ce n'est pas même parce que toute force porte sa fin en soi, et que l'on commence de mourir au comble de la vie. Le sommet de la courbe atteint, il faut la descendre : pourquoi, cependant, la pente en est-elle rapide comme un précipice ? Et qu'est-ce donc qui accélère la chute ?

---

1 Dès les années 1850, Richard Wagner imagine un lieu théâtral nouveau dédié à ses œuvres, présentées lors d'un festival. Alors proche des idées révolutionnaires de 1848, son projet est politique autant qu'esthétique et trouve ses racines dans la vision idéalisée du théâtre grec. Au modèle italien de la salle en « fer à cheval » rouge et or, il préfère une salle sobre en amphithéâtre. Loin d'un modèle de théâtre d'opéra où l'on vient autant pour se montrer que pour assister au spectacle, tout concourt à attirer l'attention de l'auditeur-spectateur vers la scène. On y fait le noir complet et l'orchestre s'enfonce complètement sous la scène. Les instrumentistes devenus invisibles, il semble que la musique naisse d'elle-même. On pose la première pierre du Festspielhaus (maison des festivals) dans la petite ville de Bayreuth le 22 mai 1872, jour du cinquante-neuvième anniversaire de Wagner. Initié par l'architecte Gottfried Semper (1803-1879), le projet est finalisé par Otto Brückwald (1841-1917). Entre 1872 et 1874, Wagner fait également construire une villa à laquelle il donne le nom de Wahnfried. Dès 1876, l'élite intellectuelle, musicale et artistique, fait « le pèlerinage sur la colline sacrée ». Bayreuth devient du même coup un lieu à la mode, ce que Nietzsche dénonce dès les premières années du festival.

Il connut bientôt que Wagner est en proie à tout ce qu'il a combattu avec le plus d'énergie. Et c'est pourquoi, vainqueur qui a pour fidèles ses pires ennemis, plus que la défaite, la victoire lui est funeste.

II
Rencontre de Vesper

Träume, Träume…

Je me vis à Bayreuth[2].

Enfin je touchais le lieu choisi par Wagner pour y fonder son œuvre ; et je connus la profonde émotion qui trouve l'homme dans l'artiste, et qui unit la vie à l'art.

J'étais là, par un soir d'été, où les étoiles glissent dans le ciel clair à la rencontre des paupières lasses et de l'amour muet de ceux qui savent les aimer. L'air était brûlant sans être lourd. J'avais avec moi le plus charmant des jeunes hommes, et le plus beau que j'aie vu, pareil en sa forme singulière aux jeunes victorieux de Léonard, à la fois trop purs pour la cohue de ce monde et trop gracieux pour continuer le combat. Je l'avais rencontré à Venise, et nous nous liâmes du regard le jour où nous nous vîmes silencieux, à cause de la joie que donne l'extrême beauté, devant le divin Giorgione du Palais Giovanelli alla Fosca[3]. Il vint à Bayreuth, peut-être pour m'y trouver. Il est mort depuis, belle plante qui n'a point survécu à sa fleur, aimée des dieux, en ce qu'elle a paru belle et n'a pas eu d'autre vie. Si ce monde est jamais un Olympe, il faudra que chaque vie y meure avec le jour, avant d'avoir été flétrie.

---

2 Cette première phrase (« Je me vis à Bayreuth ») est ambiguë. Si tant est que le pronom personnel renvoie à l'auteur lui-même, ce début de chapitre laisse supposer qu'il a enfin réalisé son projet de se rendre à Bayreuth. Mais on peut aussi comprendre qu'il imagine être à Bayreuth. Les deux petits mots d'allemand « Träume, Träume » en exergue sont là comme un indice. En effet, « Träume » signifie « rêves ». C'est le titre d'un des *Wesendonck-Lieder* de Richard Wagner, recueil de cinq mélodies avec accompagnement au piano sur des poèmes de Mathilde Wesendonck. Amoureux de la poétesse, Wagner composa cette œuvre entre novembre 1857 et octobre 1858.

3 Il s'agit du fameux tableau de Giorgione, *La tempête*, qui fit partie des collections de ce somptueux palais avant d'être exposé à la Galerie de l'Académie. Le commanditaire de ce tableau serait Gabriele Vendramin ((1484-1552). C'est à la villa Vendramin (l'actuel casino de Venise) que Wagner mourut en 1883 d'une crise cardiaque.

Parsifal venait de finir. Nous nous assîmes sous les arbres ; et Bonaventure, mon ami, s'étonnait, en Italien véritable, que la beauté pût fleurir au delà des Alpes[4].

« Combien j'ai désiré cet instant, lui dis-je. Quand Wagner a quitté ce monde, je naissais à la vie[5] ; et de tous les héros, où mon désir se tournait sans cesse, il était le plus proche. Il me semblait que je dusse trouver l'art même dans cette Mecque de Bayreuth. Rien ne répond tout à fait à ce que nous en attendons. La réalité est plus et moins que ce que s'en promettent nos rêves. On vient dans ce Bayreuth comme en un lieu consacré, et l'on n'y reconnaît qu'une station de la mode, publique et sans grâce comme elles sont toutes. On s'y heurte à la même mêlée, aux mêmes pauvretés qu'en tous les autres coins de la terre : Bayreuth est un carrefour d'hommes et de vanités. L'odeur du lucre y est répandue ; et les singeries de l'amour-propre s'y démènent. Mais il n'importe. Wagner est toujours là ; cette terre le couvre, sans en étouffer le souffle. On sent ici sa présence ; et elle fait tout oublier. La médiocrité de ceux qui portent son nom parle de la grandeur de celui qui le leur a laissé. *Parsifal* est à Bayreuth ; et il n'est que là…

– Nous avons vu *Parsifal* deux fois, s'écria le beau jeune homme avec une joie naïve ; et nous le verrons sept fois encore. Cependant n'est-ce rien, à vos yeux, que le *Ring* ?

– *Parsifal* est unique, lui dis-je. Toutes les autres œuvres de Wagner ont des vertus magnifiques ; mais elles les partagent avec les ouvrages des plus grands poètes. Si l'on veut, le *Ring* est l'effort le plus puissant de ce siècle à la grandeur ; et *Les Maîtres*, le plus heureux. Mais *Parsifal* est seul de son espèce. Je ne parle que de l'art ; le reste me touche peu. Wagner n'est jamais d'une beauté parfaite, et sa force n'est jamais parfaitement belle ni pure. Dans *Parsifal*, la pensée de Wagner, son art, sa nature et sa

4 On peut s'étonner de la présence de ce séduisant jeune homme tout droit sorti d'une peinture de la Renaissance italienne et que le narrateur présente, à l'instar des filles-fleurs du second acte de *Parsifal*, comme un « garçon fleur ». Cet univers onirique renvoie plus à l'Italie qu'aux brumes germaniques. Il faut rappeler que Wagner s'est inspiré de la cathédrale de Sienne pour le décor du temple du premier acte de *Parsifal*. Il a eu l'inspiration du jardin magique de Klingsor (acte II) à Ravello, dans les jardins du palais Rufolo. Il a terminé son ultime chef-d'œuvre à Palerme en1880, peu de temps avant de mourir à Venise en 1883. Suarès aime le Wagner de *Parsifal*, son italianité, l'érotisme diffus et verlainien du « chaste fol » qu'est Parsifal. Il s'est toujours senti plus proche de cette œuvre que de toute autre, tellement éloignée de la barbare *Tétralogie*.

5 André Suarès a quinze ans à la mort de Wagner en 1883.

volonté ont trouvé la perfection. Il ne s'y tient point du premier moment au dernier : *Parsifal* est aussi une œuvre humaine ; mais tout ce qu'il y a d'impur est intermédiaire entre une première vue et une vue suprême, qui sont toutes les deux d'une beauté parfaite. C'est la seule œuvre de Wagner, et peut-être de ce siècle, qui ait le calme divin et qui donne la paix. Pour notre cœur avide, l'art, ici, a le même bienfait que pour notre imagination : et son triomphe est de les confondre dans la même douceur sereine. Tout ce qui n'a point la Sérénité le cède, une fois connu, à ce qui l'a…

» Que cet homme nous est cher, pour tout ce qu'il a été et tout ce qu'il a pu faire ! Mais pour rien au même titre que pour son achèvement. J'aimai l'homme avant la doctrine, et j'admirai sa doctrine avant de céder à l'admiration de ses œuvres. Ainsi, sans le savoir, je fus pour lui ce qu'il avait été pour lui-même, et le contraire de ceux qui l'idolâtrent maintenant et qui ne diffèrent en rien, par l'âme, de ceux qui longtemps le désespérèrent. Car, au fond, conquis par les œuvres, ils ne le sont pas par l'homme ; ils ne le comprennent point ; et s'ils en soupçonnent la vraie nature, ils le détestent. Wagner est redoutable, et ils le craignent. Un d'eux, non le moindre, en est devenu fou[6].

» Pour moi, encore enfant, j'ai connu d'abord *Lohengrin* et *Parsifal* ; et, par le concours de circonstances le plus étrange, c'étaient les deux œuvres de Wagner le plus libres de tout système. Ainsi je fus tout à l'homme, et toute critique de l'art me fut épargnée. Ce que j'aime le moins de Wagner, et ce que j'aime le plus, voilà ce que le choix intelligent de la fortune offrait à mon cœur, en un temps où il ne devait pas juger. Puis la doctrine s'empara de mon esprit. La grandeur m'en retint, comme une maîtresse trop cruelle qui tourmente ce qu'elle séduit. J'y discernai aussitôt l'artiste qui osait prétendre à être l'Unique Artiste. Cet orgueil immense me ravissait et me blessait délicieusement. J'étais jaloux de ma maîtresse ; et, dans mon ardeur, comme il arrive à la jalousie passionnée, j'aurais plutôt voulu la perdre en moi que me perdre en elle. C'est pourquoi, par la suite, n'ôtant jamais rien à la beauté de mon héros ni de ses œuvres, je ne me défis que de sa doctrine[7]. »

---

6 Allusion à Friedrich Nietzsche. Le célèbre épisode de sa crise de démence dans la rue à Turin date de 1889. Lier directement la folie de Nietzsche au compositeur mériterait un développement que Suarès ne nous offre pas.

7 Ce qu'on appelait couramment « la doctrine » de Wagner est tout simplement sa conception de l'art total telle qu'il l'a développée en détail dans ses écrits théoriques. André Suarès

… Quelques voix bruissaient encore. Non loin de nous, des gens passèrent ; ils parlaient et ils rirent. Le murmure de ces langues anglaises, qui claquent comme les battements de grenouilles plaintives et nasillardes, irrita Bonaventure : il avait trop de temps vécu en Italie ; les voix vénitiennes et le parler de Rome lui avaient donné l'horreur des Américains. Je le repris sur son impatience.

– Je ne suis point d'avis de tant tourner en ridicule les sots et les élégants du monde entier, qui est saxon désormais, de se réunir ici. Ils répondent à l'appel qu'on leur en fait. Car cette sorte d'hommes est celle que l'on siffle toujours, et qui toujours répondent. Tout ce qu'ils peuvent enfin avoir d'âme ou de piété encore, ils le portent ou le cherchent ici. Les Américains, qui nasillent sur cette colline, y sentent peut-être pour la première fois qu'ils ne sont plus en Amérique ; et, sans la bien distinguer, ils soupçonnent peut-être la paille de notre dédain dans le métal grossier de leur barbarie. Le culte de Wagner trouble un moment le culte de Mammon[8], où sans doute ils reviennent. Je n'attends rien de Bayreuth pour les humaniser : ils ne le méritent point ; et cette planète mérite, au contraire, de rentrer au néant par les chemins de l'Amérique. Mais à tout prendre, ces brutes sont traversées ici par elles ne savent quoi qui les séduit à la fois et les méprise. Je me plais donc à les y voir comme à tout ce qui les humilie ; et le plaisir se double de ce qu'ils ne s'en doutent pas.

» Wagner, il est vrai, comme Gœthe ou Léonard, entre tous, est l'homme de l'Europe, cette Europe si petite en espace, si grande en esprit. Il a le sens de l'ordre et des degrés. Il est fermement fidèle au point de vue de l'univers. Il porte les faits dans le rêve, et il vivifie le rêve

---

dit avoir d'abord connu et aimé l'homme, puis admiré sa « doctrine » avant même d'aimer ses œuvres. Aujourd'hui si on aime les œuvres de Wagner c'est souvent en dépit de la personnalité de leur auteur, et rares sont les lecteurs de sa théorie de l'art. Dans *Musiciens d'aujourd'hui* (1908), Romain Rolland affirme avoir suivi le même parcours. Il existe deux sortes de wagnérisme. Le premier est essentiellement musical et artistique et correspond au choc émotionnel ressenti face à l'œuvre de Wagner. Le second est plus intellectuel : il s'agit de suivre la théorie wagnérienne de l'art total, de la recherche de la fusion des arts que Wagner réalise dans ses drames lyriques. Plus encore, de l'appliquer à tous les domaines de l'art. C'est une dimension fondamentale pour la génération de Suarès.

8 Mammon apparaît dans l'*Ancien Testament* (*Ecclésiastique*, XXXI, 8) ainsi que dans le *Nouveau Testament* (*Matthieu*, VI, 24 et *Luc* XVI, 9, 11 et 13). Il désigne l'argent acquis malhonnêtement, la richesse, dans un sens négatif. On retrouve la verve polémiste de Suarès qui oppose la grandeur de l'Europe à la barbarie américaine, le monde de l'esprit à celui du matérialisme et de la cupidité.

par les faits. Ce n'est pas un marchand. Rien ne compte en ce monde que l'Europe : barbarie du vide et du sommeil à l'Orient ; barbarie du négoce à l'Occident. Ma douleur est qu'il n'y ait plus d'Europe ; et, par là encore, Wagner est l'homme du passé. Qu'ils s'évanouissent ensemble, en laissant du moins, comme le soleil couché, l'illusion éclatante de la victoire. C'est pourquoi laissons les Américains venir à Bayreuth y faire ce qu'ils peuvent. Leur effort est touchant. On ne peut voir le palais des singes sans un dégoût plein d'attendrissement. Ces pauvres bêtes gambadent désespérément, tandis que l'on ne s'arrête point. Que de peine pour faire l'homme !...

– Tous se sont enfin retirés, murmura Bonaventure.

– Et dans l'heureuse soirée, le beau Wagner est seul, à qui je suis venu parler. Le murmure de la nuit d'été ne me porte plus que sa parole chuchotée gravement. Son corps absent fait plus proche de nous sa pensée. Son sommeil sous la pierre est une vice-présence, et je l'entrevois en tout. Il plane sur ces lieux, qui seraient médiocres sans lui.

– Une harmonie imprévue s'élève de l'ombre, qu'on n'eût pas espérée du jour...

– Pour cette heure-ci, j'ai fait le voyage. Tous se sont retirés... La plupart des hommes ne se désheure[9] pas... Ils ont, aux mêmes moments, les mêmes gestes et les mêmes pensées. Ainsi ils passent sans connaître ce que les lieux héroïques ont d'inimitable... Cette heure verse un sable d'amour, au sablier de notre esprit...

» Wagner est étrangement femme : comme elle la puissance du désir, – il veut exercer toute la séduction de la musique. Il abuse même de son pouvoir. Mais nous l'en chérissons davantage, car l'homme aime toute ivresse. Appelons Wagner la Volonté de la Musique faite chair...

» Moment délicieux, où il semble que l'on renaisse dans l'oubli d'avoir vécu... La fin de *Parsifal* chante à mes oreilles. Wagner devait mourir après cela... Le cygne de Léda, quittant les bords enchantés de la vie, n'a pas étendu dans le ciel de plus pures ailes, ni plus alangui dans l'espace la marche de Vesper, aux écoutes ravies d'un plus beau chant...

» Auguste et suave tristesse de ce qui s'achève par la perfection, et non par le désastre. C'est, dans Wagner, la plus belle de toutes ces morts illustres, qui ouvrent le secret d'une vie nouvelle. Car le grand cœur de

9 Désheurer : déranger quelqu'un dans l'ordre de ses occupations qui sont réglées heure par heure. (CNRTL)

ces héros fait le rêve de la vie, jusqu'au fond de la mort ; et, tous de la même famille, sont femmes en ce que sur toutes choses, – ils aiment. Voilà Senta, Brünnhilde et Isolde, bravant la mort sur le seuil ; mais *Parsifal* seul le passe, parce qu'il est plus pur que toutes, homme par la force, et quoique sans souillures, tout de même femme.

» Paix sainte de la Nuit, –

» Toutes les grandes pensées sont du soir et naissent de lui. Le calme de la nuit est l'œuf des beaux poèmes, que couve le Silence, –

» Que Wagner en soit un pour nous : par là, sa vérité est vivante. Nous le verrons alors au plus haut point du Moi, pour fonder un culte de la Beauté.

» Celui qui accomplit une œuvre d'art non commune aime en elle son héros. Et de même, puisque nous sommes artistes, de notre héros et de son œuvre, faisons une œuvre d'art.

» Enfin, trouvons-y une occasion unique de méditer sur la splendeur de l'Ordre[10]. »

10 Le début de ce texte est une allusion au duo d'amour de *Tristan et Isolde* qui commence ainsi : « O sink ernieder, Nacht der liebe… » que André Miquel traduit par : « Oh ! sombre et viens à moi, nuit de l'amour »… (Trad. André Miquel, Folio Gallimard, 1996).

III
Ordre

« Prenons de l'art la divine leçon de l'Ordre. L'Ordre est divin. Voyons dans un artiste admirable le dieu qui crée un ordre : spectacle enivrant. Saisissons-en l'orgueilleux dessein. La puissance de l'Ordre est le plus haut point où s'élève la superbe. Là, l'homme prétend fonder éternellement.

» L'art va nous donner le dégoût de toute anarchie. L'anarchie, cette bestialité, est l'Ordre des esclaves. Et ce que les Barbares nomment leur liberté n'est peut-être la loi que des Barbares. Car où sont les hommes qui aient le droit d'être libres ? – Là seulement, sans doute, où ont grandi ceux qui savent bien qu'il n'y a pas de liberté. En eux, qui seuls sont libres et seuls dignes de l'être, l'œuvre de la liberté est la création d'un Ordre. Je ne vois de droit à tous les autres que d'être libres de s'y sacrifier.

» Voilà l'entretien sur la beauté que nous avons avec Wagner cette nuit : entretien fait pour nous, fait pour lui. L'anarchie n'aura point ici d'autre place que celle de la sauvage Kundry, – la plus humiliée : qu'elle se repente, ou qu'elle reste cachée dans le buisson, égarée et frénétique. En ce temps véritablement ignoble, où tout est confondu, que la noblesse de l'art nous ouvre son refuge. O Wagner, je te vois avec une joie unique ; car, sur ta pensée, qui est celle de l'art, je fonde un Ordre.

» Ainsi nous monterons par degrés, en allant du moindre au plus haut placé dans l'Ordre, de ce que l'œuvre de Wagner passe pour être, dans ce monde, en proie à l'anarchie, à ce qu'elle est vraiment dans l'espace d'un Ordre souverain, après nous être arrêtés, avec une émotion passionnée, à ce qu'elle fut en lui-même, dans le plan glorieux de sa vie. »

PREMIÈRE PARTIE

Du Culte de Wagner

I
L'idole

Point d'art, si ce n'est la poésie, où la médiocrité soit plus commune que la musique, et où elle soit plus irréparable. Il n'est musique que des grands musiciens. Il n'est poésie que des grands poètes. Le troupeau n'a point de nom.

Quelques jolis vers, quelque aimable mélodie plaisent, comme le parfum d'une beauté passée : c'est la trace d'un temps qui s'est évanoui : on ne pense point au poète ; on ne sait gré qu'au siècle disparu, où il glissa lui-même comme une ombre. Le commun des musiciens devrait bien se convaincre qu'ils n'ont pas la moindre importance ; leur raison d'être est celle qu'ils se donnent ; mais il faudrait qu'on la leur donnât. On ne le peut d'aucune manière. La bergerie des musiciens donne son petit lait d'émotions à chaque moment d'un siècle : elle contente un appétit très vulgaire, même en ses recherches ; et ne peut prétendre à rien de plus. Jamais elle n'y survit. Le grand malheur des musiciens, – qu'ils sont les marmitons de la sensibilité propre à une époque. Rien qui dure si peu.

Les caprices de la sensation ne sont pas moins éphémères que ceux de la mode. La musique est l'esclave de la mode : elle y sert, avec une docilité inconnue, à tous les autres arts. Il n'y a que les architectes qui soient aussi soumis au temps. C'est que l'architecture est esclave de l'état social.

Pour les musiciens, Wagner est toute la musique. Et toute la musique jure par ce maître des maîtres. Il faut en faire l'aveu : On ne peut parler de Wagner sans déplaire à la troupe des musiciens ; et il est inévitable qu'on les blesse, si l'on aime Wagner comme il veut l'être. Wagner est leur idole. Ce n'est pas leur homme. À le bien prendre, en effet, Wagner n'est pas du tout fait pour eux. Toute idole est un Moloch[1] qui veut des victimes. Elle se repaît de sacrifices ; elle dévore ces pauvres enfants qui la servent, la chantent, l'ornent de fleurs, – et sans y comprendre rien, succombent entre ses bras terribles. La dernière année de sa vie, Wagner au plus haut point de sa grandeur d'âme, ne voulait plus qu'on l'entretînt de musique ; et il préférait la société de toute sorte d'hommes à celle des musiciens. C'était pressentiment du mal qu'il allait faire, sinon remords du mal qu'il avait fait.

Tout le monde sait que les musiciens sont l'espèce d'artistes la plus malheureuse par la faute d'autrui, et par sa propre faute. C'est qu'ils sont inutiles.

Plus l'on aime la musique, moins on a de goût pour le commun des musiciens. La musique ne souffre pas la médiocrité, en ce sens que si elle est médiocre, elle n'est pas musique. À dire le vrai, deux ou trois musiciens suffisent à une époque, et la remplissent. Il est, par malheur, plus vrai encore qu'ils y sont seuls, fût-ce au milieu de dix mille. Car ces milliers ne sont que par eux ; et c'est eux seuls qu'on retrouve sans cesse dans ces mille. Le XVIIIe siècle, si riche en musique, compte Bach, Haendel, Mozart, Gluck, Haydn, Rameau, Grétry et Piccinni. À quoi bon tous les autres, et qui s'en occupe ? – Encore en trouvât-on vingt ou trente d'un talent consommé, d'une verve charmante, et qui ont dû donner beaucoup de plaisir aux cœurs sensibles et aux caillettes de leur temps. Voilà, du moins, une raison d'être. Leurs pareils d'aujourd'hui ne l'ont pas ; et les infortunés la dédaignent.

Le mal de la musique est qu'elle expose à tous les périls de la médiocrité. Il ne s'agit point de l'intérêt que les musiciens ont pour eux-mêmes, quand l'on dit qu'ils n'ont pas le moindre : celui-là est passionné ; et leurs disputes sont brûlantes sur le genre propre de leur médiocrité : car c'est

1 On retrouve la figure de Moloch dans plusieurs textes de Suarès comme *Remarques* (« Litanies à Moloch »), *Cervantes* (« le Moloch des Barbares damne tous les peuples et les appelle à la perdition ») ou *La nation contre la race*. Représenté par un homme à tête de taureau, Moloch est un dieu ammonite qui demandait des sacrifices humains, en particulier des enfants. Ce « Wagner-Moloch » avide de sacrifices, sorte de commandeur, figure castratrice et stérilisante, rapproche Suarès de Nietzsche qui présente le compositeur comme « nuisible » dans *Le cas Wagner* (1888).

à quoi ils passent leur vie. La médiocrité de l'un est implacable pour la médiocrité de l'autre, son contraire : celle-ci, qui vient de Franck[2], est sans pitié pour celle-là, qui vient d'Italie. Ces pauvres diables font une différence immense où l'art et l'avenir n'en font aucune. Les deux médiocrités les plus contraires du monde sont bien plus semblables entre elles, qu'elles ne peuvent l'être à ce qui n'est pas médiocre. Ces querelles cependant font vivre les musiciens. Là aussi, ils sont les vrais artistes de la mode ; et, comme elle, un passe-temps.

Les musiciens ne se règlent que sur leur sensibilité. C'est leur Minerve ; mais sans raison, celle-là. Le plus souvent, ils sont sans culture. Leurs théories ne sont que des goûts, et au lieu que l'imagination y ait la première place, ce n'est encore que façons de sentir. Aussi étonnent-ils par leur entêtement dans l'erreur et la vanité qu'ils mettent à ne pas comprendre. Et ils ne sont guère responsables de ne comprendre pas, sinon en ce qu'ils s'en vantent. À tout le moins faudrait-il qu'ils fussent sans systèmes, et innocents à leur manière, comme le fut dans sa peinture le bon Claude[3]. Or, ils en sont bien loin : ils abondent en doctrine, au contraire. Le seul usage de leur logique est à mettre des théories absolues au service de leurs sensations. Leur intelligence est beaucoup trop courte pour les en défendre ; et c'est aussi qu'elle n'est pas assez longue pour être libre. En quoi ils n'ont pas même l'avantage que le vieux sage de Francfort[4] reconnaît aux cheveux des femmes, en pareille occurrence.

---

2 César Franck (1822-1890), compositeur et organiste français d'origine belge, est connu pour son wagnérisme musical. Chromatismes, forme cyclique, utilisation de leitmotive, sont autant de points communs avec le compositeur allemand. On lui doit *Hulda* (1894), *Ghiselle* (1896), *Prière* (1864), *Rédemption* (1873). Un de ses élèves les plus connus, Henri Duparc (1848-1933), lui offrit la partition de *La Walkyrie* en 1871. Son œuvre est principalement symphonique. Quant aux compositeurs italiens influencés par Wagner, Suarès ne cite pas de nom. Pour le monde de l'opéra, on peut penser à Arrigo Boïto (1842-1918), Pietro Mascagni (1863-1945) ou encore Alfredo Catalani (1854-1893).

3 Claude Monet (1840-1926). S'il n'y a pas de sujet wagnérien dans la peinture de Monet, le peintre a retenu du compositeur la recherche du lien entre les arts. De façon plus générale, le mouvement impressionniste a trouvé dans le wagnérisme un écho à ses propres recherches.

4 Le « vieux sage de Francfort » est Arthur Schopenhauer (1788-1860), aussi surnommé « le solitaire » ou le « sanglier ». On lui prête d'avoir dit des femmes qu'elles avaient les cheveux longs et les idées courtes. Suarès fait ici montre d'une misogynie qu'il dirigeait tout particulièrement contre les femmes artistes. On retrouve l'idée que la féminité est du domaine de la sensibilité dans de nombreux textes. C'est un partage qui est au cœur de la pensée wagnérienne selon laquelle la musique est sensible, féminine, quand le texte

S'ils m'en croient, tous les musiciens auront les plus beaux cheveux du monde, pour avoir au moins une excuse. C'est en femmes, pourtant, qu'ils jugent de l'art et de la musique, – comme celles qui veulent avoir de l'esprit, – par où elles en ont toujours beaucoup moins que celles qui sont passionnément sensibles.

Un art comme la musique, qui met sans répit les émotions en mouvement, et s'exerce sur elles, demande une nature naïve, ou le secours d'une pensée très puissante. Il est clair qu'un homme comme Bach avait une intuition merveilleuse de la vie sentimentale. Un Palestrina n'était sans doute inférieur à aucune étude : quand on lit de près une de ses belles messes ou l'un de ses motets, on ne balance plus qu'on ne soit en compagnie d'une des grandes pensées italiennes ; et il évoque presque invinciblement, en moi, le même ordre d'idées que la vue d'un beau dessin de Bramante. Sans parler même de Beethoven, on n'a qu'à lire les préfaces de Gluck, les lettres de Mozart, les écrits de Rameau, pour s'assurer combien ces grands musiciens eurent une intelligence claire, vaste, une raison forte, un jugement étendu. Mais bien plus encore eurent-ils tous la force du caractère, jusqu'à manquer de sociabilité. Il ne faut rien moins pour faire contrepoids à cette tyrannie des émotions où la musique est soumise, et où tous les musiciens inclinent à soumettre. On dirait volontiers du musicien que s'il plaît trop, il n'est pas digne de plaire. Combien plus s'il le cherche ?...

À la vérité, les émotions d'un homme ordinaire sont le plus inutiles des lieux communs. On s'en irrite pourtant : parce qu'elles s'offrent en système. Tous les musiciens depuis Wagner font système de leurs émotions ; et le plus incroyable, que tous, hormis deux ou trois, font système des émotions de Wagner même. On ne vit jamais une musique aussi riche en apparence, ni au fond si vide. C'est un prodige de superflus et d'ennuis. Or, admirez que le moindre d'entre eux prétend toujours glisser tout Wagner dans le plus petit morceau qu'il donne ; que tous ont une ambition sans limites, et la connaissance secrète de leur faiblesse, qui les ronge ; et qu'enfin il n'en est pas un qui ne soit délibérément un

---

est intellectuel et masculin. L'œuvre complète telle que Wagner la conçoit réunit ces deux caractéristiques de l'être. Les écrits de Schopenhauer ont profondément influencé les milieux artistiques. Le philosophe place la musique au cœur de sa pensée et au premier plan des arts, en particulier dans son ouvrage phare : *Le monde comme volonté et représentation* (1819) que Richard Wagner découvre en 1851 alors qu'il termine la rédaction du poème de sa *Tétralogie*.

critique. C'est là-dessus qu'ils se fondent, ajoutant une erreur à l'autre. Car ils ne sont pas plus les critiques qu'ils croient être, que les musiciens qu'ils ne sont pas.

Le mal dangereux de ces musiciens est de ne se connaître jamais soi-même. Tout ce qu'ils écrivent le prouve. Ils ne vivent que pour une idole. Ils s'y consacrent comme par un entier sacrifice, et s'y dévouent sans presque savoir pourquoi. C'est le modèle de ce que le musicien de nature ne doit pas être. Leurs critiques ne vont jamais au fond de l'œuvre ; ils restent attachés à la surface. Qu'attendre d'eux, quand un Berlioz même prodigue à tout propos l'erreur et les saillies ridicules ? Du moins montre-t-il sa liberté.

Ils font un abus égal de leur compétence prétendue, et de l'incompétence infinie qu'ils ont dans tous le reste, et dans la musique même. Ils ne souffrent pas la critique : en quoi ils n'auraient raison que s'ils avaient du génie. Eux, qui se déchirent les uns les autres, à peu d'exceptions près, se soutiennent publiquement et se louangent à l'excès. C'est sous leur fameux prétexte de compétence. Ils croient avoir tout dit, quand ils ont fait l'analyse technique d'une œuvre ; et ils la rapportent sans cesse à une œuvre de Wagner, ou à l'idée qu'ils en ont. Mais ils ne s'aperçoivent même pas qu'à la fin, – de l'œuvre même, ils n'ont rien dit, – et n'avaient en effet rien à dire. L'idole leur cache le vrai dieu et la vie.

Ce que Beethoven, ni Mozart, ni Wagner n'ont jamais fait pour eux-mêmes, ils voudraient qu'on le fît pour eux. Il est admirable que Wagner ne montre jamais comment il combine ses rythmes et ses timbres ; jamais il ne professe son métier ; il n'explique jamais un de ses préludes, ou l'une de ses scènes par les dehors : il n'indique même pas les thèmes qui portent toute son œuvre. Un si grand artiste dédaigne de produire lui-même ses ressorts, et de démontrer sa mécanique. Et voilà pourtant à quoi toute la musique est réduite par ces idolâtres, et la sienne d'abord.

Wagner ou Beethoven vont toujours à l'âme des œuvres. Ils sont assez vastes par la pensée et par le cœur, pour ne prendre garde qu'à la pensée et au cœur. Ils traitent de leur art en honnêtes gens. Ils sont comme les peintres et les poètes de leur rang qui n'oublient jamais que l'œuvre d'art est une œuvre de la pensée humaine, avant de l'être du métier. Raphaël et Léonard parlent de leurs tableaux comme un Florentin bien né, et non en marchands de couleurs. Ils les laissent broyer aux critiques. Gœthe ne cesse d'exposer sa royale vie de poète, que là où intervient le lexique ; et il aurait honte de donner le choix de ses mots pour assise à un poème admirable. Gœthe sait bien que l'âme du poète et de l'artiste se décide presque à son insu, quand elle s'arrête aux merveilles de l'expression, où les critiques trouveront demain des perles : car à chacun son rôle.

Celui des musiciens semble s'être réduit à donner une bonne opinion d'eux-mêmes, et à ne la soutenir par rien. Ils s'imaginent qu'aimer la musique, comprendre et cultiver la meilleure de tous les temps, ne vaut pas en faire un peu de la plus mauvaise. Voilà où les a menés cette manie de la technique, et le préjugé de la compétence. Il faut y voir que la musique n'est plus qu'un métier entre leurs mains, et qu'ils l'aiment à peine.

La véritable compétence est celle d'une belle imagination et du vrai sentiment. La musique ne se porte pas bien quand les musiciens la méconnaissent. Il est constant que la plupart des musiciens ne goûte plus, ne sent ni ne comprend presque pas l'ancienne musique. Ils ne l'étudient point, et la méprisent. Voilà pourquoi Wagner les a perdus ; ils s'en sont tous rendus esclaves, et ils ne sont pas quatre à l'avoir compris.

Les idoles sont ruineuses aux idolâtres ; et ne font rien aux dieux : car ils ne s'y reconnaissent point. Mais elles font une seconde nature du mensonge à ceux qui mentent à leurs pieds, et qui les adorent.

Tous imitent Wagner et lui demandent des grâces. Le dieu n'écoute point : il est absent de cette enveloppe trompeuse. Tous cependant mettent sous le nom de Wagner toutes sortes de monstres en musique, où Wagner n'est pour rien, mais qui se fondent sur lui : Wagner est l'idole, parce que Wagner est la mode. Tout leur est sacré de Wagner, parce qu'à la faveur de cette idolâtrie, ils s'imaginent qu'on ne pourra les traiter pour ce qu'ils sont à moins d'un sacrilège.

Ainsi la mode a mis aux fers dans son temple ce Wagner, qui n'a rien haï, de toute sa vie, que la mode[5].

---

5 Au sujet de la mode, on se reportera aux textes de Wagner lui-même. En particulier au chapitre V, « constitution anti-artistique de la vie actuelle sous le règne de l'abstraction et de la mode », de son ouvrage *L'Œuvre d'art de l'avenir* (Delagrave, 1910, p. 78 *sq.*) Il y dénonce la mode, « stimulant artificiel qui provoque un besoin non-naturel et d'où le naturel est absent ». La mode, ne provenant pas d'un besoin véritable, est « arbitraire », « absolue », « tyrannique ». Le compositeur présente la mode comme « la tyrannie la plus inouïe, la plus insensée qui ait jamais surgi de l'absurdité de l'être humain ». Elle est

II
Beethoven et Wagner

En plus d'un lieu, plus d'une fois, on a sifflé l'Ouverture des *Fées*[6]. C'étaient, sans doute, des Wagnériens qui prenaient parti pour l'auteur de *Parsifal*, mais ils ne l'étaient pas encore assez pour admirer le grand homme dans les langes. À la bonne heure, les Allemands : ils avalent toutes les *Fées* à Munich ; et, comme ce sont les plus musiciens des hommes, ils n'y applaudissent guère moins qu'à *Tristan* – et aux *Noces de Figaro*, chantées par des vachers, dans ce style rustique, pesant et bravant la fausse note, qui convient si bien à Mozart, comme chacun sait. Il est bien vrai qu'à Paris, *Don Juan* est aussi une espèce de *Trouvère*, et *Figaro* le vis-à-vis de *Jeannette* dans la partie carrée des ménages de vaudeville.

Pour en revenir à Wagner, son Ouverture des *Fées* n'a pas le moindre mérite, – hors celui de la curiosité. Si on n'a pas lu la *Cène des Apôtres*[7],

par essence antiartistique. *L'Œuvre d'art de l'avenir* a été publié en 1850 en allemand. Le fac-similé de l'édition Delagrave de 1928 a été rééditée aux éditions d'aujourd'hui, (Les Introuvables), 1982.

6 *Les Fées*, grand opéra romantique en trois actes d'après *La femme serpent* (1762) de Carlo Gozzi, est une œuvre de jeunesse de Wagner. Créé en juin 1888 à Munich, c'est le premier opéra achevé de Wagner. Les écrivains romantiques allemands comme Tieck, Hoffmann ou les frères Schlegel plaçaient Gozzi au même rang que Calderon ou Shakespeare. La musique des *Fées* est influencée par Weber, Marschner et Beethoven. Très peu représentée, cette œuvre a été reprise au théâtre du Châtelet en avril 2009. À la fin du siècle, on pouvait entendre isolément l'ouverture de l'opéra en concert, comme l'écrit Suarès, mais ceux qui connaissaient l'œuvre intégralement l'avaient vu en Allemagne ou en avaient lu la partition. La remarque concernant *Don Juan* et *Les Noces de Figaro* est une attaque contre les versions françaises de ces opéras telles qu'on les présentait habituellement à Paris, et qui dénaturaient l'œuvre originale. Il était courant de chanter les opéras étrangers dans une traduction française, habitude contre laquelle Suarès s'est toujours insurgé, rêvant d'un théâtre international qui présenterait les œuvres dans leur langue originale. Il arrivait même qu'on adaptât les dialogues lorsqu'il en existait. Ainsi, *Le Freischütz* de Weber a-t-il été créé à Paris sous le titre de *Robin des bois*. Les dialogues parlés avaient été transformés en récitatifs par Berlioz (en 1841), créant, de fait, une nouvelle œuvre très éloignée de l'original allemand. L'Opéra-Comique a présenté la version de Berlioz sous la direction de John Eliot Gardiner en 2011, salle Favart. *Les Noces de Jeannette* est une opérette de Victor Massé, créée en 1853, qui connut un succès historique. *Don Juan* est la version française de *Don Giovanni* de Mozart et *Le Trouvère* correspond au *Trovatore* de Verdi.

7 Cet autre exemple montre bien que Suarès lit les partitions des œuvres de Wagner autant qu'il les entend au concert, et sans doute plus encore. Il écrit bien « si l'on n'a pas lu la *Cène*

on ne peut avoir l'idée de la froideur morne et de l'ennui glacé que Wagner a répandus dans cette musique pour la Pentecôte. Quand on dit que Beethoven y est pour quelque chose, on veut rire. C'est à l'école de Weber, où il était en ce temps-là, que Wagner a écrit ces devoirs d'écolier. On ne connaîtrait pas le jugement si dur, porté par Beethoven, sur le *Freischütz*[8], que si l'on sent la musique de ces deux hommes, l'on voit clairement qu'ils sont aux antipodes l'un de l'autre. Il n'est rien de si frappant que leur manière inverse de sentir la nature. Ce sentiment, puissant comme tous les autres dans Beethoven, n'est qu'un côté de son génie, – et fait toute la force de Weber. Mais, tandis que Beethoven y trouve l'âme même du monde, et l'Église, en quelque sorte, d'une Religion universelle, Weber, en romantique qu'il est, n'y voit que lui-même, un écho à ses rêveries, un décor enfin à ses aventures sentimentales. Quelque charme qu'il y mette, ce n'est jamais qu'une anecdote. Il y a un monde entre ces deux façons de sentir. Qu'il ne soit pas question de la distance entre les[9] deux génies : il n'en est aucun que celui de Beethoven ne réduise, par comparaison, à des proportions

---

des Apôtres » et non pas « écouté » ou « entendu ». Il s'agit d'une cantate, *Das Liebesmahl der Apostel* : eine biblische Szene für Männerchor und grosses Orchester (*La Cène des apôtres*, scène biblique pour chœur d'hommes et grand orchestre), WWV 69, composée en 1843. Si l'on en trouve des enregistrements, elle n'est plus jouée aujourd'hui.

8 *Der Freischütz* est un opéra de Weber (1786-1826). La forme *Freyschütz* était courante au XIXe siècle et c'est celle que Suarès utilise dans cette page. Créé en 1821, Wagner le considère comme le premier opéra romantique allemand. Certains points communs ont été relevés avec *Lohengrin* ou *Le Vaisseau fantôme*. Son caractère fantastique a marqué l'imagination de Wagner dès son plus jeune âge. La comparaison qu'établit Suarès entre la conception de la nature chez Beethoven et chez Weber, concerne la *6e symphonie*, dite « Pastorale », en fa majeur (op. 68), créée en 1808. Suarès laisse penser que Beethoven n'a pas apprécié *Le Freischütz*, sans donner de référence. Cela est étonnant car selon le *Guide de la mélodie et du lied* (Fayard, 1994) de Brigitte François-Sappey et Gilles Cantagrel, il semble au contraire qu'il ait reconnu la qualité de l'œuvre comme le laisse supposer cette remarque : « Le plus allemand des opéras, déclara Wagner à propos du *Freischütz*, corroborant l'enthousiasme de Beethoven et de Schubert ». C'est aussi l'opinion de Brigitte Massin dans son Franz Schubert (Fayard, 1977) : « Beethoven, qui n'était pas à la représentation, est lui aussi très impressionné lorsqu'il prend connaissance de la partition, et plus admiratif que critique », p. 207. La question de la profonde différence entre les deux compositeurs quant à leur façon de percevoir la nature dans leur musique respective est pour autant pertinente. Beethoven clôt la période des Lumières avec son *Fidelio*, célébrant la fidélité conjugale et la lutte contre les oppresseurs. Weber ouvre la voie au Romantisme en utilisant le fantastique et en confrontant les esprits maléfiques aux forces du bien.

9 On lit « ces » et non « les » dans la version parue dans la revue. C'est un exemple des infimes différences existant entre les deux parutions.

modestes ou médiocres. Il est démesuré à tout ce qui n'est pas lui. Il n'a de mesure que sa propre grandeur d'âme. Il est l'homme unique dans l'Histoire de l'Art, qui a vécu dans le sublime, comme les autres dans l'air tempéré où ils respirent. Il est le divin héros, qui n'a, pour ainsi dire, pas cessé d'être héroïque, – alors que l'héroïsme de tous les autres hommes, et même des plus grands, ne va que par soubresauts.

Quiconque imite Weber est donc bien loin de Beethoven et de son sentiment. L'orchestre de l'un et de l'autre en est une preuve éclatante. Beethoven, qui peut tout, ne cherche jamais la couleur pour elle-même. À beaucoup d'égards, il est bien moins raffiné que Mozart, si curieux de recherches exquises. Il ne porte pas dans les détails ce ravissant esprit de finesse que Mozart met à tout. Weber est, sur toutes choses, un coloriste. Il est avide de pittoresque ; et, bien que sentimental jusqu'à la fadeur, il aime la bigarrure. S'il est un don que Beethoven n'ait point, ou dont il fasse fi, c'est celui-là. Son âme sublime ne se plaît que dans la profondeur ; elle hante le cœur même du sentiment, le temple secret où tantôt dort, tantôt sourd, tantôt bouillonne et palpite l'origine de la vie. La vie divine de l'être, voilà tout Beethoven. Il ne s'attache jamais aux apparences. Elles ne lui sont qu'un prétexte ; toutes il les perce, de l'élan le plus simple, sans effort, avec la naïveté qu'adorent en lui ceux qui ont saisi le sens de son incomparable nature. La musique de Beethoven est le pur dialogue de l'Infini avec le Cœur. L'univers est l'œuvre de ce colloque. Ou rêve, ou passion, il ne s'exprime que par des traits ineffaçables. La puissance, la grandeur et la variété des lignes sont telles, en lui, que tout autre moyen d'expression est inutile. Il lui faudrait être bien moins grand qu'il n'est pour agir par d'autres charmes que ceux du mouvement. C'est lui qui emporte tout, qui éclaire et définit tout. Beethoven peint, comme il pense et comme il agit, par les mots éternels et par l'énergie des rythmes. Le plus grand des hommes, comme il fallait s'y attendre, est le plus surhumain, mais avec l'ingénuité d'un enfant. Son œuvre est la parfaite prière : toute la force de l'émotion religieuse est là : celle à qui l'homme doit un monde, celle qui la suscite du chaos et de la nuit, à force d'amour et de violence tendre.

Aucun homme de vingt ans, pas même Wagner, n'aurait pu, en 1830, entrer en des sentiments de cet ordre : il fallait deux âges, les passions et les douleurs de deux générations mortelles, pour frayer la voie à ces immenses mouvements dans le cœur d'un jeune homme. Berlioz, qui croyait suivre Beethoven, en a fait la parodie innocemment. Je sais plus d'un indice, où l'on voit que l'intention de Berlioz, dans sa *Symphonie fantastique*, a été de donner un pendant à la *Symphonie en ut mineur*[10]. Il n'en reste pas moins que ce sont les deux pôles de l'art. L'étrange aventure de ceux qui ont pris Beethoven pour modèle ! Je la dirai quelque jour.

Wagner n'y est jamais tombé ; il avait une trop belle intelligence, une vue trop critique de la musique, pour s'exposer à cette erreur. Les imitateurs ne peuvent guère emprunter à leur maître que sa langue, ses habitudes et ses artifices. Or, – si l'on en excepte les essais du début et les développements scholastiques, où, vers la fin, Beethoven s'est plu quelquefois, – il est tout à fait impossible de séparer en lui la forme et fond. C'est un ridicule véritable de parler, comme on fait, des manières de Beethoven. Il n'en a aucune. On ne peut appeler l'inclination de la plus belle âme, – une manière. Les mots sont les esclaves du sens ; il ne dépend pas d'eux de le changer. Il n'y a pas le moindre artifice dans Beethoven. On ne se surprend presque jamais à admirer son procédé : il a la science parfaite, qui se moque de la science. Il exprime son âme toute nue, dans tout son feu. En lui, la perfection du style, – qui n'est rien de différent de la pensée même, dans la pleine possession de soi. Disons donc que le style, c'est ce que la main combine, dans la plupart des artistes, – et ce que l'âme même trouve, dicte, et écrit dans un grand homme.

L'âme de Beethoven a passé par des temps divers, comme sa vie. Elle a d'abord connu la jeunesse, et l'invincible confiance, le rêve de bonheur, où s'abandonnent les esprits les plus sombres. Puis, l'époque de la passion contrariée, l'immense désir et l'immense dégoût de l'action ; la torture de ce qu'on veut, et l'amertume d'en savoir l'inutilité ; chez Beethoven, qu'on y ajoute le tourment d'une infirmité dérisoire. Beethoven a souffert

---

10 La *Symphonie en Ut mineur*, (dite *du Destin*), est la *Cinquième symphonie* de Beethoven. Elle a été créée en 1808 à Vienne. Citée plus loin, *Coriolan* est une ouverture symphonique en do mineur, composée en 1807. *Fidelio*, seul opéra de Beethoven, connut plusieurs versions et plusieurs titres. Composé en 1804 et 1805 sous le titre de *Leonore*, il est remanié en 1806, et la version définitive date de 1814. À l'inverse des goûts du public, Suarès défend ici Beethoven contre Weber. Comme le fait remarquer Mario Maurin dans son article « Le Wagner de Suarès » (*André Suarès et l'Allemagne*, série *André Suarès*, n° 2, éd. Yves-Alain Favre, Paris, Lettres modernes, 1976) : « son enthousiasme est tel [pour Beethoven] qu'on se demande s'il va en rester pour Wagner ».

violemment de sa volonté, de quarante à cinquante ans. Heureux encore que cette passion despotique ne l'ait pas saisi plus tôt, et l'ait enfin laissé respirer. Il en est qui la traînent, comme une Euménide collée au flanc, du premier jour de la vie au dernier. Toutefois, les années, qui vont de *Coriolan* à la seconde version de *Fidelio*, se distinguent, entre toutes, par le caractère dramatique. Beethoven porte la tragédie de sa vie dans ses œuvres. Le théâtre et la scène le tentent. Puis, peu à peu, la douleur grandissant en lui, il s'apaise. Plus elle se fait immense, plus elle devient sereine. Elle occupe un si vaste espace, qu'il la parcourt comme si elle n'était pas en lui. Les éclairs de la passion perdent ce qu'ils ont de tragique, pour ne plus former qu'une nappe de lumière éblouissante. Cet homme vraiment divin éclaire toute la vie des profondeurs de son sentiment propre. Supérieur à tous, il s'élève jusqu'à l'être à lui-même. Même dans ses transports, même dans sa colère, et les cris de son désespoir, – il prie. Enfin il touche à la contemplation. En lui, il purifie tout, purifié. La cavatine du *quatuor op. 130*, le *quatuor en ut dièze mineur*, le larghetto du dernier, sont des œuvres ineffables. Les larmes de l'Amour peuvent seules les vanter. Ce sont, à proprement parler, les oraisons d'un dieu. Ainsi, âme sublime, tu te priais toi-même, et tu obtenais de toi ce que nul autre n'aurait pu te donner.

Wagner est à Beethoven ce que Shakespeare est, à peu près, aux Grecs. Les comparaisons pèchent toujours par quelque côté ; mille différences les rendent fautives. Il faut être sensible aux traits communs, qui satisfont l'esprit, et laisser volontiers dans l'ombre ce qui s'interpose, entre ces parallèles, et en fait des obliques dès l'origine, et sans aller à l'infini. Mais enfin un simple coup d'œil sur une partition de Beethoven fait comprendre par où elle s'oppose à une partition de Wagner. Quoiqu'il soit difficile de séparer les opérations de l'entendement, l'esprit sait fort bien qu'il les distingue. La pensée suit, sans jamais la perdre, l'idée de Beethoven. Et c'est à la sensation que s'adresse Wagner. Une merveilleuse analyse des caractères, sur une trame continue de sensations, voilà ce que l'imagination de Wagner propose à la nôtre. Il n'y en eut jamais de plus ardemment sensible. De plus pure, de plus intellectuelle, de plus idéalement sentimentale que celle de Beethoven, on n'en conçoit point.

Beethoven est allé s'enfermant, sans cesse, dans la sphère de l'âme. Wagner n'a cessé de s'étendre. Beethoven est un dieu dans un temple. Wagner, un conquérant. La sensualité la plus riche, la relation la plus vaste avec la vie, et une volonté sans pareille, – voilà Wagner. Si ce n'est Napoléon, il n'y eut pas une volonté comparable à la sienne, chez les modernes.

Jamais ces puissances volontaires n'abandonnent leur héritage terrestre : elles l'accroissent plutôt. Les réalités matérielles leur sont un espace envié, un domaine précieux. Et, même un Idéaliste, comme Wagner, y asseoit largement ses rêves. Le royaume conquis, il l'organise. Je ferai voir que chaque œuvre de Wagner, sur le plan des productions de la nature, est un véritable organisme, ou tout se tient, s'agence et se développe selon les lois de la vie. Aucun art n'a rien produit, qui porte plus le caractère de l'être vivant. Une volonté si pleine devait avoir cet effet, sans doute : mais, enfin, il tient du prodige.

III
Si l'on peut juger Wagner, ou s'il lui faut rendre un culte

Tout ce qui vient d'un grand homme a un intérêt suffisant pour l'esprit. Mais tout n'est pas également admirable. Supposé que *Titus Andronicus*[11] soit de Shakespeare, cet amas de massacres n'en est pas moins grossier, d'une langue rude et d'une conception barbare. S'il était sûr que Shakespeare a peint cette brutale enluminure pour quelque public de foire, il faudrait bien s'en occuper. Il sera toujours curieux de voir d'où un tel homme est parti, pour atteindre au plus haut sommet de l'art, – à la mélancolie d'*Hamlet*, à la puissance d'*Othello*, à la ravissante poésie de la forêt des Ardennes. Mais il n'y a pas la moindre utilité à mettre *Titus Andronicus* sur le théâtre. Il est tout aussi superflu d'y porter les *Fées* de Wagner, et sa *Défense d'aimer*. Le jour où l'on chantera au concert, ou à l'église, sa *Cène des Apôtres*, je veux être libre d'y bâiller, et non pas même de ne point m'y plaire, mais de trouver, dans cette scène religieuse, ce vide et cet ennui, qui sont plus tristes que les pires défauts.

Il est singulier qu'on n'ait point encore fixé le lieu où l'apologie d'un grand homme, l'analyse de son art, celle de ses œuvres, et le récit de sa vie se rencontrent. Ce serait là le plan véritable de la critique. Pour le moment, chacun des éléments, dont l'ensemble la détermine, prétend y suffire, – et n'y réussit pas en effet. La critique littéraire y parvient, tant bien que mal : telle étude de Sainte-Beuve tient, à la fois, de l'histoire, de la biographie, de l'histoire naturelle et de la recherche esthétique. L'homme y apparaît, enfin, – pourvu qu'il ne soit pas d'une trop haute taille, ni qu'il ait l'âme trop haut placée, pour ne pas échapper à Sainte-Beuve.

11 *Titus Andronicus* est une pièce de Shakespeare, publiée en 1594. Considérée comme sa première tragédie, on lui a reproché son extrême violence et sa mise en scène de l'horreur, au point que Suarès s'interroge sur sa véritable paternité. L'aversion que cette pièce a suscitée chez certains lecteurs s'est manifestée dès le XVIIIe siècle et le doute exprimé par Suarès n'est pas nouveau. Il ne se sert de cette référence que pour montrer l'écart existant entre les œuvres de jeunesse et celles de la maturité. Il en va de Wagner comme de Shakespeare. Après *Les Fées* et *La Cène des apôtres*, Suarès évoque un autre ouvrage de jeunesse : *La défense d'aimer ou La novice de Palerme* (1836). C'est un opéra en deux actes dont le livret est inspiré de la pièce de Shakespeare, *Mesure pour Mesure*.

Ce grand anatomiste des esprits ne se soucie que des espèces connues. Sainte-Beuve est trop homme pour ne pas se borner à la connaissance accomplie de l'homme moyen.

La rhétorique a toujours fait le fond de la critique d'art. D'où vient qu'elle est en dégoût à tous les bons esprits. Qu'un sot préfère ceci à cela, et qu'un demi-nigaud promulgue les arrêts de son propre goût, – il n'importe, en vérité, à personne. À peine s'il importe davantage de connaître l'opinion d'un grand homme sur les autres : toutefois, elle a du prix, en ce qu'elle le montre mieux lui-même. Mais quand Wagner nous parle de Beethoven, il met toute son intelligence au service de son cœur, il nous donne ses raisons d'amour[12] ; et rien ne peut être plus utile. Car, de cette main, la critique aussi est un poème.

Les raisons d'aimer d'un grand homme, voilà le plus haut effort de la critique, et le terme où doivent aboutir toutes les critiques particulières. La plupart du temps, la plupart des gens n'entend à peu près rien aux grandes œuvres. On suit le préjugé qu'elle est belle. On soupçonne obscurément une beauté cachée. On n'y entre point, et il est naturel qu'on ne le puisse pas. Il n'y avait guère que Wagner, en 1869, capable de pénétrer l'âme de Beethoven. Non point qu'il le fût de la montrer telle qu'elle est. Mais il l'était de faire, en sa société, un rêve d'où elle ne fût pas absente, – et de s'en créer une image digne d'elle. Toute la question est de cette dignité. Car on se porte soi-même dans ce qu'on aime, – il n'est que trop certain, – et l'on se rencontre, si l'on ne s'y cherche, en ce qu'on admire. Il faudrait donc, en bonne règle, du génie pour parler du génie. Les critiques de profession ont beau faire : ils sentent cette loi ; ils en éprouvent la nécessité, même quand ils s'y dérobent : et la preuve en est dans le soin qu'ils mettent à l'éluder. Le plus fieffé critique, le plus érudit et le plus utile, –reconnaît en secret la supériorité, sur les siens, des jugements du génie. Sainte-Beuve ne se lasse pas d'admirer Gœthe, causant avec Eckermann[13]. En quoi, il montre son étendue

12 Le modèle de critique auquel Suarès fait allusion ici est le *Beethoven* de Wagner, essai commémoratif écrit pour le centenaire de la naissance du compositeur en 1870. En réalité, Wagner a souvent écrit sur Beethoven. Il faut donc ajouter *Une visite à Beethoven* (1840), de nombreux passages de *L'Œuvre d'art de l'avenir* (1849), d'*Opéra et Drame* (1851) et de la *Lettre sur la Musique* (1860). Pour Suarès, seul un grand artiste peut juger de la création d'un autre grand artiste, et c'est ce qu'a fait Wagner au sujet de Beethoven.

13 Johann Peter Eckermann, est un écrivain allemand (Hanovre 1792 – Weimar 1854) connu pour avoir publié ses entretiens avec Goethe (Francfort, 1749 – Weimar 1832)

et sa propre supériorité. Un mot de Gœthe vaut bien un traité sur la matière, quelquefois. Et qu'est-ce, après tout ? – Son goût qu'il explique, la raison pour laquelle il aime, ou n'aime pas. Ainsi, la perfection de la critique ne dépend encore que de la valeur personnelle de l'homme. Quels jugements exquis et admirables, sur toutes sortes d'objets, ne devaient pas tomber des lèvres de Léonard, parlant à ses amis ? – En dépit de ses apocalypses et de ce qu'il a de bouffon tragique, Carlyle[14], envieux, délirant, sans espace, étroit jusqu'au ridicule, prophète qui n'a de vue qu'à bout de pays, – fait mieux comprendre Cromwell, ou tel de ses héros de prédilection, qu'une foule de livres. C'est que, – lui-même à cette limite, où une légère folie est l'ombre d'un génie qui, venu sur le seuil, s'est effacé et n'a pas voulu, pour sa demeure, de l'âme ou de la vie d'un homme, – Carlyle est passionnément sensible au génie. Par là, il lui emprunte de ses lumières. Et même voilé, ce reflet éblouit.

Il est remarquable que la méthode de la rhétorique n'est pas fort différente de celle du génie. Gœthe dit son goût ; et ce pauvre diable dit le sien : toutefois, le goût de Gœthe est plein, fort, puissant de cent manières, comme lui. Celui du rhétoricien est vide, comme lui-même est vain. Si la plupart des critiques ne mettaient de la perfidie ou des rancunes personnelles à ce qu'ils disent, – on verrait bien qu'au total ils ne disent rien. Mais le Ciel leur a fait cette grâce de s'intéresser à eux-mêmes et de ne douter point qu'ils n'y intéressent autrui. Moyennant quoi, ils livrent en public ces misérables combats, dont eux seuls sont le prix. Et Chimène, – je veux dire la Beauté, – est si délaissée qu'elle s'en amuse et pense les suivre.

Les esprits sérieux tiennent en constant mépris cette sorte de critique. Ils accablent les rhéteurs sous les coups de leur gravité et de leur science. Car enfin il y a des critiques savants. Ceux-là refusent de juger les œuvres ; ils se bornent à en écrire l'histoire et à ne rien laisser perdre de l'auteur ; ils en suivent la vie jour par jour ; ils se livrent à toutes sortes de recherches ; et il leur suffit de montrer leur objet dans tous ses aspects, pour en éprouver tout le contentement possible. Une œuvre

---

durant les dix dernières années de sa vie. Sainte Beuve écrivit une introduction à une édition française de 1863 : *Conversations de Goethe, pendant les dernières années de sa vie : 1822-1832*, trad. Émile Delerot. Charpentier et Fasquelle, 1863.

14 Thomas Carlyle est un écrivain écossais (Ecclefechan 1795 – Londres 1881). Il publie *Oliver Cromwell's Letters and speeches* à Leipzig en 1861.

expliquée est une œuvre parfaite, selon eux. Et pourquoi pas ? – C'est la leur, en quelque sorte. Les savants sont ainsi une autre espèce de pauvres diables, plus utile que l'autre, mais non moins dénuée. Le mépris qu'ils font des rhéteurs est sans retour sur eux-mêmes. Quel étrange aveuglement ! Je vois bien à quoi les savants servent en critique ; mais c'est du même regard, dont j'aperçois à quoi ils ne suffisent point. Qu'on publie les cahiers de Beethoven ; qu'on déchiffre sa Correspondance, qu'on cherche à ne rien laisser d'obscur dans sa vie ni dans son œuvre : c'est à merveille. Wagner ira justement à Bonn, toucher alors toutes ces reliques. Cependant, lui seul ressuscitera le Saint et en fera un portrait admirable. Pour le dire d'un mot enfin, *la Critique est une Science, qui a une œuvre d'art pour fin.* Or, à cette œuvre, il faut, non un savant, – un artiste. « Broyez-moi les couleurs ; donnez-moi des pinceaux, des brosses, des toiles, des moyens sans reproche. Je vous suis redevable. Mais, ni chimiste, ni tisserand, ni opticien, c'est moi qui fais le portrait, c'est à moi de le faire. » Voilà ce qu'un grand peintre peut dire.

Ce temps-ci, où l'esprit de la science règne en tyran, a la conception la plus grossière de la critique d'art. En musique, elle se réduit au bavardage mondain, à la biographie, ou à un misérable étalage des éléments techniques. Tout le monde peut se procurer cette fausse science. Elle tient dans trois ou quatre livres. Une année d'études y met l'écolier dans un haut rang. Rien n'est si contraire à l'âme de la musique, que cette vue matérielle de l'art. Et comme il arrive toujours, – les pédants de matière étant les plus pédants de tous, – cette critique matérialiste est d'une extrême pédanterie. Avec trois mots de métier, – du canonique ici, de l'enharmonique là, le contre-sol d'un côté, et de l'autre le fa grave du contre-tuba, – plus d'un, qui semble musicien accompli, n'en a pas même les qualités élémentaires, sans quoi on ne l'est point, et où un ignorant, un cœur ingénu, une simple femme excellent quelquefois. Outre que ce savant est de science fort petite. Cent fois, je les ai surpris incapables de rien trouver par eux-mêmes. Le plus clair de leur science est un reste de leurs conversations avec les auteurs et les gens de métier. Il va de soi qu'en tout art, on ne peut pousser trop loin le dégoût des Villemain[15] et des rhéteurs de la même espèce. Leur faconde et leur ignorance ont

15 Abel François Villemain (Paris 1791-1871), écrivain et professeur universitaire, fut ministre de l'Instruction publique (1839-1844) et élu en 1821 à l'Académie française.

quelque chose d'écœurant pour la pensée. Mais il est impossible de s'en remettre de la critique aux savants et aux mécaniciens de l'art. Ce n'en sont, à parler nettement, que les ouvriers.

Bien plus : ils font tort à la critique des services mêmes qu'ils lui rendent, car ils l'y enferment. M. Houston-Stewart Chamberlain[16], qui est un historien de Wagner inimitable, qui sait tout de son héros, qui a tout vu et tout vérifié, qui l'aime enfin et l'admire par-dessus tout, nous offre plutôt un système de théologie qu'un homme. Pourtant M. H.-S. Chamberlain est d'une rare pénétration psychologique. Mais il procède trop en naturaliste, qui détermine toutes les conditions d'une espèce naturelle. Une espèce est une espèce, un objet en définitive anonyme, et un grand homme est avant tout une personne. Un biographe, comme M. H.-S. Chamberlain, fait connaître admirablement l'œuvre de Wagner, pièce à pièce, – mais non point l'âme de cette œuvre, qui est Wagner même. C'est qu'aux yeux de M. H.-S. Chamberlain, comme à ceux du naturaliste, tout à son importance. On peut dire de leurs études que l'intérêt humain en est absent. Tout ce qui entre dans leur objet a les mêmes droits à y être, et presque la même dignité. Ils ont raison, s'il s'agit de comprendre. Leur méthode seule est sûre pour l'étude. Mais la pleine intelligence d'un art, d'une œuvre, à plus forte raison d'un homme, ne va point sans *Imagination.* C'est elle qui donne la véritable intelligence. Elle y porte cet élément du cœur, cette force d'amour, dont ne se passe pas la vie. Or, si l'on y réfléchit, en critique, l'œuvre de l'imagination est un *Jugement.*

---

16 Houston Stewart Chamberlain (1855-1927) est un écrivain allemand d'origine anglaise, issu d'une grande famille d'aristocrates. Il passe sa jeunesse entre l'Italie, la Suisse et la France, ce qui explique sa parfaite maîtrise de la langue française. Après avoir assisté au festival de Bayreuth en 1882, il est saisi par le wagnérisme comme par une fièvre mystique. Il fonde la *Revue wagnérienne* en 1885 avec Édouard Dujardin et est l'un des rédacteurs des *Bayreuther Blätter*, revue allemande dédiée à Wagner et à son festival. En 1908, il épouse Éva, la fille de Richard et de Cosima Wagner. Dès 1896, il exprime de plus en plus ouvertement ses idées nationalistes et antisémites et utilise l'œuvre wagnérienne, ainsi que le festival de Bayreuth, pour servir ses propos. Il prend la nationalité allemande en 1916 et assure Hitler de son soutien dès 1923. Au moment où il écrit son *Wagner*, Suarès connaît de Chamberlain les articles de la *Revue wagnérienne* ainsi que deux ouvrages sur Wagner : *Le Drame wagnérien* (1892), traduction française de Chamberlain lui-même, Paris, Chailley, (1894) ainsi que *Richard Wagner, sa vie et ses œuvres*, (1895), traduction française Alfred Dufour, Paris, Librairie académique Perrin, (1899). C'est de ce dernier ouvrage qu'il est question ici ainsi que de l'article de Suarès sur le livre d'Henri Lichtenberger que nous présentons à la fin de cette édition.

Je vis, au temps où je voulus me rendre compte de ce que valent les critiques d'art, – dans le soupçon où j'étais qu'ils ne valussent rien, – je vis qu'ils ne jugent point. Sauf ceux que tout le monde moque, et dont il est douteux même s'ils savent lire. Mais de ceux-là, il n'y a rien à penser, puisqu'ils ne sont point. Pour les autres, les techniques se bornent à la mécanique de l'art ; ils ne jugent qu'à la manière des médiocres, par esprit de parti ; ils ne louent rien que pour plaire à celui-ci, ou blesser cet autre. L'intérêt le plus vain fait leur doctrine. Elle est toute polémique.

Les savants, de leur côté, ne songent même pas à juger, ils le croiraient contraire à leur probité singulière. Cependant tel est le cœur humain, qu'il ne s'applique point à une étude, avec force et gravité, sans prendre parti pour son objet, ou contre lui. Un esprit sérieux finit toujours par haïr ce qu'il fait, s'il ne réussit pas à l'aimer. Et tant s'en faut que cette inclination soit méprisable, qu'elle est, au contraire, une louange à la nature humaine. De là que M. Houston-Stewart Chamberlain a fondé le culte rationnel de Wagner.

En effet, l'Église de Bayreuth et les Évangiles de M. de Wolzogen[17] ne sont point assez raisonnables pour conquérir des fidèles. Ils ne retiennent même ceux qu'ils font, qu'en vertu d'une grâce spéciale. Ils ont le tort de faire sourire du Dieu, parce qu'il n'est point possible de ne sourire pas de la cérémonie et des prêtres. Il est bien dangereux, en tous les ordres, de créer une liturgie. Il faut laisser faire au peuple et au temps, puissances éternelles qui bravent le ridicule.

Au contraire, le culte de Wagner, comme M. H.-S. Chamberlain a le mieux fait pour l'établir, ne répugne point à la raison ; il la satisfait plutôt, et les pensées molles d'une époque, qui ne souffrent que d'être

17 Hans von Wolzogen (1848-1938), musicographe allemand, découvre *Tannhäuser* et *Lohengrin* à Berlin en 1864 et rencontre Wagner à Bayreuth lors des répétitions du *Ring* en 1875. Il publie alors un guide des leitmotive et devient un spécialiste de cette caractéristique particulière de la musique wagnérienne. En 1880 et 1882, suivent deux autres guides sur *Tristan* et *Parsifal*. Il est aussi le rédacteur en chef des *Bayreuther Blätter* de 1877 à sa mort en 1938. Cette revue qui devait initialement défendre les œuvres de Wagner et aider à leur compréhension, change rapidement d'orientation. Ses rédacteurs reprennent les idées les plus nationalistes, conservatrices et raciales du compositeur au point de les rendre compatibles plus tard avec celles du national-socialisme. Selon Jean-François Candoni, « les *Bayreuther Blätter* ont incontestablement préparé le terrain à l'utilisation de son œuvre par la dictature nazie » (*Dictionnaire encyclopédique Wagner*, Actes Sud, 2010, p. 1800). Sur ces questions historiques, on se reportera aux articles du *Dictionnaire encyclopédique Wagner*.

libres, qui n'aspirent qu'à être conquises. Pour M. Chamberlain, tout ce qu'a touché Wagner, étant bien de lui, venant bien de cette main, est parfait en lui-même. Chaque œuvre de Wagner a sa raison en elle. Et, comme elle y suffit, elle doit nous suffire. Il n'est pas permis de comparer *Lohengrin* à *Parsifal*, ou le *Vaisseau fantôme* à *Tristan*. Chacun de ces drames est le chef-d'œuvre de ce qu'il devait être et de ce qu'il pouvait être, puisqu'il est celui de ce que Wagner était dans le même temps. À quoi bon même dire que l'on préfère *Parsifal* à *Tannhäuser* ? Outre qu'il ne sert de rien, on n'en a peut-être pas le droit. *Tannhäuser* est l'œuvre accomplie d'un Wagner et d'un moment. *Parsifal* l'est également d'un autre. Sur quoi, admire *Les Fées*, qui font ce prodige et goûte *La Cène des Apôtres*. Le fasse qui voudra : je ne le peux pas, et ne le veux point.

Voilà où mène la science : à séparer les faits de l'homme, par la grâce de qui, seul, les faits sont pour quelque chose. Cette absence de jugement n'est que manque d'imagination. Et j'y remarque la faiblesse profonde du caractère. Qu'on n'oppose point les actes d'un homme, à l'opinion que je soutiens de sa faiblesse, s'il ne juge pas : on agit pour vivre. Beaucoup d'acteurs dans la comédie du monde, – et des plus illustres, – ne sont forts qu'en apparence. La force de l'âme est de créer des objets, – ou de porter des jugements. Et, selon mon goût, pour toute sorte d'objets, une grande âme est, sans cesse, toute : Vues, et toute : Jugements.

Qu'on rende un culte à Wagner, tant qu'on voudra : c'est la preuve qu'on n'a plus la force de le connaître. On adore assez souvent ce qu'on ne comprend qu'à peine, et qu'on n'eût pas aimé, de soi. En art, la théorie d'un grand homme tourne promptement en théologie ; et l'on en accepte le dogme, pour n'avoir pas la fatigue de le comprendre. Comme l'esprit, le goût du vulgaire est paresseux. Le plus admirable, – que les théologiens d'un art prétendent faire des œuvres de l'artiste autant de témoins rigides en faveur de sa théorie. Ils ne s'aperçoivent point que jamais grand artiste n'a suivi une telle méthode. Elle est contraire à la vie.

Un Wagner même, – que sa puissante volonté rend parfois le plus systématique des esprits, – n'invente des théories absolues que pour y fonder ses œuvres : bien loin d'élever ses œuvres sur des théories. Monsieur H.-S. Chamberlain a montré quelle nécessité poussa Wagner à devenir théoricien, et combien il se livra avec dégoût à cette exégèse de son propre génie. Il n'est pire supplice pour l'artiste que de se faire critique. Il le sait trop, celui qui s'y voit forcé quelquefois. Autant l'artiste sent cette entrave, autant les amoureux de son art y sont peu sensibles. C'est un supplément de servitude, que sa théorie leur assure. Or, quand ils se sont livrés à un Wagner, ils sont tous femmes à son égard ; et, comme Kundry repentante, affamés d'obéissance, passionnés pour servir : *Dienen ! Dienen*[18] *!*– Les cultes se fondent tout seuls. Les dieux qu'ils se donnent n'y sont pour rien. Ils y répugneraient plutôt, je le sais.

La puissance de Wagner est un peu terrifiante. On dirait qu'il a toute la volonté que la foule femelle n'a pas. Par là, il convenait tout à fait à un temps, où l'anémie du vouloir, et la faiblesse de la pensée sont la maladie de tout le monde. Il se dégage un charme étrange, et sûr en ses effets, de ces pages où Wagner a mis assez de passion, pour galvaniser les cœurs d'une société débile. Il verse des liqueurs fortes à ces pauvres enfants : c'est bien l'eau ardente qui ranime des êtres épuisés, – en les achevant, – Tolstoï[19], qui ne le comprend pas, a raison quand il décrit les suites de cette débauche. C'est un enchantement magique. Tout le siècle a bu le philtre d'Isolde comme Tristan. L'enchanteur Wagner est le Merlin d'un âge avide de jouir, et qui consent à y perdre ses forces. Sa musique est la Grande Circé[20], qui change les hommes quelquefois en pourceaux, en ânes aussi, et en brebis bêlantes : mais toujours elle

18 Dienen ! Dienen ! (servir ! servir !) sont les deux premiers mots prononcés par Kundry dans *Parsifal* lorsqu'elle apparaît au troisième acte.

19 La figure de l'écrivain russe Léon Tolstoï (1828-1910) est souvent confrontée à celle de Wagner par Teodor de Wyzewa (*Revue wagnérienne* du 8 octobre 1885 : « La religion de Richard Wagner et la religion du comte Léon Tolstoï »), ou par André Suarès. Tolstoï critique particulièrement le wagnérisme dans son essai *Qu'est-ce que l'art ?* (1897) en le considérant comme le « symptôme ultime d'une décadence européenne amorcée dès le Moyen Âge, et à laquelle contribuent du reste, entre autres, Dante, Milton, Shakespeare, Bach et Beethoven » (article de Frédéric Sounac dans le *Dictionnaire encyclopédique Wagner*, p. 2109). Tolstoï s'en prend particulièrement à *Siegfried* qu'il a vu à Moscou, expliquant s'être enfui du théâtre après la scène du dragon, avec un sentiment de répulsion. Il présente *Siegfried* comme une farce ridicule. Rappelons que Suarès a publié en 1899, la même année donc que son *Wagner*, un *Tolstoï* (éd. Union pour l'action morale, Paris). Il y écrit notamment : « Wagner et lui n'auraient jamais pu se comprendre. Ils sont opposés, comme deux hommes ne sauraient l'être davantage : sentiments, vues du cœur et de la pensée, tout en eux est contraire. Ils sont aux pôles des mêmes objets. Ils ne sont pas possibles à concilier », p. 65-66.

20 Nietzsche compare la musique de Wagner à la magicienne Circé avant Suarès. Le philosophe écrit dans le post-scriptum de son pamphlet *Le cas Wagner* (1888) : « Wagner est trop intelligent pour s'exprimer en formules –, mais en s'adressant à la sensualité, qui, à son tour, épuise et brise l'esprit. La musique, nouvelle Circé ». Suarès n'y fait pas référence mais il est probable qu'il ait lu le texte de Nietzsche ou un commentaire dans les

les fait rêver. Elle joue sur leurs nerfs, comme sur des cordes préparées à dessein, d'un archet infaillible. Wagner règne sur la sensibilité de notre temps, plus qu'il ne fut jamais donné à aucun artiste. Or, il est fatal, quand la sensibilité est conquise, que la raison des hommes se laisse conquérir. Non seulement elle s'y prête : elle s'y offre.

Je ne m'expliquerais point, s'il n'en était pas ainsi, que Wagner fût devenu une idole pour tant d'esprits sages. L'analyse irréprochable que M. H.-S. Chamberlain fait du *Ring*, l'empêche-t-elle d'y voir le triomphe de la théorie ? – *Rheingold*, dit-il, laisse plus de place à la poésie ; *La Walküre*, au drame ; la *Götterdämmerung* à la musique ; et dans *Siegfried*, l'on a l'équilibre de toutes ces conditions. Là-dessus, s'élève tout le système. Il est naturel qu'il exclut toute critique. Car le *Ring* est parfait en théorie. Qui dira combien la vérité de l'art répugne à un parti pris si rigide ?

Cette abdication de la critique est évidente : *Point de critique sans un jugement.*

Or, en acceptant tout, on ne pense plus même à juger. Il n'y a point de doute, que cette dévotion répandue fasse courir un extrême danger à la musique. Je n'en donnerai qu'un exemple : l'hypothèse admise que le *Ring* est un véritable drame ; parfait en lui-même ; parfait en proportions ; qu'il n'y a rien à y redire ; que l'excès de la musique dans la *Götterdämmerung* y balance justement la part de la poésie dans *Rheingold* ; que l'ensemble est ce qu'il doit être, chaque partie l'étant aussi : – en un mot la défense et l'impossibilité de porter un jugement sur cette œuvre gigantesque, en fait, depuis dix ans, un modèle sacré pour le drame en musique. Tous les musiciens s'acharnent à mettre au théâtre des légendes barbares ; il les leur faut même au bord du Rhin. Tous les traitent comme l'une des quatre parties du *Ring*. Pas un ne se demande s'il n'y faudrait pas joindre les trois autres. Et pas un n'ose même rechercher si le *Ring* est un drame.

Qu'il y ait autant de musique dans *Rheingold* que dans *La Walküre* ; que l'équilibre de la musique et de la poésie ne soit pas moins rompu dans *Siegfried* qu'ailleurs, – et toujours au détriment de l'action : c'est ce qu'on pourrait montrer peut-être. Il n'est pas niable que Wagner, en grand artiste au grand cœur qu'il était, ne tenait à ses théories qu'au

---

nombreux écrits wagnériens. *Le cas Wagner* a été largement commenté dès sa publication dans les milieux wagnériens.

moment même où il en faisait système. Vivant, sentant, aimant, il s'en rendait tout à fait libre. Il n'y a que les esprits du second ordre, pour se refuser à cette divine liberté-là. Un Wagner, dans la puissante ivresse de ce qu'il fait, se moque bien de ce qu'il a dit qu'il fallait faire. L'action emporte tout. Combien plus l'action idéale du grand artiste ? On sait aujourd'hui que Wagner songeait à écrire des drames historiques. Il pensait à un *Luther*, à un *Bernard de Saxe-Weimar*, et même à un *Frédéric le Grand*, ce qui semble un paradoxe. Sa correspondance avec Heckel de Mannheim en fait foi. Nul doute, aussi bien il aurait fait l'histoire à sa façon, non pas à celle d'un Dumas ni même de Gœthe[21].

Enfin on ne peut nier, non plus, que Wagner n'a cessé de faire, dans ses œuvres, la part de plus en plus grande à la musique. Point de théorie qui vaille contre les faits. Wagner a dû sentir, comme on le sent en lui quand on le comprend assez et qu'on l'aime, qu'il était par-dessus tout musicien. Le besoin de son âme a été le plus fort. S'il y a tant de musique dans les *Maîtres Chanteurs*, dans la *Götterdämmerung*, et dans *Parsifal*, ce n'est pas pour obéir à un système. Mais c'est pour suivre de plus près les volontés irrésistibles du cœur, et les émotions de l'âme la plus musicale qui fut jamais.

On doit toujours en revenir au caractère. En tout ordre d'idées, ce qui importe le plus, c'est la personne. La grande œuvre d'art est l'œuvre d'une grande vie. La personnalité domine tout, – les actes et même les événements. Le monde n'est que personnalité, – ou du moins ce qui compte dans le monde. Plutôt que de ne la point sentir dans les objets, où elle semble ne pas être présente, – je croirais parfois que le monde lui-même est une personne. Voilà pourquoi les théories ne me sont rien. Et tant s'en faut qu'elles soient grand'chose, – que tout l'essentiel est dans l'homme, – et, si l'on veut, le théoricien.

---

21 Philippe Godefroid a consacré un ouvrage aux projets d'opéras inaboutis de Wagner : *Les opéras imaginaires de Wagner*, traduction et commentaires des projets non composés, Séguier, 1989. On y trouve des détails sur ces titres totalement oubliés aujourd'hui. Quant à Emil Heckel (1831-1908), il était éditeur de musique à Mannheim et fabricant de pianos. Il a été l'un des premiers à réunir des fonds pour le financement de la construction du théâtre de Bayreuth. On lui doit également l'idée de constituer des cercles wagnériens pour favoriser la production des œuvres de Wagner et la diffusion de ses idées artistiques. Le premier cercle fut donc créé à Mannheim et l'idée se propagea très vite jusqu'à la création de l'Association wagnérienne universelle. Les lettres qu'il échangea avec Wagner concernent les différentes étapes qui ont mené à la construction du théâtre de Bayreuth. Elles ont été traduites en français par Louis Schneider en 1929 (éditions Fasquelle, Paris).

DEUXIÈME PARTIE

Vues sur la vie de Wagner

I
Bonheur de sa naissance

Rien ne peut être autre qu'il n'est. Il est bien vain d'imaginer les faits contrairement à leur ordre. Le hasard ne s'exerce pas sur ce qui devait être, mais sur la manière dont ce qui pouvait être, a été en effet. Nul esprit curieux des vies illustres qui ne les ait reconnues justement à leur place, dans le temps où elles parurent ; et qui ne se soit, à la fois, demandé ce qu'elles eussent été en un autre. Sans doute, Alcibiades est la fleur d'Athènes, de la vieillesse de Périclès et de Socrate. Mais il y eut toujours des patriciens à l'Alcibiades, tant qu'il y a eu des Athéniens. Et si le fils de Klinias avait vu le jour après la chute des longs Murs[1], ou après le désastre de Chéronée, il n'eût pas eu la ressource de faire mieux qu'un libertin exquis, ou à tout le moins un grand seigneur philosophe : le système d'Épicure serait peut-être le sien, avec moins de vertu et plus de fantaisie. Le don du génie mis à part, le plus grand bonheur est de venir à son heure. S'il ne fait pas le génie, il le multiplie de tout ce qu'on en attend. Et parfois une naissance opportune en donne l'illusion, où il n'est pas. Il ne faut point naître trop tôt ; il ne faut pas naître trop tard. Dix ans de plus ou de moins eussent suffi à ne jamais laisser Napoléon sortir de Bonaparte. Qu'il est mélancolique de rappeler

1 On appelle « les longs murs » une double muraille fortifiée érigée entre 461 et 456 av. J.-C. afin de garantir les communications entre Athènes et son port du Pirée. Ils furent détruits par Sparte après la défaite d'Athènes durant la guerre du Péloponnèse, puis reconstruits au cours du IVe siècle. Chéronée est une cité grecque de Béotie située entre la Phocide et l'Attique, non loin du fleuve Céphise. En raison de sa position stratégique, Chéronée est le théâtre de nombreuses batailles. Alcibiade est le fils de Klinias, homme politique et général grec.

à soi, sans pouvoir leur donner un nom, toutes ces grandes âmes à qui le malheur des temps n'a pas permis d'éclore ! Que pouvait faire un grand Romain sous la barbarie des Goths et des Chrétiens, une noble, droite, une laïque vertu romaine sous Théodose ? – Ou un Grec, épris de belles formes, sous le règne de l'Iconoclaste ? – Déjà, un Marc-Aurèle avait dû s'abêtir et jeter des fanatiques aux lions. Que n'eût pas fait notre Pascal s'il eût daigné ? S'il n'eût pas suivi obstinément la méthode ancienne des géomètres, s'il eût consenti à se servir du symbole, de l'analyse, lui qui parvint au calcul de l'infini par la seule force du raisonnement et des constructions géométriques ? – Il n'est donc point superflu de voir ce que son siècle fait, même pour le plus beau des génies. Nul autre homme, peut-être, si ce n'est Gœthe entre les artistes, et Bonaparte entre les conquérants, n'est venu plus à propos que Wagner.

Sans doute, Beethoven n'eût pas été fort différent de lui-même, pour quelques années de plus ou de moins. Mais il fallait que Wagner naquît en 1813 pour être l'homme de son siècle.

Dans la musique, le voici donc qui aura vingt ans, le lendemain de la mort de Beethoven, et le même âge à la mort de Gœthe, pour recueillir encore cet admirable héritage de la Poésie. Wagner paraît au moment où la personne et la grandeur de l'Allemagne ont leur naissance. Admirez qu'il est le frère de Bismarck, et son aîné de deux ans. Wagner, Bismarck et l'Allemagne ont eu, dans le même temps, leurs combats et leur victoire. Un demi-siècle d'efforts, et les mêmes années ont vu le triomphe de Wagner à Munich, – et Sadowa[2].

Avide du jour, Wagner frappait aux portes de la vie, dans les entrailles de sa mère, quand, à Leipzig même, les coups de canon et la bataille des nations accouchaient l'Allemagne d'un peuple[3]. La Pensée et l'Art

---

2 Beethoven (1770-1827), Goethe (1749-1832), Bismarck (1815-1898). La bataille de Sadowa vit la victoire des Prussiens sur les Autrichiens en 1866. Wagner dut son triomphe à Munich avec la création de *Tristan* en 1865.

3 Wagner naquit le 22 mai 1813 à Leipzig. Non loin de là, de violents combats faisaient rage. La bataille de Leipzig (du 16 au 19 octobre 1813), aussi appelée « bataille des nations », fut la plus grande confrontation des guerres napoléoniennes, et une importante défaite pour Napoléon Ier. Le 15 mars 1813, la Prusse avait déclaré la guerre. Wagner vit donc le jour dans le quartier juif d'une ville occupée par les Français. Il n'avait que de six mois lorsque son père mourut, victime d'une épidémie de typhus. Veuve, sa mère s'enfuit de la ville avec ses enfants pour rejoindre un ami de la famille, Ludwig Geyer, à Dresde. Elle dut franchir les lignes ennemies pour y parvenir. Suarès fait ici allusion à cet épisode très romanesque mais historique.

allemands s'étaient frayé toutes leurs routes. Kant et Fichte n'avaient plus rien à dire. Schopenhauer ruinait Hegel presque de son vivant : car Schopenhauer est plus vieux qu'on ne l'imagine, et un des maîtres de Wagner, non de ses égaux en âge. Schiller, était mort. Ses théories sur l'art étaient passées dans la pratique ; et les grands philosophes avaient rétabli, dans les Universités, l'art antique comme la plus belle des réalités vivantes[4].

Rien, pourtant, n'appelait plus son homme que la musique. Comme tout, en France, menait à un grand poète, tout menait, en Allemagne, à un grand musicien. Qu'on ne s'y trompe pas : l'incomparable Beethoven n'est point le héros de la musique allemande. Certes, il est allemand, comme en partie tout musicien. Mais son génie est, à ce point de la pureté et de la vérité humaines, où l'homme est homme sur toutes choses, et son art uniquement humain. La famille de Beethoven n'est allemande que pour la moitié. La ville où il est né est sur le Rhin, sur le fameux fleuve qui mène du Nord au Midi, où l'Occident rencontre le reste de l'Europe, où les hommes de toutes les races ont passé, où ils ont tous laissé des traces, où ils se sont tous établis. Beethoven n'est pas plus le type de l'Allemand, que Léonard de Vinci n'est celui de l'Italien. En l'un et l'autre de ces deux héros incomparables, l'homme triomphe seul ; et, si l'on reconnaît d'abord en eux une race, un temps et un pays, tous les autres peuvent aussi prétendre à s'y reconnaître. Qui niera tout ce qu'il y a de liberté et d'ironie contemplatrice dans le Vinci ? Ces passions de l'Intelligence ne sont point italiennes, mais on y sent plutôt Athènes et la France.

Wagner est, au contraire, aussi purement allemand que Michel-Ange est italien de Florence. Beethoven, comme le dieu de la musique même, avait de quoi nourrir le génie musical de tous les peuples. Pour si peu que Berlioz l'ait compris, il a toujours cru lui être fidèle et le faire revivre en France[5]. Il l'a imité, par le dehors, comme Mendelssohn, Liszt et tout le monde. Aucun d'eux n'a soupçonné qu'il se condamnait par là : car enfin Beethoven est inimitable, n'ayant, dis-je, ni manière, ni procédés. Seul, Wagner est entré dans la pensée de Beethoven. Ne lui ressemblant en rien, ne sentant ni ne pensant en rien comme lui, il a

4 Kant (1724-1804), Fichte (1762-1814), Schopenhauer (1788-1860), Hegel (1770-1831), Schiller (1759-1805).

5 Berlioz (1803-1869), Mendelssohn (1809-1847), Liszt (1811-1886).

voulu savoir ce que Beethoven pouvait lui apprendre sur l'art et ce qu'il était capable d'ajouter à sa propre conception de la musique. Il a cherché, dans Beethoven, tout ce qui était de nature à porter au comble le génie de la musique allemande. Et, de la sorte, Wagner, qui n'a presque rien de commun avec Beethoven, ni pensées, ni sensations, ni sentiments, a été le seul élève du grand homme et son seul disciple véritable.

Quoi que l'on veuille dire, Wagner est musicien avant d'être poète. Toute sa vie est celle d'un musicien. Les avantages de sa naissance ne sont si rares qu'au regard de la musique. Ses combats, ses triomphes sont ceux du musicien. Au début de la vie, il conçoit son art en musicien ; à la fin, il fait de même. Que sert de prétendre qu'il est grand poète dans *Parsifal* ? – Il l'est médiocre dans *Rienzi*. Quelle découverte est-ce donc qu'il puisse y avoir un grand poète dans un grand musicien ? – Il y a un grand poète dans chaque grand artiste. S'il ne s'exprime pas dans la langue des mots, cette gloire lui manque, non la poésie. L'usage de la langue ordinaire aux poètes est un don de l'éducation. Ce n'est pas celui de la nature, qui est le don de poésie. Mais il n'y a pas un grand musicien dans chaque grand poète : il s'en faut de beaucoup ; l'exemple de Gœthe en est une assez bonne preuve. On se fonde sur ce que Wagner, encore enfant, s'essayait à écrire des tragédies : il était donc d'abord poète. Voilà un beau raisonnement. Je sais, pour le moins, un poète, qui, avant d'écrire des drames, s'obstinait, enfant, à composer des symphonies : il eût fait un musicien, si l'on l'eût voulu ; mais il est poète, puisqu'il a voulu l'être, et de l'aveu de Minerve[6]. Wagner, libre de faire un choix, s'est prononcé pour la musique. Il a été musicien dès qu'il a pu être artiste, et il l'est resté. Mais, dit-on, musicien ou poète, il n'est pas l'un sans l'autre ; le seul nom qui lui convienne est celui de l'art créé par lui : il est dramaturge, l'Æschyle du monde moderne. – Bien loin de me rendre à cet avis, fût-il celui de Wagner lui-même, je

6 On trouve souvent mention dans les biographies wagnériennes, des talents précoces du compositeur pour l'écriture. *Leubald* est une tragédie en cinq actes, écrite entre 1826 et 1828. Wagner avait 13 ans. On compte une trentaine de personnages qui meurent si rapidement qu'ils reviennent sur scène sous la forme de spectres. L'ensemble aurait duré six heures. Son oncle Adolphe, théologien et grand érudit, avait mis sa bibliothèque à la disposition du jeune homme pour nourrir sa soif de littérature. Il fut d'autant plus effrayé par ce premier résultat qu'il s'en considérait en partie responsable. Le jeune poète auquel Suarès fait allusion et qui composait des symphonies enfant n'est autre que lui-même qui souhaitait devenir musicien avant de choisir l'écriture.

veux faire voir que Wagner n'est un tragique qu'à la condition qu'il est musicien et qu'en lui la musique domine toujours le drame. Je pense même que l'erreur de notre temps est de prendre ces chefs-d'œuvre pour des drames, – et que ce n'en sont point.

Il faut l'accorder : et, l'on comprend alors comment la vie de Wagner est un modèle pour toute vie de musicien. Il est venu au monde à Leipzig, dans la ville la plus fidèle à la musique de ce pays saxon, où le peuple fut plus musicien que n'importe où ailleurs, au delà des Alpes. Il a étudié la musique à l'Université. Il a connu de bonne heure, le grand, le bon Sébastien Bach, ce Luther de la musique allemande. Les concerts de Leipzig, le théâtre et la chapelle de Dresde, étaient illustres dans toute l'Allemagne, depuis longtemps. Beethoven, sur ses vieux jours, n'a jamais eu l'érudition musicale de Wagner, dès l'âge de vingt ans. Toute la musique du temps se gravait à Leipzig, et se vendait à la célèbre foire. C'était là que Mozart, Haydn et Beethoven[7] avaient leur éditeur[8]. Là, toute la dynastie des Bach s'était succédé dans les chapelles, et à l'orgue. C'était aussi le pays du contre-point, de l'harmonie savante, et des luthiers inventeurs d'instruments.

Wagner eut encore le bonheur d'appartenir à une famille de bonnes gens, à la limite où l'artisan touche au bourgeois, et où les solides vertus de celui-ci corroborent les forces naïves du plébéien, et ne les entravent pas. Tous ses parents tenaient plus ou moins à la musique. Son père et son oncle Wagner en étaient passionnés[9]. Cet oncle, curieux de tous

7 Allusion à la maison d'édition Breitkopf & Härtel, la plus ancienne maison d'édition musicale au monde, fondée en 1719 à Leipzig par Bernhard Christoph Breitkopf. Mozart, Haydn, Beethoven y furent édités.

8 [Note de l'auteur] Breitkopf, qui l'est demeuré ; et qui a d'abord été celui de Wagner.

9 La question de la paternité est délicate en ce qui concerne Wagner. Friedrich Wagner, greffier de police, meurt six mois après la naissance de son fils. Sa mère Johanna, fille de boulanger, se remarie un an plus tard avec Ludwig Geyer, ami de la famille, peintre et acteur. Certains biographes considèrent Geyer comme le véritable père de Richard. Le compositeur, qui porta le nom de Richard Geyer jusqu'à l'âge de 14 ans, put le croire lui-même. Geyer fréquentait Weber et Heine. Il mit Wagner en relation avec le théâtre et la musique très tôt. Il mourut alors que Richard n'avait que huit ans. D'autre part, il est possible que Geyer ait été juif. Dans *Vues sur l'Europe* (1939), Suarès affirme que Wagner est le « fils et l'élève du comédien juif Geyer, amant de sa mère et, de très bonne heure, soutien de la famille ». Ici, Suarès ne se montre pas aussi affirmatif. Si Friedrich était un homme cultivé et intéressé par le théâtre, Ludwig Geyer est le plus artiste des deux. Il est aussi la seule figure paternelle que connut le compositeur. L'oncle de Wagner, Adolf, était philologue. Son frère Albert (1799-1874) devint chanteur puis régisseur de scène à Dresde et Berlin. La nièce dont il est question est Johanna Wagner (1828-1894), fille

les arts, auteur à ses heures, semble avoir eu nombre de traits du grand homme : Wagner en a été aimé et soutenu, il ne cessa jamais lui-même de lui garder un souvenir fidèle et tendre. Un frère de Wagner fut chanteur sur le théâtre ; et sa nièce, cantatrice, non sans renommée. À vingt et un ans, Wagner devint chef d'orchestre à Magdebourg. L'on peut dire que ce métier, choisi par lui, fut celui de toute sa vie, tant qu'il en eut un[10]. Il a été près de vingt ans chef d'orchestre : à Kœnigsberg, à Riga et à Dresde. Il a conduit des orchestres à Paris, à Londres, à Munich, à Vienne. On prétend qu'il s'y refusa toujours, par la suite ; et qu'à Bayreuth, il prit tout en mains hors le bâton. Qu'il eût en dégoût le dur office du conducteur d'orchestre, il ne s'ensuit point qu'il l'ait d'abord rempli contre son gré. Toute sa vie, au contraire, il a été chef d'orchestre, et il le fut avec une rare excellence. On n'a rien écrit sur l'art de conduire qui vaille l'opuscule qu'il y a consacré[11].

Le caractère du chef d'orchestre est indélébile et des mieux marqués en Wagner : une attention perpétuelle à tous les détails, et un souci profond de la pensée générale, du noble ensemble. Le grand chef d'orchestre est toujours despote de tempérament, et intraitable en ses habitudes. Peu d'arts exigent et développent plus la volonté. En outre, il faut s'y faire continuellement violence. On sent la nécessité de mener au bâton les mauvaises têtes, les sots, les fats, les indociles ; et il faut pourtant envelopper la bastonnade dans le velours. Si l'on ne veloute les coups à la vanité des musiciens, ils y refusent leurs épaules. Il ne saurait y avoir de grands chefs d'orchestre, sans beaucoup de caractère, beaucoup d'intelligence et une santé robuste. Peu d'emplois mettent davantage la patience, la maîtrise de soi, et l'esprit à l'épreuve. Berlioz, tombant en pâmoison à l'issue d'un concert qu'il dirige, ne saurait guère bien conduire que par

---

adoptive d'Albert Wagner et de son épouse Elize. Cantatrice de renom, elle créa le rôle d'Elisabeth dans *Tannhäuser* à l'âge de dix-sept ans.

10 [Note de l'auteur] Quoiqu'il le détestât.

11 L'opuscule auquel Suarès fait allusion est : *Sur la direction d'orchestre* (*Über das Dirigiren*), Fischbacher (Paris), 1869. Wagner a publié de nombreux textes sur ce thème pour la direction de ses propres œuvres (*Sur l'exécution de* Tannhäuser, 1852), ou bien celle des symphonies de Beethoven (*L'interprétation des œuvres de Beethoven*, *Zum Vortrag Beethovens*, 1852). Il a mené une carrière de chef d'orchestre parallèlement à celle de compositeur et ce, dès 1834, au théâtre de Magdebourg où il dirigea Mozart, Bellini, Adam et Boieldieu. Il a contribué à donner au chef d'orchestre une place d'interprète qu'il n'avait pas auparavant, en même temps qu'il a révolutionné le monde de l'opéra par sa recherche de l'art total. Il n'est pas le seul, Berlioz avait commencé avant lui cette transformation du rôle du chef d'orchestre.

hasard. Il convient à l'artiste de garder ses larmes, et son rire en soi. Qu'il les déchaine en autrui : qu'il les cache, s'ils veulent paraître en lui, malgré lui. Beethoven, sans parler de l'oreille dure, était trop rêveur et trop emporté en ses sentiments, pour faire un bon chef d'orchestre. Wagner est le premier des grands musiciens qui ait excellé dans la direction de l'orchestre[12]. C'est un de ses caractères singuliers ; il sied admirablement à sa nature, propre à toujours dominer. Un orchestre est une espèce de troupe, – un grand chef d'orchestre, une sorte de général d'armée. La meilleure preuve que Wagner le fût dans l'âme, c'est comme il en prit la fonction à cœur. Les terribles colères qu'il en conçut ; sa lutte corps à corps avec les musiciens de Dresde, où presque toutes les calomnies dont on le poursuivit plus tard ont eu leur origine ; tant de mauvais souvenirs ont pu lui donner, ensuite, l'horreur de ce métier. Un souverain, du reste, n'aime point rentrer dans la peau de l'ouvrier où il s'attarda. Même dans Hérodote, le berger devenu roi enferme sa houlette dans un coffre ; il n'en fait pas un sceptre ; et dans les cérémonies il ne la porte pas.

Toutefois rien n'a mieux servi Wagner que le long exercice de ce métier. Il a été le plus admirable des écrivains pour l'orchestre, sans doute, en partie, parce qu'il en a joué en grand virtuose. Il connaissait le fort et le faible de tous les instruments. Il avait un sens exquis de leur valeur propre. Leur individu et leurs alliances n'avaient pas de secrets pour lui. Il s'en servait, comme on donne un rôle à des personnes véritables, en chair et en os. On ferait une histoire des cors, ou de la clarinette, à en suivre les jeux puissants ou délicieux d'une partition à l'autre. Les anciens musiciens étaient maîtres de chapelle, ou clavecinistes : et cela se sent dans leurs œuvres. Qui ne reconnaît, jusqu'à la satiété, le pianiste dans l'orchestre de Schumann, cette masse grêle, allongée en fuseau, qui n'a ni dessus ni dessous, et toute ramassée en un nœud sonore ? Mozart, qui sait tout, comme Wagner, et qui a toutes les finesses, est néanmoins l'écrivain parfait du quatuor ; et on s'en aperçoit jusque dans sa musique de clavecin qui n'est pas bien écrite pour l'instrument, comme Beethoven ne se cachait pas de le dire. Wagner n'avait point de goût pour le piano ; il ne le touchait ni plus, ni moins que tous les autres instruments : l'orchestre, tel était le sien ; et, de tous temps chef d'orchestre, il en a joué comme personne.

---

12 [Note de l'auteur] En ce siècle. Car Mozart s'y est montré plein de dons, comme en toute œuvre de la musique.

Cette misérable vie, menée jusqu'à quarante ans dans les orchestres, et dix années encore disputées à la nécessité, au dénûment, même à la faim, voilà où Wagner a trouvé ses armes, pour réduire ce monde, pour se défendre contre lui et pour le vaincre. Voilà où il les a trempées, pour n'avoir encore rien à craindre de soi-même. Béni soit donc le temps cruel où il a souffert pour la beauté, comme d'autres pour leur Dieu et la justice. La persécution fait les confesseurs de la foi. Loué soit aussi le destin, qui a mis dans cette grande âme une force égale aux maux qu'elle dut endurer, aux traverses qu'il lui fallut rencontrer sur sa route, à toutes les offenses qu'elle pût essuyer. Elle n'eût peut-être pas été si supérieure à la bonne fortune, qu'elle fut à la mauvaise. Soupçon émouvant qui plaît à la pensée, et l'attendrit.

II
Sensualité de Wagner

Comme dans la plupart des plus grands hommes, il y avait l'étoffe d'un grand criminel dans Wagner. Et, jusqu'à un certain point, il a été l'auteur d'une foule de crimes, et continue de les commettre, en effet. C'est le destin de la volonté puissante : la force, dont elle est le signe, n'est bonne que dans l'âme d'un héros, où d'autres forces la tiennent en équilibre : il en résulte une œuvre admirable en action et en beauté. Mais, dans le commun des hommes qui s'y attachent, cette force n'est point bonne : elle flatte ce peu de vouloir que l'amour-propre conserve en chacun, et qui ne tend qu'à se contenter. Elle justifie l'appétit et ses démarches les plus basses. Cette force, – le désir des sens, pour l'appeler enfin par son nom, – prend toute la place, que rien ne lui dispute, et qui fût peut-être restée vide. Ce qui était la source de la passion dans le grand homme n'est plus que l'aliment du lâche amour de soi. Et le foyer, d'où la volonté naissait en armes, comme la parfaite déesse surgit de la pensée de son père, n'est plus que le creuset, où des matières médiocres s'amalgament, pour former un alliage d'impures velléités.

Wagner ardent, passionné, irrésistible, était les plus sensuel des hommes. Sa sensibilité n'était pas si exquise que violente, ou plutôt terrible et générale, d'une violence raffinée. L'ouïe, la vue, le tact, avaient en lui des résonances et des vibrations cent fois plus variées et plus fortes qu'en la plupart des autres. Il faisait le centre d'un vaste système d'ondes, chargées de sensations. Ses émotions étaient de feu, aiguës, perçant le fond. S'il n'avait pas eu la pensée éprise d'un objet éternel, ni le cœur toujours ouvert au Pur Amour, quel hors la loi n'aurait-il pas pu faire ? – Mais Zeus aussi serait plein de scandales, s'il n'avait la force d'oublier chaque forfait, souhaité ou accompli, dans une œuvre sublime ; il est capable, – et il faut l'être comme lui, ou ne pas s'en mêler, – après avoir méfait une heure sur la terre, de passer de longs mois sur son Olympe, dans une méditation inimitable ; sans compter la charge du ciel bleu, qu'il n'abandonne jamais, et où, chaque matin, il répand la vie de son souffle. Enfin le cœur, où brûle le grand amour, n'est jamais fermé à la Pureté. Il n'y a d'impur que ce qui est petit. Mais il l'est.

Les ennemis de Wagner allaient, disant de lui qu'il se vêtait en femme ; ils l'accusaient en ses goûts ; celui qu'ils trouvaient trop mâle, barbare même, dans sa pensée, son art et sa violence prodiguée en tout, ils le moquaient d'aimer les chiffons, les parfums, et d'avoir les gestes délicats, l'allure vive, menue et coquette d'une femme. Ils faisaient une calomnie odieuse de ses mœurs[13]. Et par là, ils ne jugeaient bien que d'eux-mêmes : car la calomnie de ceux-ci contre celui-là – est la justice qu'ils se rendent à son propos, dans celle même qu'ils refusent de lui rendre. S'ils avaient fait comme Wagner, nul doute qu'ils n'en eussent eu les raisons misérables qu'ils lui trouvaient, en le voyant faire.

Ses amis ne le comprirent pas d'une autre sorte, ni moins petite, quand ils ont répandu cette fable d'un adultère frénétique, d'où *Tristan* aurait fini par naître. À leur jugement, tant de passion, une si furieuse fièvre d'amour, une telle convulsion de la volupté, ne sont point possibles, à moins d'une anecdote tragique et d'un scandale. Il faut que le lac de Lucerne ait vu Wagner trahir un ami, et sucer tous les poisons du plaisir coupable, pour que Tristan se perde dans l'amour d'Isolde, au fond des jardins du bon roi Marke[14]. Les pauvres gens ! Il y a bien plus

---

13 Les allusions sur l'homosexualité de Wagner, aussi bien que celle de Louis II, étaient récurrentes dans les journaux, en particulier lorsque Wagner s'est installé à la cour de Bavière. La correspondance entre Louis II et Wagner reflète l'amour profond et passionné qu'ils se portaient, mais rien ne prouve que Wagner ait entretenu des relations homosexuelles que ce soit avec Louis II ou qui que ce soit d'autre. Il semble qu'il n'ait pas critiqué l'homosexualité, comme l'exprime Cosima dans son *Journal*, sans pour autant la rechercher (25 février 1881). Mais le sujet est souvent traité par les critiques, musicographes ou commentateurs. Oscar Panizza parle à propos de Louis II et de Wagner d'« homosexualité intellectuelle » dans son article « Bayreuth et l'homosexualité », publié en 1895 dans la revue littéraire allemande *Die Gesellschaft*. Il est amusant de voir que Willy répond à Panizza dans *La Revue blanche* et défend Wagner de ces accusations, n'hésitant pas à affirmer que Parsifal a très bien pu se marier entre les actes II et III, et qu'il était le « papa de Lohengrin ! » (mars 1896).

14 Si les accusations d'adultère ont servi les détracteurs de Wagner qui cherchaient par tous les moyens à créer un scandale, elles correspondaient à des faits bien réels. Au moment de la création de *Tristan* à Munich (1865), le chef d'orchestre Hans von Bülow s'était installé à la cour de Louis II de Bavière avec son épouse Cosima, la fille de Franz Liszt. La petite Isolde qui naquit alors, n'était pas la fille de von Bülow mais bien celle de Wagner. Cosima devint l'épouse de Wagner en 1870 après un divorce compliqué et une terrible brouille avec le roi. L'allusion au lac de Lucerne s'explique par le fait que Wagner s'est installé dans une villa à « Tribschen » au bord du lac en 1866. Cosima, encore mariée à von Bülow, l'y avait rejoint avec ses trois enfants dont Isolde. L'ami trahi dont il est question est sans nul doute Hans von Bülow. Mais deux autres de ses amis se sentirent trahis à raison ou non : Louis II et Franz Liszt.

de mal dans un grand homme, qu'ils ne croient. Mais il y a beaucoup plus de bien aussi qu'ils ne savent. Wagner éprouve les passions dans tout leur feu ; le choc en ébranle ses fibres les plus lointaines. Entre toutes, la passion d'amour. Toutes passions, au surplus, se tournent en amour dans ces âmes puissantes ; et ce qu'on voit de leur tyrannie, n'est encore qu'un déguisement de la force amoureuse. Amour et intelligence ne font qu'un dans la royale créature, qui est digne du règne, et capable de créer. L'Amour n'est que l'intelligence pleinement attachée à son objet. Comme elle le conçoit, il la nourrit et l'embrasse. La grandeur de l'imagination concilie tout ce que le commun des esprits sépare : la violence du désir, et l'attrait du sacrifice. Ce moi n'est si grand, et ne veut l'être si fort au-dessus de tous, que pour se haïr. Assurez-vous-en. Croyez-en cette profonde tristesse, qui sourd à la racine des vertes prairies de la joie. La commune intelligence est sèche ; l'amour-propre, comme l'ivraie et l'ortie dans un sol médiocre, épuise et tire à soi les sucs de la terre. Mais le Grand Cœur est à la racine de la Grande Imagination ; et l'amour de soi n'est point une plante parasite.

Le désir, – maître terrible, où il gouverne. Et, là où il sert, le plus merveilleux des esclaves, Ulysse au service de Minerve. Persuadez-vous qu'Ulysse a mieux connu les charmes de Circé, et en nombre infini, que tous ses compagnons, mués en pourceaux : sensible à toutes les voluptés, jusques à faire la bête, mais jusque-là seulement, non à se laisser changer en une. Et le même Ulysse s'est attaché à l'attrait unique de Nausicaa, dont la séduction est incomparable, étant celle d'une vierge innocente, d'une beauté parfaite autant que pure. Il n'oubliait jamais, au milieu des tentations, le règne où il voulait atteindre, et son domaine héréditaire, la radieuse Ithaque. – Voilà comment ce Wagner, le plus ingénieux des artistes, le plus fécond en ressources, put jouir de toutes les voluptés, et les a toutes ressenties, à condition de ne céder entièrement à aucune, et de les vaincre toutes. Voilà pourquoi le suivant dans cette voie du désir passionné, où un torrent de feu brûle ceux qu'il porte, où ils n'ont pas la force de résister, ni même de se tenir debout, Wagner n'a laissé derrière lui, en guise de disciples, que des compagnons d'Ulysse, à quatre pattes, grognant en réponse aux chants de Circé, accroupis dans le vice. Bien loin de mouiller jamais dans la rade d'Ithaque, il ne leur souvient même plus d'y avoir passé.

Wagner n'avait rien à redouter d'une sensualité dévorante. Jamais une pensée plus ferme ne tint mieux la bride aux sens. Il s'en faisait obéir.

Bien lui en prit. Car ce furent de dangereux esclaves. Les inventions de Wagner touchent au fond de la sensibilité humaine. Il module comme le délire même des sens ; et il ose en dévoiler la source secrète. Il sait comme la mère se mêle à l'ivresse de toute femme et jusqu'où cette ivresse-là coule dans l'âme des mères. Il n'a pu se défendre d'écrire ce second acte de *Parsifal*, qui trouble d'une émotion si impure, si malsaine, un poème céleste. Il a sondé dans leur sang ce qui se dissimule d'étrange et de pervers dans l'amour des frères avec les sœurs. Les parfums ; les convulsions ; la présence de la Mort dans les caresses ; l'odeur du sang sur les lèvres jointes ; le sel des larmes dans les baisers de miel, – il en a connu les mystères, et il les a révélés.

Cependant, il n'est pas bon de découvrir ces abîmes à tout le monde. Il ne l'est même pas de se les mettre trop souvent sous les yeux. Wagner en a été, quelquefois, victime : peut-être est-ce pourquoi il n'a pas laissé une œuvre parfaitement belle. Dans les profondeurs dorment les puissances de la Vie, qui ne sont ni pures, ni impures, mais vivantes seulement. Où la vie ne triomphe pas dans sa puissance aveugle, elle est un composé terrible d'horreur et de corruption. L'impureté de l'homme fermente dans les abîmes, comme la boue dans les fossés. Souvent, Wagner l'a fait jaillir ; et presque tous ont joui d'en être éclaboussés. C'est par là, d'abord, qu'il a conquis son temps, et qu'il conserve sa conquête. Il a mis, en premier lieu, les femmes en esclavage. Il les flatte et les émeut, dans leur chair, comme un délicieux poison. Et c'est par cette complaisance qu'il doit périr. Le délice s'évapore ; le charme s'en va ; le poisson reste, mêlé au mal qu'il a pu faire, et au corps qu'il a détruit.

III
L'amitié de Wagner et de Liszt[15]

Wagner, digne d'inspirer l'amitié, le fut de la rendre, à l'égal des cœurs héroïques, depuis qu'il y a des hommes et un Homère pour montrer les amis et les héros. Liszt fut un grand et noble ami. Il fut vrai. Entre Wagner et lui, il se sentit toujours le second ; et il fut grand par là, étant le premier en amitié. Le passant en bonté et en services rendus, il fut égal à celui qu'il ne pouvait d'ailleurs égaler. Il montra le modèle de cette amitié, la plus rare de toutes, où chacun des deux, faisant des dons inégaux, offre cependant de lui-même ce qu'il a de mieux à l'autre. Il ne pensait pas avoir assez fait, s'il ne s'oubliait aussi en personne ; et il eut le cœur assez noble pour y réussir quelquefois. Il ne prodiguait pas seulement les bonnes paroles ; mais il venait à l'aide de son ami. Jamais il n'en attendit l'appel ou la prière : il venait au-devant ; et qui devance, accorde trois fois. C'est une des occasions exquises qui soient offertes à l'homme de jouer le rôle de la Providence, et de prouver ainsi une délicatesse presque divine.

Il ne perdait point de vue, quelle réalité décevante et terrible c'est la vie d'un grand homme, en lutte avec son temps. Il l'embrassait du regard. Il en soutenait les périls. Il l'aidait de tendresse, quand le cœur souffrait de ses blessures ; et il l'aidait de sa bourse, – parce que le plus beau des hommes ne vit pas hors de chair. Il écarta souvent de son héros les dangers mortels,

15 Franz Liszt (1811-1886), compositeur et pianiste hongrois, fut un ami fidèle de Wagner durant une trentaine d'années. Il influença sa musique et eut une place importante dans sa vie personnelle puisque Wagner épousa sa fille Cosima en 1870. Ils se rencontrèrent à Paris en 1841 alors que Liszt était déjà un pianiste virtuose reconnu. En 1849, poursuivi par la police en raison de ses engagements révolutionnaires, Wagner dut quitter Dresde précipitamment, et c'est Liszt qui l'aida à fuir vers Paris puis Zurich. Ce dernier créa *Lohengrin* à Weimar en 1850 et publia à cette occasion un des premiers et des plus importants écrits de la littérature wagnérienne, alors que le compositeur était en exil à Lucerne. Ses transcriptions pour piano ont contribué à faire connaître la musique de Wagner. Dès 1853, il créa un festival Wagner à Weimar, et ils entretinrent une riche correspondance. Leur fidèle amitié et leur réciproque admiration fut pourtant troublée à partir de 1863, lorsque Wagner connut Cosima. Liszt tenta en vain de sauver le couple de sa fille avec Bülow : il s'opposa à leur divorce et au remariage de sa fille avec Richard. Pourtant, Wagner invita son ami à assister à la pose de la première pierre du Palais des Festivals à Bayreuth en 1871. Liszt ne vint pas mais accepta la réconciliation. En 1876, il assista à la création du *Ring* puis s'installa à Bayreuth où il est inhumé. Si, plus loin dans le texte il est désigné par le terme de « prêtre » c'est qu'il reçut les ordres mineurs en 1865.

que le monde a pour lui, et qu'il a pour lui-même. Dans les angoisses du dégoût, où Wagner se trouva pris, entre quarante et cinquante ans, à l'âge où l'homme savoure le mieux l'amertume du vide, Liszt le protégea à plus d'une reprise contre l'attrait pervers de la mort. Il lui fit l'aumône inestimable de la foi ; il ne la perdit jamais en lui ; il crut au génie de son ami, quand Wagner pensait n'en plus être sûr lui-même, dans l'ennui de vivre, et le tourment d'une lutte sans gloire. Liszt a peut-être sauvé Wagner de la mort, et il vivra à jamais pour ce service : voilà sa meilleure messe.

Homme excellent aussi pour donner du prix à la gloire, en ayant lui-même la passion. Cette gloire, c'est la bonne nourrice de la volonté et du génie. On fait pour sa gloire ce qu'on dédaignerait, peut-être, de faire pour soi ; et grâce à elle Wagner n'a jamais jugé Liszt, comme il a fait des autres hommes. Il lui rendait, sans doute, ce témoignage admirable, que chaque héros a rendu, en secret, à son fidèle, à son patient Achate[16] : « En tout, il était bien loin de me valoir ; mais il valait beaucoup mieux que moi, à l'ordinaire de la vie. Et c'est moi qui lui ai fourni le prétexte de prouver cette excellente. Combien ne lui suis-je pas redevable ? »

Personne, pas même Wagner, n'a joui du triomphe de Bayreuth comme Liszt. Dans ce prélat fastueux, à côté d'un roi de théâtre et de maints seigneurs de comédie, a toujours vécu un prêtre, plein de noblesse. Après ceux qui méritent un culte, ceux qui le rendent sans compter sont les plus dignes. Enfin, le bon Liszt, catholique fervent, mystique à l'ordinaire des passionnés en amour, quand ils sont en religion, fit constamment figure de fidèle à Dieu, près de son ami. Wagner, sans cesse en souci du divin, même quand il crut le découvrir dans la matière, même quand il inclinait à le nier, n'avait besoin ni de Liszt, ni d'aucun autre, pour finir sa vie au Monsalvat[17], dans l'Église du Graal. Il en eût bâti une plutôt que de n'en pas avoir. Liszt, pourtant, réclama toujours, à ses côtés, les droits de l'architecte mystique, qu'il fallait, tôt ou tard, qu'il fût. Et, de la sorte, cet ami admirable, à la façon des plus beaux apôtres, où l'on reconnaît une épreuve choisie du Dieu, a vu presque toutes les faces de son être prendre en Wagner cette vie immortelle, où lui-même se survit.

---

16 Achate est un personnage de *l'Énéide*. Il est l'exemple même de la fidélité en amitié. Suarès cite ici une phrase de Wagner sans en citer la source.

17 On trouve deux références à Montsalvat dans l'œuvre wagnérienne. Montsalvat est le royaume où l'on conserve le Graal et la Sainte Lance dans *Parsifal* et dans *Lohengrin*. C'est le lieu sacré par excellence dans l'imaginaire wagnérien.

IV
Tentation de Wagner

Dans le temps de sa plus grande détresse, Wagner connut les jours d'une pleine révolte contre le monde des hommes ; et son âme épuisa les sentiments désespérés.

Il vivait en Suisse[18] ; il fût peut-être mort dans le séjour empesté d'une grande ville. Les immenses capitales sont des serres, où la plante des plus rares talents s'accroît et prospère, mais où le grand arbre de la forêt ne peut vivre : il lui faut trop d'air et trop d'espace : ici l'air est vicié, et l'espace mesuré aux six pieds cubes qui sont l'exacte mesure de presque tous les vivants, sur la terre comme demain là-dessous. Entre les neiges pures et les monts salubres, là-bas, près des lacs qui fixent en une perle le regard du ciel, Wagner conserva la vigueur nécessaire pour souffrir ses propres maux, et les vaincre. Chaque homme de la forte espèce sera contraint de faire comme lui et de fuir les capitales : les miasmes du talent, qui sont parfums pour le reste des gens, ne l'en chasseront pas moins que l'haleine des foules et le tumulte. En ce siècle déjà, Tolstoï et Ibsen, comme Wagner, ont trouvé irrespirable l'air des villes géantes : ce sont monstres, dont le souffle est maladie.

Cependant plus on les fuit, plus on en sent le manque. On voudrait y régner, sans y être ; et l'on ne s'accoutume point à n'y compter pas. En Suisse, Wagner sauva sa vie, peut-être ; mais au prix d'un ennui qui

---

18 Wagner vécut de longues années en Suisse. Il s'y installa en 1849, fuyant la police après les événements révolutionnaires de Dresde. Jusqu'en 1859, il réside surtout à Zurich où il écrit ses principaux textes théoriques, *L'Œuvre d'art de l'avenir* et *Opéra et Drame*, souvent désignés par l'expression « écrits de Zurich ». Il fut en particulier logé chez son ami Otto Wesendonck du vendredi saint 1857 à l'automne 1858. Sa passion pour Mathilde Wesendonck, l'épouse d'Otto, lui valut de se brouiller avec son ami et l'obligea à déménager. Le mélomane retient de cet épisode le cycle de cinq lieder sur des poèmes de Mathilde : les *Wesendonck-Lieder* ainsi que *Tristan*. La seconde période marquante de ses séjours suisses est celle de Lucerne entre 1866 et 1872. Wagner s'installe dans une magnifique maison au bord du lac, un peu à l'écart de la ville, à Tribschen. Il travaille aux *Maîtres chanteurs*, à la *Tétralogie* (déjà commencée à Zurich). Cette maison voit le début de la vie commune avec Cosima, puis la naissance de leur fils Siegfried. C'est aussi là qu'il rencontre Nietzsche. La fin de cette période suisse est marquée par son départ pour Bayreuth. Mais Wagner séjourna aussi à Mornex, Genève ou Montreux, il fit de nombreuses marches dans l'Engadine (1853) et plusieurs séjours à Seelisberg.

la dévorait. L'obscurité tombait sur son œuvre, comme un linceul de ténèbres. L'homme, né pour quelque chose de plus grand que l'homme, souffre tout : hormis le doute de soi où la négation des autres le tient.

Alors, le César se ronge le cœur de n'avoir point d'action sur la folie du peuple ; et l'idée le torture qu'il ne peut pas agir. L'artiste a le cœur percé de vivre sans les biens de la vie commune, et d'aller vers la mort sans avoir connu l'amour, où tous les biens se résument. L'amour et la victoire s'excluent. L'un et l'autre, quand le monde met leur œuvre en doute, se prennent à souffrir amèrement de ce qu'ils sont, dont jusque-là ils sentaient l'orgueil, et attendaient la gloire. Le regret d'un règne médiocre consume le César ; et l'artiste succombe au regret de l'amour. Tous les deux s'en font honte. Et tous deux enfin touchent au comble de la peine, quand le dégoût douloureux les envahit de n'être pas semblables à tous les hommes, et hors de l'ordre commun sans réussir à fonder leur vie au-dessus de la félicité même.

La pensée du crime s'offre bientôt à ces esprits, et leur devient familière. Le crime n'est qu'une affirmation violente. Il crie violemment : « Oui » à un monde qui s'oppose lâchement de toute sa masse, non pas même pour dire, mais pour murmurer : « Non », de ce même grondement sourd qui s'élève au tumulte des villes. Le désir du crime séduit par la violence qu'il fait à tout. Et le crime enfin plaît à l'imagination de ces grands violents, qui s'indignent de n'avoir pas les moyens d'un autre triomphe. Il leur faut si nécessairement triompher qu'à défaut de tout autre, ils se rangent à la pensée de ce triomphe-là. C'est leur monstre ; et dans leur solitude sans amour ils le caressent. Le crime, c'est encore la vie ; et même c'en est un sommet, peut-être. Une grande âme a sa morale, qu'elle refuse aux moindres. Refus inébranlable. Elle sait pourquoi. Sa raison d'être est son droit : et, du reste, tant de douleur y entre, qu'elle en acquitte sa dette et n'a pas besoin d'excuse.

Enfin, elle caresse le crime, et ne l'accomplit pas. Elle conçoit ce bâtard de la force, et l'étouffe. Voilà qui est admirable : car la profonde vérité qui est en elle, empêche de croire que la volonté du crime n'y soit qu'un jeu pervers de l'esprit. Ce qui est conçu d'une certaine force en de certains hommes est plus présent que le jour, et achevé plus qu'à demi.

Wagner était las d'humiliations. Qu'on se représente, si l'on peut, Bonaparte à quarante ans, garnisaire dans un trou sans gloire. L'opinion de la foule ne compte en rien, quand elle loue ; et presque toujours alors elle dégrade. Mais son indifférence ou ses insultes humilient : on en méprise les blessures ; mais elles blessent. C'est qu'on a beau faire fi du monde, on ne compte qu'avec lui. Il est insupportable que ce qui est sans droit sur les esprits s'en fasse un de n'en avoir pas le moindre. Et c'est une injure infinie de dépendre étroitement de ce qui n'existe bien à nos yeux, que pour bien dépendre de nous.

À cette époque, Wagner n'aimait peut-être plus en ses amis que les confidents de sa révolte, ou le pressentiment de sa victoire future. On ne désespère tout à fait que du présent ; et sans même aucune espérance, l'énergie seule dont on est plein, est une possession anticipée de l'avenir : c'est la manière du boulet à la gueule du canon : quoique distincts de lui, la trajectoire qu'il doit parcourir, et le but qu'il doit frapper, lui appartiennent ; et en vertu de la force qui l'y dirige, on peut dire de sa fin, comme de sa force même, qu'elle est sienne.

On voulait que Wagner prît son parti de la destinée commune ; on le blâmait secrètement de n'avoir pas de métier comme tout le monde ; de ces demi-complaisants, qu'on a toujours, et qui ne le sont qu'à nous diffamer doucement, le reprenaient avec mesure de dépendre de ses amis pour son pain quotidien ; ceux-ci même se lassaient peut-être, et commençaient à douter de lui, ne s'apercevant point qu'ils étaient en doute par là de leur amitié même ; on le conjurait de faire connaître de ses œuvres par fragments, et de se mettre à la portée du vulgaire ; on voulait qu'il fît un sacrifice au succès, l'idole du commun ; on voulait enfin l'humilier[19]. Car un grand homme, qui ne triomphe pas, tient trop de place, et de tous c'est le plus embarrassant.

« Non », répondit Wagner sans cesse. Mais il était las de la lutte ; et il se laissait secrètement tenter. « Pour être heureux, murmurait-il un jour, – que je donnerais volontiers toutes les chimères… » Et, une autre fois, près de trahir son illustre destin, il soupira : « Ah, si je pouvais vivre !… je donnerais bien tout l'art du monde, pour un seul jour de belle vie[20]… »

---

19 [Note de l'auteur] Les amis des petits hommes se reconnaissent pour la plupart à ce qu'ils les rehaussent ; et ceux des grands hommes à ce qu'ils les humilient. Il en va de l'esprit pour les hommes, comme de la beauté entre les femmes.

20 Suarès fait allusion à la correspondance de Wagner avec Teodor Uhlig (Wurzen 1822 – Dresde 1853). Ce fidèle ami était compositeur et essayiste. Il est principalement connu

Il eut l'audace enfin de découvrir l'abîme de sa pensée, et d'y descendre. Il pesa toutes les lois et l'univers même dans le plateau d'une exacte balance, et dans l'autre il mit sa vie. Il osa voir que le poids de ce plateau-ci entraînait le fléau d'un seul coup, comme s'il n'y avait eu que du sable et du vent dans l'autre. Et l'ayant vu, il ne craignit pas de le dire à Liszt, comme s'il se fût parlé à lui-même : « Au point où j'en suis, pour en venir à mes fins, s'il le fallait, je commettrais un crime[21]... »

Liszt attristé lui répondit avec une calme piété, avec une austère noblesse ; et sa morale était parfaite, celle même où il faut plier, de gré ou de force, tous les hommes, et ceux d'abord qui prétendent s'y soustraire. Mais elle se trompait en ce que le seul homme, qui y échappât alors dans le monde, était Wagner, précisément. Car seul il était capable de se poser le problème dans la toute étendue et la toute grandeur des termes, qui le composent.

Wagner reçut la réponse de Liszt, un Vendredi Saint[22]. Il avait plu toute la nuit, et le ciel était encore chargé de sombres nuages. Il lut la

---

pour les articles qu'il a consacrés au compositeur et pour sa correspondance avec lui. « Oh la belle existence d'artiste que voilà ! comme je la donnerai volontiers pour une semaine de vraie vie ! », lui écrit Wagner durant l'été 1851. Sa lettre du 12 janvier 1852 est tout aussi désespérée : « L'art commence tout juste au point où finit la vie ; quand le présent ne nous offre plus rien nous crions par l'œuvre d'art : je voudrais ! Je ne comprends pas comment un homme vraiment heureux peut avoir l'idée de faire de l'art. Pour ravoir ma jeunesse, ma santé, pour jouir de la nature, pour une femme qui m'aimerait sans réserve, pour de beaux enfants – vois ! – je donne tout mon art ». Henri Lichtenberger cite ces échanges dans *Richard Wagner, poète et penseur*, Alcan, Paris, 1898, p. 307-308.

21 Lichtenberger cite une lettre à Liszt du 30 mars 1853. On y retrouve le même état d'esprit désespéré : « Cela ne peut pas durer ! Je ne puis pas supporter plus longtemps cette vie... Je me donnerais la mort plutôt que de continuer à vivre ainsi. » Le crime auquel Suarès fait allusion plusieurs fois dans ce chapitre est bien le suicide. Il est difficile de dire si Suarès avait lu les correspondances ou s'il n'en connaissait que les extraits cités par Lichtenberger. Ce sont des passages bien connus des wagnériens et Suarès a aussi bien pu les rencontrer dans la *Revue wagnérienne*. Il ne cherche pas à les citer avec précision mais les place dans la bouche du compositeur en les reformulant.

22 Il s'agit du vendredi saint de l'année 1857. La lettre de Liszt à Wagner est du 10 avril. Suarès reprend ici une véritable légende, selon laquelle Wagner aurait ressenti une intense émotion face à la beauté de la nature, qui lui aurait inspiré *Parsifal*, et en particulier un passage du troisième acte appelé « l'Enchantement du vendredi saint » (*Kartfreitagszauber*). En 1857, Wagner était à Zurich, chez ses amis Wesendonck qui avaient mis à sa disposition une petite maison portant le nom de « L'Asile ». Dans *Parsifal*, le héros revient au royaume du Graal, après une longue période d'errance, pour y rapporter la sainte lance reprise au magicien maléfique Klingsor qui l'avait autrefois arrachée au roi Amfortas. Le vieux chevalier Gurnemanz comprend que Parsifal est le sauveur annoncé autrefois par l'oracle. C'est le jour du vendredi saint, ils sont tous deux au milieu d'une nature

lettre tendre, grave et triste de son ami. Il fut ému, mais de courroux. Et il sortit.

La campagne avait l'aspect de sa propre tragédie : un printemps qui veut naître, et qu'emprisonnent encore la neige et les larmes ; des fleurs douloureuses d'être nées ; une haleine inclémente d'hiver, qui porte encore le souffle des glaciers et l'ombre de la nuit sur les solitudes.

Il se promena longtemps ; et sur les bords du lac il entendit plus d'une fois l'appel de la mort, cette sirène voilée. Mais il le repoussa dédaigneusement. Il avait trop souffert de la vie, pour ne pas s'obstiner à vivre : la vie nous révèle notre force. Il se sentait supérieur à ses désespoirs mêmes, et à toute contrainte. « Les uns doivent se soumettre, pensait-il, parce qu'en effet ils seront soumis ; et les autres, qui ne doivent pas l'être, ont un droit d'attentat sur la vie. Ce n'est pas sur les armes que je juge les hommes : c'est sur la puissance de ceux qui les manient. »

La pluie, cependant, reprit pour quelques instants encore ; puis les nuages se dissipèrent. Une eau plus tiède tomba sur les feuilles nouvelles et la verdure tendre. La lumière du soleil parut enfin dans le ciel lavé, frais comme l'herbe. La prairie souriait. Wagner se rappela que c'était le jour du Vendredi Saint. Et la divine mélodie de *Parsifal* naquit alors, dans le cœur passionné de l'artiste.

Il s'arrêta, non pas moins ferme en ses pensers, mais plus joyeux, et la vue plus sereine. Il se pencha pour voir s'ouvrir, comme l'œil d'un enfant rieur qui s'éveille, la première primevère ; et le cœur apaisé, il murmura :

« Liszt, vieil ami, tu ne te promènes point dans ma prairie ; et tu n'y peux compter mes pas. Crois-m'en : je ne voudrais point froisser du pied un seul de ces brins d'herbe.

» Mais certes, hommes, pour vous plier à la grandeur de ce que je rêve, c'est sans remords que je tuerais l'un de vous, s'il le fallait. Il n'y a de crime que dans les âmes criminelles ; et ce sont crimes, peut-être, que leurs bonnes pensées. Dans le crime d'un être assez beau, il peut n'y avoir que de la beauté.

resplendissante. Parsifal s'étonne que la nature soit si belle en un jour si triste, le vendredi saint ayant vu la crucifixion et la mort du Christ. Gurnemanz lui explique que la nature célèbre la rédemption et la pureté retrouvée grâce au sacrifice christique. Ce passage est l'un des plus beaux de l'œuvre, à tel point qu'il est parfois joué dans sa seule version orchestrale en concert.

» Louée soit la nature, d'être si crûment réelle. Elle est la vie, imprudemment ; elle ignore la mort : même quand elle la reçoit ; même quand elle la donne. Elle ne pense pas au mal. Elle laisse l'univers penser en elle. Qu'il en soit ainsi de nous.

» Je suis prêt à tout, pour être ce que je suis.

» Oui, j'ai rêvé même du crime. Ce n'est qu'un effet de ma force. La nature ne me le demande point ; mais elle ne me le défend pas. Je peux répondre à tout ce qu'elle attend de moi.

» Bon Liszt, tu n'as pas compris ce mot : il n'est pas si terrible que la pensée d'où il sort, ou la distance qu'il met entre nous ; et ton innocence peut-être l'admire. Vous êtes tous ainsi : il vous faut des causes, qui n'aient point tous leurs effets. Vous aimez les forêts taillées en parcs pour la promenade. Vous ne savez point que la volonté du crime est encore vertu en moi. Car il m'en coûterait bien plus de l'obtenir de moi-même, qu'à vous d'y résister.

» Elle l'entend, elle, cette éternelle nature qui, en ce jour, sourit à son rachat, sans avoir arrêté d'un seul frisson le sacrifice qui la rachetait.

» La palme glorieuse et le pur olivier ont peut-être poussé des rameaux incomparables sur le tertre, où ils ont nourri leurs racines du cadavre même de Judas.

» Il faut s'accomplir. »

V
Michel-Ange et Wagner

En dépit de tout ce qui les sépare, – et les Alpes ni trois siècles ne sont de médiocres barrières, – Michel-Ange et Wagner sont les deux artistes qui se ressemblent le plus. Le même effort, en tous deux, de la première heure à la dernière. La même volonté implacable d'élever un monde de géants, au-dessus de ce monde vulgaire, et de le lui imposer. Le même dédain de l'opinion, et le même désir de forcer le cœur des peuples à se rendre. La même audace à frayer une voie nouvelle, et à y faire passer la plus haute des routes ouvertes à l'homme. Tous deux ont vaincu leur siècle, et en ont fait la plus étonnante conquête. Leur triomphe à tous les deux fut aussi complet qu'on le pût souhaiter. Leur exemple a dominé le destin de leur art ; et après avoir été porté par eux au plus haut point de la puissance, cet art en est resté corrompu. L'histoire de la musique va suivre, après Wagner, celle des arts du dessin après Michel-Ange. Déjà, la musique a ses Bandinelli[23]. Tel musicien, qui a sa chanson à dire, déchaîne l'orchestre des *Nibelungen* pour un refrain, comme Benvenuto Cellini mettait les Titans de la Sixtine sur une salière. On peut déjà voir se former, à Paris, l'école de Bologne de la musique. Le poids d'une erreur semblable accable la peinture après Michel-Ange, et la musique après Wagner.

Michel-Ange, surtout sculpteur, et ne voulant pas, du reste, rien être que sculpteur, s'est trouvé, pour bien des raisons, le maître souverain

23 Bartolomeo Bandinelli, dit Baccio Bandinelli, est un sculpteur italien né le 12 novembre 1493 à Florence, et mort le 7 février 1560 à Florence. Vasari et Cellini le présentent comme un artiste de seconde zone, jaloux et prétentieux. Il eut pourtant une place importante à la cour des Médicis. Wagner eut ses épigones qui imitèrent son style, son système de leitmotive, sans en avoir sa puissance créatrice. Mais Suarès ne cite ici personne. Il fait pourtant une véritable caricature des œuvres post-wagnériennes. Les musiciens de la fin du XIXe siècle dans la mouvance wagnérienne sont nombreux. Cette « école de Bologne de la musique » est de toute évidence la Schola Cantorum fondée en 1894 par Vincent d'Indy (1851-1931). Suarès ne l'aimait pas, pas plus que son maître César Franck (1822-1890). Il compare d'Indy à Ingres et Poussin dans une lettre du 23 avril 1911 à Édouard Latil. Il écrit également à son frère Jean, le 6 novembre 1899, au sortir d'un concert : « Je commence à croire qu'il ne sortira pas un véritable artiste de l'école de Franck. Ce sont de bons garçons, mais je ne sais quoi d'étriqué, de court les marque : point de souffle ». Au moment où il écrit son *Wagner*, Suarès n'a pas encore pris toute la mesure de la musique de Debussy (1862-1918), si ce n'est à travers les *Ariettes oubliées*.

dans l'art de peindre et de bâtir. Et, de même, Wagner, musicien avant tout, mais de son aveu d'abord poète dramatique, a fini par demeurer le maître absolu du drame en musique. L'un et l'autre a jeté un art, où l'occasion lui a donné le sceptre, au moule de son génie.

Michel-Ange, en lutte déclarée avec tout l'ordre de son temps, quoique personne n'y tienne de plus près, – a dressé un monde idéal, face à face de ce monde misérable, pour lui faire honte de sa faiblesse, pour le réduire à merci, pour suppléer enfin par un peuple marmoréen de héros à l'horrible misère, à la foule basse des lâches humains. Ces géants, pleins de colère et pleins de force ; invincibles en leur élan, mais vaincus eux-mêmes par leur propre dégoût et la tristesse ; debout ou couchés ; dans la veille ou endormis, tendent des membres énormes, déploient une colossale énergie, et bandent des muscles capables de terrasser cet univers, s'ils cessent de le tenir, et si l'embrassement farouche les en lasse. Or, Michel-Ange disparu, c'est la stature, les muscles et le geste de ses demi-dieux que le premier peintre venu lui emprunte, et dont il dessine le colosse, sans avoir rien à y mettre, pas même une pensée à l'échelle de la miniature. Un Bandinelli, un faquin, un rhéteur, une femmelette, font des géants en sucre, et, dans les fontaines où ils les étalent, on s'attend à ce que le soleil et l'eau les fassent fondre sur la place. Michel-Ange avait créé une armée de Titans, pour fouler aux pieds le monde odieux du mensonge et des apparences. Les artistes, qui l'ont suivi, fascinés par une puissance, dont ils n'avaient pas le moindre moyen, et qui rapetissait tout près d'elle, n'en ont saisi que les dehors. Rien de plus n'était à leur portée ; et l'ironie a été digne de Michel-Ange et de son amer génie, qu'ayant mis au jour un art tout-puissant contre le mensonge, il a banni toute vérité des arts mêmes qui, pour se modeler sur lui, ont perdu tout ressort moral et tout accent humain.

Wagner voulait donner un théâtre à l'Allemagne. Peut-être n'y a-t-il pas encore un drame allemand. Il pensait d'abord au drame, tout musicien qu'il fût. Pour lui, dans l'opéra allemand, dans *La Flûte enchantée* ou dans *Freischütz* y avait-il trop de musique et pas assez de drame[24].

---

24 *La Flûte enchantée* de Mozart et *Le Freischütz* de Weber sont deux références absolues pour Wagner. Ces deux opéras ont été composés sur des livrets allemands contrairement à ce qui se pratiquait alors, même pour des compositeurs qui n'étaient pas italiens. L'opéra étant une forme intrinsèquement liée à l'Italie, il fallait se détacher des formes italiennes de l'opéra, comme de la langue, pour inventer une forme véritablement allemande. C'est pourquoi Wagner ne se considérait pas comme un compositeur d'opéra. C'est une forme

Peut-être trouvait-il, au contraire, qu'à de certains égards, dans Gluck la tragédie prend trop de place, et n'en laisse pas assez à la musique. En tout cas, c'est au faux sentiment de l'opéra qu'il fit la guerre ; au plaisir des yeux et des sens, où n'a point de part le plaisir de l'âme. Comme toute Réforme, celle-là voulait restaurer la vérité et abattre un mensonge. L'art n'est pas qu'un jeu. La musique est le plus vain des amusements, si elle n'est pas, comme la poésie, le plus bel effort de l'âme. Wagner avait la haine de l'anecdote, en art. Sur le théâtre de la musique, il avait résolu de mettre le vrai fonds des passions, et tout ce que le cœur a d'inexprimable, si la musique ne l'exprime. La question n'était point, pour lui, de varier les formes de l'art. Il ne le fit même que peu à peu, malgré lui, à son corps défendant. Car, en dépit de tout, Wagner est le dernier des grands maîtres ; il tient à l'époque classique. Il les aime ; il les sent ; il les comprend tous, comme pas un musicien ne l'a fait depuis. Pour la sensibilité musicale, on a remarqué de bonne heure combien il est proche de Mozart. Il lui fallait la réforme du fond : que l'art véritable n'ait plus rien de futile : une âme profonde et grave y veille au divertissement. – Et voilà que Wagner, comme Michel-Ange, tout à l'heure, n'est que l'occasion d'une feinte et d'une petite futilité universelle. Il semble n'avoir dissipé de fausses apparences, que pour en introduire d'autres, en nombre, en poids démesurés, qui écrasent tout sentiment sous elles, qui suppléent à toute pensée sincère, à toute passion vraie. Lui, qui cherchait, jusqu'en son secret le plus intime, l'essence cordiale de l'expression, il a déchaîné dans la musique tous les artifices de métier. Au lieu des passions toutes pures, – ce n'est que fausse psychologie. À la place de la nature, – l'affectation continue. À la place de la grandeur, – l'emphase du langage. À la place de la force, – la violence inutile. Pour dire : « Bonsoir, ma mie », ils empruntent la voix de Wotan, faisant ses adieux à la divinité anéantie. Et le moindre galant qui chante son madrigal, se prend pour Tristan, le possédé du mortel Amour. Ainsi, Wagner paraît n'avoir voulu purger la vieille scène, que pour substituer un opéra immense, accablant, sans mesure, à l'ancien opéra, léger du moins, satisfait de plaire, voire d'endormir, sans prétendre à la réforme du monde. L'outil d'un Titan tue les ouvriers qui s'en emparent.

---

qu'il a déconstruite, combattue, pour en concevoir une nouvelle. De même, il a refusé le lieu théâtral qui l'abritait pour en imaginer un autre, propre à accueillir l'œuvre nouvelle.

Michel-Ange républicain, révolutionnaire, intraitable, épris de sublime et de pureté héroïque, puissant idéaliste, a vu tous ses rêves violés ; chaque espoir conçu, il en a rencontré les ruines. Il a pensé, sans doute, à tenir toute l'Italie dans sa main ; et il l'a trouvée pleine de cendres : alors, il l'a ouverte, et les a répandues sur le sol, dans une douleur sans pareille et muette. Il a fini en ascète, austère et silencieux. Le Guelfe[25], le Florentin superbe, s'est retranché dans la fabrique de Saint-Pierre, et la doctrine de Trente. Là, du moins, il put tenir les yeux fixés sur cet Amour, qui les confond tous, et qui ne trompe pas.

C'est pourquoi Wagner, après avoir appelé, fût-ce sur le char de la foudre, l'aurore d'un monde nouveau, dans le ciel lugubre de l'ancien, les a ensuite précipités ensemble dans l'Unique Amour, où toutes différences s'effacent, et où les pensées les plus ennemies se rencontrent dans la même caresse. Il importe peu de savoir si Wagner, au temps de *Parsifal*, inclinait vers l'Église de Rome, ou s'il était rentré dans celle de Luther[26]. Il n'est pas non plus de si grande conséquence, s'il croyait à la lettre de la divinité de Jésus-Christ, – quoiqu'il le semble. Mais, à coup sûr, sa pensée embrassait de toutes parts le divin ; et le divin comptait seul pour elle. En ces deux âmes puissantes, l'amour mystique ne fut si fort, que pour avoir été l'unique espace offert à leur plénitude. Car il permet à l'espérance humaine, ayant fini amèrement de sonder sa vanité, de jouir enfin d'une vérité directe. Cet amour est vraiment vérité.

Si l'on n'aperçoit point, dès l'abord, quels Dioscures de l'art font Michel-Ange et Wagner, il le faut attribuer à la diversité des figures,

---

25 Selon le CNRTL, « celui, celle qui, dans les derniers siècles du Moyen Âge, était partisan(e) de la suprématie du pape en Italie sur celle de l'empereur germanique, et d'un régime démocratique dans les villes italiennes ». Les partisans de l'empereur étaient les Gibelins.

26 Nietzsche a fait à Wagner le reproche de « tomber au pied de la croix » dans *Le cas Wagner* (1888) : « C'est dès l'été 1876, alors que le premier festival battait son plein, que j'ai, en mon for intérieur, pris congé de Wagner (…). Richard Wagner, en apparence au faîte du triomphe, en réalité un décadent, miné par le désespoir, s'effondra soudain, éperdu et brisé, au pied de la Croix des chrétiens… » (« Comment je me suis affranchi de Wagner », trad. J. C. Hémery, Idées Gallimard, 1974). Quant au luthérianisme, il faut d'abord rappeler que Wagner a grandi dans une famille luthérienne. D'autre part, Wagner admire en Luther, le réformateur, celui qui a donné un nouvel élan à la musique ainsi que le défenseur de la langue allemande. Wagner se voyait parfois comme un nouveau Luther, dont l'œuvre serait porteuse du véritable sens du sacré. Suarès fait ici allusion aux nombreuses interprétations qui se sont affrontées à ce sujet. Le syncrétisme de Wagner s'exprime largement dans *Parsifal*. Mais on pourrait parler aussi de l'intérêt du compositeur pour le bouddhisme dans sa dernière œuvre.

non à la différence des caractères. L'humeur de Michel-Ange est profondément sombre. La vie est bien plus riche de joie, en Wagner ; elle a bien plus de verve et de bonhomie familière. Les hommes du Midi jettent un regard d'une clarté terrible sur la nature, et ils en brûlent la tige. Elle reste verte, sous le ciel humide du Nord. Il n'y a rien de si désespéré que les Italiens dans la douleur et la colère, – si ce n'est tel poète antique, qu'on croit couronné de roses. La sérénité est, peut-être, le mirage d'un désert infini en contemplation et en douleur. Les hommes du Nord sont plus près de la nature ; et se plaisent à s'y confondre. Elle les apaise. En eux, le cœur fait contre-poids à l'intelligence. La tyrannie de la Pensée est ruineuse de la vie, et la dévore, au soleil de la Méditerranée. On l'a vu dès le nomade Job, et l'effrayant Jéoviste. Beethoven, au comble de ses maux, place sa Messe[27] sous l'invocation du Cœur : « Vom Herzen zum Herzen », dit-il : « Du Cœur au Cœur. » Mais, pour moi, Léonard que je sais si triste dans ses sourires, quoiqu'il ne l'ait pas dit, – murmurait par le plus tendre des crépuscules : « De la Pensée à la Pensée. » – Laissons pourtant cette rêverie.

27 Il s'agit de la *Misa Solemnis, en ré majeur*, opus 123. Suarès fait allusion à une note de Beethoven écrite en marge du *Kyrie*, premier mouvement de cette vaste œuvre.

VI
Wagner et le roi Louis

Wagner avait plus de cinquante ans, quand il connut le Roi Louis[28]. Le jeune souverain n'avait pas la moitié de cet âge. Wagner, en dépit de toute sa force et de tout son génie, n'était pas sûr, à cette époque, d'en imposer l'estime au monde, ni même d'y établir son droit de venir à la vie. Il se voyait étouffé de toutes parts. À Paris, on venait de l'écraser, en présence de l'Europe ; et la cabale se flattait de l'avoir enseveli sous le ridicule. L'Allemagne ne lui était pas moins ennemie. Les démocrates n'avaient plus confiance à cet artiste, qui osait faire dépendre la politique de l'art. Les proscrits enthousiastes de 48, et toute cette école de révolutionnaires optimistes, lui en voulaient de son isolement même, de ses malheurs, et de son désespoir philosophique[29]. En effet, les solitaires passent toujours, – et non sans raison, – pour aimer la solitude où ils vivent, où souvent ils se confinent, et d'où on les soupçonne de ne pas vouloir sortir. En outre, les esprits

28 Louis II de Bavière (1845-1886) accède au pouvoir en 1864 à l'âge de 18 ans. Il est habité par les opéras de Wagner (surtout *Lohengrin* et *Tannhäuser*) et ses écrits en prose. Dès son accession au trône, il envoie son secrétaire de cabinet à la recherche du compositeur qui fuit police et créanciers. Wagner rencontre le roi pour la première fois le 4 mai 1864, à 51 ans. Suarès fait allusion à son récent échec parisien. Le scandale provoqué par la création française de *Tannhäuser* en 1861 avait été retentissant. Louis II lui propose le remboursement de ses dettes, un logement et un salaire annuel. Wagner profite largement de ses prodigalités. Il fait venir auprès de lui le chef d'orchestre Hans von Bülow et son épouse Cosima, la fille de Franz Liszt. La liaison de Cosima et de Wagner provoque un tel scandale que le roi se trouve dans l'obligation de les chasser de sa cour. Le 10 décembre 1865, Wagner s'installe à Tribschen en Suisse. Grâce au roi, *Tristan* a été créé à Munich le 8 juin 1865 et *Les Maîtres chanteurs de Nuremberg* le 21 juin 1868.

29 L'arrivée de Wagner à la cour de Louis II est considérée comme une trahison par certains de ses anciens amis révolutionnaires. Ils pensent que l'ancien anarchiste de Dresde est devenu un bourgeois opportuniste et qu'il a abandonné la philosophie matérialiste et optimiste de Feuerbach pour le pessimisme de Schopenhauer. À partir de 1854, l'œuvre wagnérienne est pleine du *Monde comme volonté et représentation*. Certains biographes présentent ainsi deux périodes opposées dans la vie de Wagner. C'est lire le parcours de Wagner avec des lunettes philosophiques ou politiques lorsque sa boussole est à trouver dans la quête absolue de l'Art. Suarès propose une lecture de cette problématique en liant philosophie, psychologie, religion. Rappelons d'autre part que Wagner n'est pas le seul ancien révolutionnaire banni que Louis II a rappelé, ils furent nombreux. L'architecte Semper fait partie de ceux-là. Une amnistie avait été proclamée en 1862.

oratoires, les athées sans tourments, tous ceux qui ont une bonne idée de la nature et de l'homme, se méfient des grands cœurs, en proie à la tristesse et à la mélancolie. Tandis qu'eux-mêmes, au milieu de la défaite et de toutes les humiliations, s'attendent sans cesse à une victoire prochaine, – ils ne pardonnent pas aisément à une vue pessimiste de l'univers. Elle les décourage. En vain, ces hommes sont-ils souvent les plus moroses, et mènent-ils avec rigidité la vie la plus maussade du monde, parfois au fond d'une prison : ils chargent leurs illusions de rire pour eux ; et la lumière, qu'ils ne doutent point de voir bientôt se lever sur la terre, leur tient lieu de toute autre clarté. Ils ne reprochent que davantage la passion, la verve de vie, qu'ils sentent dans ces grands désespérés, que rien ne peut satisfaire, et que l'élan invincible d'une riche nature pousse sans cesse à tenter la fortune, pour éprouver une fois encore s'ils n'en sauraient être satisfaits. Beaucoup d'optimistes sont moroses, car leur vie est sèche. Au contraire, beaucoup de pessimistes passent continuellement et toujours avec passion, du goût au dégoût d'une vie qui les désespère. Wagner était de ceux-là, et suspect à ses anciens amis. Du reste, en tout pessimiste profond, couve un cœur religieux, que les athées soupçonnent. Dans les âmes du premier rang, la Religion est la dernière née de la Douleur. Et quel que soit le culte où elle s'arrête, il faut que cette Religion naisse. À la vérité, elle est bien dédaigneuse de toutes les Églises : car elle en a une à fonder.

Wagner en était au point où l'on ne se supporte plus soi-même. Avec tout son génie, après avoir créé un art, il semblait n'avoir pas fait un seul pas dans la carrière. Au déclin de la vie, il paraissait à ses débuts. Spectacle admirable d'un tel discrédit, suivi d'un si grand triomphe. Il ne faudrait pas s'y fier, pour se rendre certain de l'emporter tôt ou tard. Il est rare qu'on ait un art à donner à son siècle. Leçon magnifique, toutefois, de volonté, de parti pris imperturbable. Nobles approches de la mort ; voisinage admirable qu'avec cette reine cruelle ose entretenir la victoire. Vaincre ou mourir : voilà la plus belle parole du monde. Wagner pouvait succomber ; mais céder jamais. Il était possible qu'il mourût, accablé de misère, d'ennui, sous l'injustice de son temps : il ne l'était pas qu'il se trahît lui-même pour lui plaire. Jamais, il n'a pensé un seul moment à réconcilier ce qu'il croyait le mal et le mensonge, avec ce qu'il croyait être le bien et la vérité.

Pourtant il vieillissait. Non point que son âme prît de l'âge ; ce ne serait point la peine de l'avoir immortelle. Mais la neige des ans tombait sur sa vie : elle la cachait ; elle en engourdissait l'élan ; elle en étouffait la fleur aux yeux du monde. Wagner a connu ce supplice du doute d'autrui, qui finirait par gagner le grand homme lui-même, s'il n'y avait pas en lui on ne sait quoi de plus fort que lui, qui ne laisse pas de place au doute. Mais le retard du succès est sans pardon au jugement des hommes. Le succès est tout pour eux : et d'ailleurs, sur quoi jugeraient-ils ? – L'obscurité est mortelle, moins pour celui qu'elle cache, qu'à cause de ceux à qui elle le tient caché ; il peut bien être grand et beau ; il ne l'est que pour lui. Obscur, il n'est rien pour le monde : or, c'est dans le monde qu'on vit.

Wagner passait donc par toutes les angoisses de la défaite. L'échec lui faisait de la vie une agonie continuelle. Quoi donc ? Cette œuvre immense, elle resterait enfouie dans sa volonté, comme un trésor dans un abîme ? – Pensée dévorante, dont l'obsession ne saurait se soutenir longtemps, sinon à la condition d'y offrir une vigueur, une jeunesse inébranlables. Bien plus : les misères quotidiennes de la pauvreté, cette vermine qui s'attache aux vaincus, tourmentaient Wagner sans relâche. Il végétait dans le dénûment. Il avait des dettes. Ses créanciers perdaient patience, comme ses amis et ses partisans mêmes.

Chez son éditeur, il n'avait plus de crédit. Wagner, déjà au bord de la vieillesse, n'avait pas encore entendu ses ouvrages dans un théâtre ; moins encore, il s'est vu à la veille de ne pouvoir même plus les faire paraître ; plus d'une fois, il se tourna en esprit, vers la mort, comme un voyageur, couvert de blessures, outre sa fatigue, ne voit, dans la maison où il entre, dût-on l'y égorger, que l'espoir du repos dans un lit. Plus on aime la lutte, plus on prend à la longue en horreur, un combat sans utilité et sans gloire. Il est doux de tomber à Roncevaux, mais en couvrant la retraite de Charlemagne : douce est la mort que le son du cor porte aux oreilles du grand Empereur, puisqu'elle le sauve, et qu'il lui donnera des larmes. Wagner, enfin, songeait à mourir ; ou, ce qui est une extrémité plus terrible pour un homme comme lui, à fouler aux pieds tout espoir, toute foi au monde de son temps. Il pensa un jour à partir pour l'Amérique[30]. S'il l'eût fait, c'eût été, j'imagine, comme

30 Dès 1849, le « révolutionnaire » Wagner envisage d'aller en Amérique où il pourrait trouver une meilleure situation. Plus tard (en 1854) il confie à Franz Liszt qu'il devrait s'y rendre pour terminer le *Ring*, espérant y faire fortune. L'occasion se présente en mai 1855 lorsqu'on

Thémistocles fuyant chez les Barbares, ou même comme Achille descendu dans le Tartare.

Voilà où en était Wagner, quand il rencontra le roi de Bavière : Louis II l'a sauvé.

L'œuvre de Bayreuth, où le roi n'est, si l'on veut, directement pour rien, sans lui ne serait point. D'abord, il fallait vivre. Puis il fallait rendre Wagner à la réalité, et son drame aux faits. Il fallait les tirer ensemble de l'état fabuleux, où l'ignorance, le doute, le ridicule universels prétendaient les tenir. Plus tard, Wagner n'a pas trouvé, sans des peines innombrables, l'argent et les patrons nécessaires à son théâtre. Du moins, n'était-il plus pour eux un inconnu. À Munich, ils avaient entendu ses œuvres, la moitié de la *Tétralogie, Tristan*, et *Les Maitres*. Les amis fanatiques de Wagner datent de là, comme les chanteurs, les musiciens, les machinistes, les interprètes et la méthode du drame wagnérien. Le roi Louis a eu, dès l'abord, les idées que Wagner mit en actes à Bayreuth, soit qu'il en ait donné à Wagner, soit que Wagner lui ait fait adopter les siennes. Quand on y réfléchit, les projets de Wagner ne pouvaient réussir à moins d'un Prince absolu. Il lui fallait un protecteur puissant, libre de faire ses volontés et de les imposer aux autres. Qui eût donné un public à Wagner, sinon un roi ? – Il n'y a pas échoué : un roi est imité volontiers dans ses goûts. Il a des courtisans qui, s'il le veut, prennent parti, au besoin, pour leurs bâillements et leur déplaisir même. Un roi seul dispose d'un peuple pour ses caprices, ne fût-ce que par la faculté d'en vider une ou deux fois la bourse. Le roi Louis n'est-il pas allé, jusques à courir le risque d'une petite révolution, pour l'amour de Wagner ? C'est beaucoup se dévouer à un artiste.

La pire espèce de gens raisonnables, les sages sans chaleur, n'ont pas tardé à voir dans ce dévoûment royal une folie. Et d'autres, encore plus

---

lui propose de donner une série de concerts à New-York puis à Boston. Il reçoit plusieurs autres invitations qu'il n'honore finalement pas. On trouve encore quelques allusions à une fortune qu'il aurait pu se constituer, dans une lettre à Louis II, de septembre 1880. Ajoutons qu'il composa une marche pour le centenaire de l'indépendance des États-Unis en 1876. *La Grande marche solennelle* ou *Marche américaine*, fut jouée à Philadelphie lors de l'Exposition Universelle. Après l'échec financier du premier festival de Bayreuth, il pense à fuir comme il l'avait fait si souvent et à créer *Parsifal* aux États-Unis. L'espoir d'y faire fortune l'attirait mais il ne prit pas le risque de perdre une situation qui n'était finalement pas si mauvaise en Europe.

pauvres de cœur, y ont trouvé un prétexte à perdre de réputation un roi avec un grand homme. Quelle occasion plus heureuse de fonder la sienne, pour un journaliste ou pour un médecin ? – Le roi Louis écrit à Wagner, comme un enfant passionné à son premier ami. Presque toujours, ces belles amitiés se fondent sur l'admiration. De tous les sentiments humains, il n'en est pas qui conseille un abandon de soi plus chaste, ni plus tendre. D'Alcibiades même dépité, il fait une Choéphore[31], qui suit, dans leur procession, les pensées de ce Silène de Socrate. Le roi Louis donne à Wagner les noms que l'amitié prodigue comme l'amour même[32]. L'admiration juvénile ne se sépare pas de la tendresse. Le lait de leurs mères est encore sur ces lèvres ; et ils le mêlent aux paroles, qu'ils échangent avec leurs héros. Dans une âme généreuse, quelle passion plus pleine que la première vue du génie ? – Le roi Louis appelle Wagner « mon bien-aimé ; mon tout ; mon héros ; mon unique ; mon âme ». Il lui parle sur ce ton de tendresse, que les cœurs avides de grands sentiments, sensibles par-dessus tout à l'amitié, ont toujours pris, au début de la vie, quand le mal, ni le soupçon même du mal, ne les a pas développés de leur innocence. Il fallait bien, là-dessus, qu'un médecin surgît, son scalpel grossier au doigt, et vînt dépouiller la vie de son charme virginal, comme on ouvre un mort à l'amphithéâtre. Ces médecins ne savent point dire si un immonde meurtrier, si quelque animal atroce, un hideux composé de singe, de chacal et de bête chaude, déguisé en homme, diffère au fond d'eux ; et ils trouvent, en effet, qu'à tout prendre, il ne diffère pas. Mais ils n'hésitent jamais à faire d'un César, d'un Michel-Ange, d'un Wagner, ils ne savent quoi de moins qu'un homme, qu'un assassin absurde, et même qu'eux ; en quoi ils poussent la louange du

31 Dans la Grèce antique, celui ou celle qui porte les offrandes aux morts.

32 Richard Wagner et Louis II ont échangé environ 600 lettres au ton passionné, exalté. Certaines formules y sont d'amoureux : « mon prince aimé » et « mon bien-aimé » … On peut imaginer que Wagner avait tout intérêt à encourager le roi dans son admiration exaltée. Il n'est pas interdit non plus de lui prêter des sentiments sincères. Quoi qu'il en soit, les accusations d'homosexualité ont été utilisées par les détracteurs de Wagner. Certains le surnommaient « Lolus Montes », allusion masculinisée à la maîtresse scandaleuse du grand-père de Louis II. Et les caricatures dans les journaux satiriques sont nombreuses. Romain Rolland et André Suarès ont eux-mêmes entretenu une correspondance abondante, au ton enflammé. Dans une lettre du 28 septembre 1888, Suarès écrit à Rolland : « Comment cesserai-je jamais de t'aimer ? » Rolland termine sa lettre du 13 octobre 1892 par « Ton Romain qui t'aime amoureusement ». Dans ses *Mémoires*, Rolland prend même la peine de préciser la nature de leur relation et d'affirmer leur mépris pour leurs camarades de la rue d'Ulm, « disciples de Platon ».

génie jusqu'à l'hyperbole, et jusqu'à l'injustice l'humiliation de leurs propres mérites. La pratique du cadavre les aveugle sur la vie. L'habitude des ulcères les trompe, sur les gestations de l'âme. Ils voient un malade en tout homme, qui n'est point fait sur le modèle des autres[33]. La bête brute s'y conforme, selon leur goût ; mais César en dégénère. Logique de si peu de prix, qu'elle avilit le grand objet où elle s'applique. Un organe ne se développe qu'aux dépens des autres, et le corps est malade. Mais il n'en va pas de même dans le monde des sentiments. Là, il est de belles maladies. Elles ont fait la beauté de l'homme. Les partis pris du cœur et de la pensée l'ont seuls porté au delà de lui-même. Tout sacrifice en vient, tout don de soi en procède : le scandale des médecins est la beauté de l'homme de foi. Et les voilà qui en jugent, non pas selon ce qu'il est, mais suivant ce qu'ils sont eux-mêmes. Qu'ils sont habiles à ravaler un dieu… Comme ils lui font honte de sa divinité… Comme ils la prennent sur le fait dans les méninges… On ne les trompe pas. Lacassagne eût bien prouvé que Jésus-Christ n'était pas raisonnable ; mais il défend de douter que Vacher le soit[34].

Le roi Louis avait l'âme passionnée et délicate. Une vie plate lui faisait horreur. Peut-être avait-il quelques germes de cette humeur néronienne qui travaille tous les souverains ; ils jouent, sans le vouloir, la comédie, quand ils n'ont pas la force de l'écrire pour la scène du destin, et de la faire jouer par le monde. Il avait conçu de beaux rêves ; et, de bonne heure, il en avait pu voir la vanité. Il était le dernier d'une famille illustre, rongée par les siècles. On ne sort pas impunément d'une race royale, en possession du trône depuis mille ans. Mais convenir de la démence n'est pas accorder la turpitude. Surtout, s'il s'agit d'un Wagner ; et qu'on prétende déduire sa honte, du fait qu'un autre n'avait pas sa

---

33 La fin tragique et mystérieuse du roi, est placée sous la surveillance des médecins. La question est de savoir s'il est capable ou non d'assurer le pouvoir ou si l'on doit l'en déclarer incapable en raison d'une folie reconnue. Le gouvernement charge une commission de psychiatres d'en décider. Le rapport de juin 1886 rédigé par von Gudden amène une interdiction de gouverner. On retrouve peu après les cadavres du roi et de son psychiatre dans le lac de Starnberg, non loin du château de Possenhofen.

34 Alexandre Lacassagne (Cahors 1843 – Lyon 1924) est un médecin légiste expert auprès des tribunaux, professeur à la Faculté de médecine de Lyon et l'un des fondateurs de l'anthropologie criminelle. Il écrivit un ouvrage sur celui qu'on surnomma l'éventreur français : *Vacher l'éventreur et les crimes sadiques*, publié en 1899. Il s'agit donc d'une parution toute récente.

raison. Comme tous les jeunes hommes de bonne race, le roi de Bavière avait le cœur épris d'amours idéales. Point de jeune héros, qui n'entre dans la vie par une autre porte. Ne fût-ce que la durée d'un printemps, chaque grand homme a d'abord eu les songes et le chaste désir d'une vierge. À ceux qui sont faibles, comme le roi Louis, il reste toujours de la femme. Ils sont trop bien nés, pour finir en hommes du commun. Ils ne le sont pas assez pour devenir des hommes extraordinaires. Ils demeurent en chemin. Les mots tendres, les mouvements passionnés, où les médecins découvrent d'affreux dérèglements, sont, au contraire, une marque de leur pureté première. Puis, ils s'attachent à cette condition virginale par défi, par gageure, par coquetterie.

Que pouvait le roi Louis ? Il n'avait ni la force ni les moyens de mener un Empire. Moins encore l'énergie de les arracher à la fortune. Il eût été brisé, s'il l'avait voulu. La Bavière est une sorte d'Espagne allemande. Ce peuple se sent moins barbare que le Prussien. Il paie en faiblesse sa délicatesse morale. Son prince cherchait ardemment quelque tâche royale, un rôle digne d'un roi. Peu d'hommes ont eu, en effet, un sentiment plus noble de la grandeur souveraine. Louis XIV était son modèle. Il a choisi la meilleure part, entre celles dont on lui laissa le choix. Il voulait vivre dans le souvenir des hommes. Il vivra. On ne peut le séparer de Wagner. Des tyrans italiens ne survivent à leurs villes mêmes, que pour avoir été les patrons d'un grand artiste. Le roi Louis ne fut donc pas si puéril. Il a eu pour Wagner cet amour jaloux et docile des femmes pures, qui veulent être aimées pour tous leurs dons, hormis un seul qu'elles ne pensent pas à faire, et qu'on ne songe même pas qu'elles fissent jamais. Elles sont fières de leur héros. Elles se glorifient de sa gloire. Quand un souverain ne peut poursuivre son propre triomphe, quoi de mieux que d'assurer celui d'une grande pensée ? Enfin, la douce majesté du malheur a couronné celui-ci, et sa jeune tête, qui fut belle, porte les tristes asphodèles, que décernent à leur victime les longues souffrances et les catastrophes redoublées. Wagner a dit de lui quelques paroles, qui suffisent à les venger tous deux : « Il est, pour son malheur, si beau, si riche d'esprit et de cœur, que sa vie, je le crains, s'écoulera fugitive comme un rêve divin, en ce monde bas et vulgaire. » Pour laver Shakespeare, c'est assez du charme céleste qu'il donne aux amis. Et le puissant Michel-Ange n'a pas besoin même de Vittoria Colonna pour le défendre contre les médecins. Qu'entendent-ils à la passion, en des cœurs de cet ordre ? – Il en va de même pour tout ; et, là-dessus on les invite, je suppose, à faire de leurs épileptiques un Socrate ou un César, puisque leurs clients de Bicêtre et César ont également l'épilepsie, à les en croire. Mais entre eux il est cette seule différence, que leurs épileptiques sont de pauvres bêtes, à la chaîne dans un cabanon, et que César est le plus grand des hommes. Voilà le rien, dont ces doctes ne s'avisent pas et le respect, qu'ils n'ont point, de ce qui les passe. C'est pourquoi j'admirai la vengeance des dieux quand leur châtiment frappa un misérable journaliste, le premier en France, qui ait fait sur Wagner et le roi de Bavière la calomnie, familière depuis à tous ceux de cet étage. Je ne le nommerai point. Il est mort, depuis, en prison, ou peu d'en faut[35]. Il y fut mis, dit-on, pour une raison injuste. Il se peut. Mais il y est mort justement. Sa fin fut digne de son mérite. Le plus lâche des crimes, et le plus bas, – juger selon les règles, quand on est vil, ce qui s'y offre candidement, ce qui n'y peut jamais tomber et y échappe de soi.

---

35 Suarès fait à nouveau allusion à un personnage sans le nommer directement : un journaliste envers lequel il se montre très agressif. Il est toujours particulièrement véhément lorsqu'il s'agit de défendre Louis II et Wagner contre les attaques sur leur relation. Sans doute parce qu'il se sent lui-même concerné et se défend d'éventuelles critiques du même ordre.

VII
Entretien de Wagner avec Bakounine[36]

Comme le feu de la Révolution française s'était répandu de Paris sur toute l'Europe, l'incendie gagna Dresde[37]. Tous les cœurs généreux se prirent à espérer. Le mépris de l'ordre écroulé n'allait pas en eux sans une foi candide à la bonté d'un ordre nouveau. Jamais, depuis l'ivresse sublime de la Convention, il n'y eut un plus bel élan à la justice, ni une croyance plus enthousiaste à la perfection de la nature humaine. Ils étaient comme des enfants, qui croient sans voir, et même en dépit de ce qu'ils voient. Car les enfants sont l'espoir de la vie ; et, par là, leurs erreurs mêmes ont une raison que la sagesse des vieillards n'a pas.

Cependant Wagner avait un ami, le Russe Bakounine, qui dans l'incendie ne s'attachait qu'aux flammes qui dévorent, aux décombres jonchant le sol, au désert fumant que laisse le feu à la place où furent les villes. Wagner l'aimait, persuadé que de cette frénésie devait jaillir, tôt ou tard, une étincelle créatrice. Il avait pour lui le goût confiant qu'on sent pour toute force, jusqu'au jour où l'on a la preuve qu'elle est uniquement faite pour nuire.

Dans le temps que Bakounine pensait à une destruction universelle, où Wagner rêvait de bâtir sur le sol vierge une cité idéale, Wagner fit entendre à Bakounine la Symphonie avec chœurs[38]. Le Russe fut ému. Le Barbare pleura. Et, retrouvant Wagner à la sortie, il décida d'excepter

36 Mikhaïl Alexandrovitch Bakounine (1814-1876) est un anarchiste russe. Wagner le rencontre à Dresde en 1849, où il est un des chefs de file de l'insurrection du printemps. À la suite des poursuites lancées contre les révolutionnaires, Wagner s'enfuit en Suisse. Quant à Bakounine, il est arrêté à Chemnitz le 9 mai 1849 et condamné à mort en 1850. Sa peine commuée en travaux forcés, il est livré à la Russie en 1851 et déporté en Sibérie en 1857. Il s'évade en 1860 et meurt à Berne en 1876.

37 Il s'agit de la révolution de 1848. Le soulèvement populaire à Dresde se déroule en mai 1849 où Wagner était chef d'orchestre.

38 Suarès reprend ici une anecdote souvent rapportée dans la littérature wagnérienne. Elle concerne une interprétation de la *Neuvième symphonie* de Beethoven à Dresde. Durant la répétition générale du 31 mars 1849, sous la direction de Wagner, Bakounine se serait exclamé : « si toute musique est condamnée à disparaître dans la conflagration universelle, nous devons, au péril de notre vie, sauver cette symphonie ». C'est Wagner lui-même qui le rapporte dans *Ma Vie* (*cf.* l'édition et la traduction de Noémie Valentin et Albert Schenk de 1911, révisée par Dorian Astor, Perrin, 2012). Que l'anecdote soit véridique ou non,

seul, entre tous les objets du vieux monde voué à la destruction, le chef-d'œuvre de Beethoven.

– Tout sera anéanti, dit-il. Mais nous sauverons la Symphonie avec chœurs. Il faut lui faire grâce.

WAGNER. – C'est à nous qu'elle est faite, en ce cas, cher Bakounine, Beethoven a porté là une Religion aux hommes…

BAKOUNINE. – Je ne sais. Pourquoi une Religion ? – Point de ciel ; point de Dieu. La fraternité des hommes ne me semble souvent qu'une belle idée ; et, pour tout dire, une idée en l'air. Quelquefois même, je la trouve niaise, et presque une pensée slavophile[39].

WAGNER. – Pourquoi donc as-tu senti que la Symphonie méritait de survivre au monde qui l'a produite ?

BAKOUNINE, *avec candeur.* – C'est que j'ai été ému… »

Ils poursuivirent leur route, un moment, en silence. Puis, Bakounine revint à ses projets de réforme par le fer et le feu, et par le labour de l'Humanité à grand soc, de fond en comble. Avec malice, il fit avouer à Wagner qu'on ne peut rien conserver d'un monde, où le plaisir du spectacle grossier se donne pour celui du drame, et où le métier de la musique en est pris pour l'art.

BAKOUNINE. – Réformerons-nous tout, Wagner ?

WAGNER. – Quoi donc ? Et qui en doute ? – Le plaisir est la fleur de l'arbre. Nous nous divertissons à l'image de ce que nous sommes. Le divertissement est une recherche de l'oubli, par une pensée qui ne peut jamais retrouver qu'elle. Si elle ment de la vie, il faut bien que son rêve soit mensonge. Il ne me faut que voir un opéra, et ceux qui s'y plaisent, pour savoir jusqu'où ce monde est gâté, jusqu'où son cœur est corrompu, ennemi du vrai, du fond qui importe seul, – enfin comme il ment. Si nous ne sommes idéalistes, nous n'aurons certes pas un art.

BAKOUNINE. – Soit. L'Idéal est un bélier comme un autre. Détruisons donc.

WAGNER. – Toujours détruire… Dois-tu t'en tenir là ?

BAKOUNINE. – Ouvre ton manteau.

---

elle ancre cette symphonie dans le nouveau monde, celui qui doit suivre la destruction de l'ordre ancien.

39 Allusion à la querelle qui oppose les slavophiles aux occidentalistes. Le mouvement slavophile est un courant de pensée important entre 1840 et 1860.

WAGNER, *riant.* – Quoi ?... Veux-tu essayer sur mon cœur un coup de poignard nouveau ?

BAKOUNINE. – Ouvre ton manteau... Je gage que tu portes quelque gilet de velours ou une chemise de soie.

WAGNER. – L'un et l'autre, – si tu le permets.

BAKOUNINE. – Je ne me trompais pas. En dépit de cette misère atroce, que tu plains...

WAGNER. – O Cosaque, tu ne sais pas encore de quelle splendeur peut se vêtir une vie misérable.

BAKOUNINE. – Va, tu seras toujours vêtu de soie.

WAGNER. – Je le voudrais. Je le crois, du reste. Et pourquoi, dis-moi, ces insectes filent-ils leur cocon d'or sur la feuille du mûrier ?

BAKOUNINE. – Je ne sais... Mais périsse leur industrie naïve, si...

WAGNER. – Quoi ? Détruire encore ? – Que fais-tu de la nature ? Au fond, tu la hais. Tu n'y veux revenir que dans l'espoir obscur de rentrer au sein du Chaos. L'ordre divin t'échappe, cher Cosaque. La nuit de l'Asie et sa séduction morne commencent au delà de l'Elbe, comme la plaine qui court jusqu'aux glaces du Pôle et aux vagues désertes du Pacifique... – Pourtant, tu sembles te promettre on ne sait quoi d'heureux et de juste de l'Avenir...

BAKOUNINE. – On ne sait quoi... en effet ; et ce n'est encore qu'un mirage. Crois-m'en ; toute illusion est perverse. Tantôt cette Symphonie m'attachait à la vie, et du même coup à mes larmes. Je ne tiens pas à l'ordre nouveau, et je n'y fonde point mon espérance. Je jouis de n'en point nourrir. Je bafoue celle que la Vie, cette femelle, désire, conçoit du premier venu, chaque jour, et chaque jour allaite de son sang. L'ordre nouveau me plaît, parce qu'il est ruineux de l'autre ; et voilà tout. Que la plaine soit semée dans un monde labouré par l'incendie sur une terre en ruines.

WAGNER. – Tu pousses ta pensée, comme le cheval des steppes au galop, uniquement heureux de dévorer l'espace, jouissant du danger pressenti, dans le rapide soupçon, dans l'espoir peut-être que tu t'iras briser d'un seul élan sur un obstacle. Tu n'as point de rêves dans l'esprit.

BAKOUNINE. – Et toi, tu en as trop.

WAGNER. – Sans rêves, nul n'est bon pour la vie.

BAKOUNINE. – Et toi, tu n'es bon qu'à une œuvre de l'esprit. Tu ne sais point que la plus grande est la plus vaine. Tu me fais donc pitié.

WAGNER. – Tu me la fais aussi, cher Bakounine. Je porte le monde dans mon âme : et tu voudrais que je n'y crusse point ?

BAKOUNINE. – Heureux ton fruit de n'avoir pas vu le jour : il me faudrait le détruire. Si tu portes un monde, j'en ai la négation dans mes lourdes entrailles. Et c'est aussi un dur enfant de sept mois, qui frappe du pied à la porte. Pauvre songeur !... Entasse les actes sur tes songes, et fais naître un magnifique édifice de ta rêverie : je suis là : il sera détruit. Je suis la Réalité.

WAGNER. – Tu n'es pas artiste. Tu ne peux me comprendre. Tu ne m'aimeras pas longtemps. Et tel que tu es, je peux t'aimer : voilà la différence. Car je suis sûr de te prendre en moi, sans dommage ; d'en faire une pierre de mon temple, et de te vaincre enfin.

BAKOUNINE. – Ton monde est à naître, comme ma Nuit, à la fin de ce jour lugubre. C'est pourquoi l'un et l'autre de nous, ayant le même ennemi à mettre au sépulcre, nous pouvons être amis. Voilà une étrange amitié...

WAGNER. – Pense que l'immortelle Beauté l'a faite ; que le grand Beethoven l'a conduite à ton cœur, et l'a mise sous tes yeux. N'est-ce pas assez pour t'instruire ?... Il le faudrait.

BAKOUNINE. – Nous sommes amis, parce que nul de nous n'a pu agir encore. Quand la proie est abattue, les dents qui la déchirent se heurtent. Aussitôt, elles se disputent le morceau, – et l'amitié est détruite.

WAGNER. – Détruite !... tu ne parles que de détruire... Et moi je ne songe qu'à édifier. Il n'est rien que je ne veuille renverser, sans vouloir le relever dans sa beauté parfaite.

BAKOUNINE. – Nous n'en sommes pas là. Va : si le temps vient de cet univers en ruines, il le sera aussi que je m'oppose à toi, et que je te dise : C'en est assez ; je ne veux pas... Tu souris ?

WAGNER. – O ami, brave ! Je ne te crains point. Nulle parole n'est plus vaine que la tienne. Car, dès l'origine, j'ai dit et je dirai toujours : Je veux. »

VIII
Le matin de Venise

« Non nobis, Domine[40]*… »*
[Palazzo Vendramin.]

Il était pétillant de vie, d'action et de joie. Il ne se contenait point. Il s'échappait en saillies. Il était plein de verve heureuse. Il riait aux éclats. Il avait l'humeur verte et lumineuse de l'enfant. Sa puissante raison régnait au-dessus du mouvement de sa vie, au-dessus de ses désirs, et de ses passions, comme la coupole de Michel-Ange, là-haut, au-dessus de la foule bigarrée, et des pèlerins qui s'agitent dans le temple. Ses émotions ne l'asservissaient point ; mais il était toujours ému. Son grand cœur grandissait toujours en amour. Il excellait dans le triomphe, comme il avait triomphé dans la misère et la défaite. Clairvoyant et doux, – en tout un bon maître. On ne le trompait pas ; et, quand il le fallait, il se laissait tromper. Son vif regard, tour à tour si rêveur et si mobile, allait loin dans la vue de la vie. Son âme était pleine de mélodies et de chants intérieurs ; et il y entendait aussi les paroles admirables que murmure en secret l'âme du monde. Il avait les échos de la peine universelle, et de l'universelle foi que la vie garde en la vie. Il avait un cœur pour entendre l'âme vivante des hommes et de la nature, la confidence innocente de la prairie, l'aveu résigné des bois, le murmure féminin des fleuves et des sources, la passion de l'Océan, et le trouble éternel des mers. Il écoutait ce que ne connaissent point les autres hommes. Il savait les langues

40 Situé sur le grand canal, le Palazzo Vendramin est la dernière demeure de Richard Wagner. Une devise est inscrite sur le fronton : « Non nobis, Domine… ». C'est une citation du Psaume 115, v. 1 : « Non nobis, domine sed nomini tuo da gloriam » (« pas en notre nom, Seigneur, mais au nom de ta gloire »). Cette phrase, présentée comme la devise des Templiers, fait penser aux chevaliers de Montsalvat, gardiens du Graal et de la sainte lance dans *Parsifal*. Wagner s'installe au Palazzo Vendramin en septembre 1882 après le festival de Bayreuth qui vit la consécration de *Parsifal*. Le 13 février 1883, en début d'après-midi, il est pris d'un malaise cardiaque qui lui sera fatal. Le 16, sa dépouille est emportée en gondole (ce qui inspire à Franz Liszt la pièce pour piano *La gondole funèbre* (*Die Trauergondel*). C'était le sixième séjour de Wagner dans la ville. Il y termine *Tristan* et s'inspire des chants des gondoliers pour le prélude de l'acte III. Aujourd'hui, ce palais abrite le casino de la ville.

mystérieuses du ciel, de l'air suave et de la lumière partout éparses, dans l'Univers, en regards douloureux et tendres, que le vulgaire n'aperçoit pas et qui se plaignent d'être négligés. Ce petit homme, robuste et nerveux, toujours prêt aux actions héroïques, si riche en pensées et en sentiments, goûtait le charme souverain, où tant de divine tristesse entre, d'être le confident le plus proche de Dieu. Son cœur débordait de la piété suprême, qui rend l'idéal présent. Il était assez religieux pour donner une religion aux hommes, et pour en avoir la volonté. Il fuyait, à ce couchant d'une vie si belle, tout ce qui l'assombrit et la dégrade, la haine, l'hiver, les spectacles grossiers et la laideur, – la plus obscène des choses. Quand les hirondelles et les mésanges, dans leur exquise sagesse, prenaient leur vol vers le Sud, il passait les Alpes avec elles. Il gagnait la merveilleuse Italie. Il vivait dans l'air bleu, qui sourit à travers les portiques de marbre, regard des dieux. Il était l'hôte des orangers et des roses, dans les villes où la pierre est dorée, comme une joue de jeune fille, par le soleil. Son âme harmonieuse en ses grandeurs diverses, respiraient l'indulgence, la force, la foi et le sourire. Sa jeunesse immortelle s'éveillait de plus en plus à l'éternité. Le printemps de cette terre délicieuse était en lui, comme en elle.

Ainsi s'en alla-t-il, au lendemain de *Parsifal*, finir joyeusement sa saison admirable, dans Venise, la plus amoureuse des villes. Comme il se levait, un matin, son cœur cessa de battre. Il poussa un cri ; il vit le ciel charmant au-dessus de sa tête ; et sa grande âme s'en fut.

IX
Sur la route de Wahnfried[41]

Pour la dernière fois, Wagner, le 20 février 1883, monta la colline de Bayreuth, et fit la promenade de Wahnfried. Il était vêtu de blanc, et porté doucement par de lents chevaux, dans une voiture noire. Une foule immense le suivait ; mais il n'en était pas moins seul ; et s'il la voyait, invisible à tous, nul ne put entendre ce qu'il se dit à lui-même, sans desceller ses lèvres, fermées du sourire le plus grave.

« Adieu, vie admirable. Printemps, je te vois poindre sous les neiges, qui fondent, de l'hiver ; et je salue ta verte jeunesse. Les fleurs vont renaître, et dans leurs yeux r'ouverts, le parfum et la gaieté de leurs frêles âmes riront demain à la lumière, comme elles la bénissent écloses, sous les pas du Sauveur. Les dernières feuilles des chênes tombent ; leur or semé jonche la terre ; la bouche rouge, avide de vie, et la tête verte des bourgeons naissants poussent et dispersent ce trésor vieilli, dont ils n'ont que faire.

» O vie, que je t'aimai… Comme j'ai cru en toi, ô monde… Comme j'y crois encore. C'est donc, cette fois, à jamais. Tu ne peux m'échapper. Je vais dormir ; et déjà je me sens infiniment renaître dans cette harmonie printanière. Certes, ce renouveau m'était dû : à tout, j'ai toujours préféré le printemps. Terre maternelle, qui va, à travers les forêts profondes, des Alpes sublimes au sublime Océan, toute ta sève coule de mon cœur en tous mes membres.

41 Wahnfried est le nom de la demeure que Wagner se fit construire à Bayreuth. Sur la façade, on peut lire : « Hier wo mein Wähnen Frieden fand / Wahnfried / Sei dieses Haus von mir benannt », ce qu'on peut traduire par : « Ici où ma folle imagination a trouvé la paix / Wahnfried / Qu'ainsi par moi cette maison soit nommée » (traduction de Nicolas Southon dans le *Dictionnaire encyclopédique Wagner*). La question de la traduction de « Wahn » reste ouverte. Ce mot contient les notions d'« illusions », « folie », « rêves », « inspiration ». La construction de cette grande bâtisse entre 1872 et 1874 fut supervisée par Wagner lui-même. La dépouille de Wagner a été ramenée de Venise à Bayreuth. Il est inhumé dans le jardin qui est situé derrière la maison. Son épouse Cosima l'a rejoint en 1930. Par l'expression « colline de Bayreuth », Suarès désigne la colline sur laquelle est érigé le Festpielhaus, le théâtre de Wagner. Cette colline est parfois qualifiée de « sacrée ».

» Seul, enfin, avec moi-même ! Seul avec toi, Erda[42]. Seul avec Tout. Une joie inexprimable me pénètre. Elle me porte, comme un vaisseau, construit pour l'éternité, par la main des dieux ; elle me balance, comme Argo vogue, chargée de la Toison, sur la mer fraternelle. Joie incomparable, tu es le prix de la victoire, et tu es mon panégyrique.

» Tous ceux qui me suivent me pleurent et me vantent. Nul ne peut me louer. Il faudrait qu'il fût comme moi. Celui d'entre eux qui m'a le plus aimé, m'a fait souffrir cruellement, et ne m'a pas compris. Tel est le sort de l'homme parmi les hommes. Ils m'adorent, comme ils m'ont maudit. Ils m'exaltent, comme ils ont su me décrier. Qu'importe ? Je les aime assez pour m'en laisser aimer.

» Seul ici, pourtant, avec moi-même, ô vie, je goûte la félicité de me louer en toi. Ils m'imiteront sans me comprendre. Ils seront ma pieuse parodie. Je serai en eux le peu qu'ils valent. Et, en moi-même, ils me feront tort de moi. Qu'importe ? Tous les apôtres, tous les scoliastes d'un dieu, ces gâcheurs de plâtre, élèvent pourtant l'Église divine. Tout est bien, dès qu'il est. Car il faut qu'il soit. Il n'y a point de place ici pour le ridicule. Je touche le fond ineffable des faits. O joie : j'ai été ce que j'ai voulu. Et j'ai voulu, à l'image de ce que j'étais.

» J'ai osé. J'ai osé être ! Je l'ai pu. Voilà l'œuvre sans pareille. Voilà la merveille, où la vie se reconnaît et rend hommage à la vie. J'ai osé aller au bout de moi-même, le pouvant : audace divine : si grande, que rien n'est plus grand, sinon d'être en possession de pouvoir en faire la tentative. Car la hardiesse n'est pas si rare encore, que d'avoir lieu d'être hardi. Je ne me suis pas trompé. J'ai su, dès l'abord, que je ne me tromperais pas : j'ai forcé la nature, en la révélant à elle-même : on ne peut lui faire une autre violence. J'ai été l'accent que son rythme cherchait ; j'ai été la voix de ce qu'elle voulait dire. Qu'elle m'aime, moi qui l'ai si efficacement aimée. Qu'elle me rende infiniment la vie que je lui ai donnée. Tout est bien.

» Et maintenant, je vais savourer, à l'infini, la paix du Rêve que j'ai porté dans ce monde, pour lequel j'ai combattu et j'ai vécu en armes. O

42 Erda est la Déesse-Terre dans la *Tétralogie* wagnérienne. Elle apparaît dans *L'Or du Rhin*, et *Siegfried*. Argo est le nom du bateau de Jason, héros grec à la recherche de la toison d'or.

joie. Merci à Dieu. Je suis dans le parfait repos ce que ma force a voulu que je fusse. J'ai bien mérité ma place au sein de la divinité. »

TROISIÈME PARTIE

Wagner et le Drame

I
Le Drame et l'action

1
Le Drame

Il n'y a pas de drame sans action. On pourra donner le nom de drame à un poème sans action : car tout se peut. Mais ce sera un jeu dramatique, non un drame.

L'action, de notre temps, est à l'image d'une société en décomposition : tout s'y mêle. On prend des morceaux de romans, et on les porte sur la scène. La confusion est si forte, qu'on ne craint pas de faire réciter par des comédiens les pages d'un livre, que son auteur même a appelé « un roman par lettres ». De la sorte, les acteurs effrontés jouent une Correspondance. On ne saurait rien imaginer de plus absurde. Loin de choquer le goût, cette absurdité plaît. Le goût corrompu ne sait à quoi se ragoûter. De la même manière, et par réciproque, on voit, comme à Rome sous Trajan, des professeurs faire lectures publiques de drames et de comédies. On en est charmé, car cela surprend. Le bon sens se venge, en ce qu'on lui obéit encore en y désobéissant ; et pour plaire contre lui, il faut le surprendre. Ainsi on lit les drames, et on joue les romans. Toutes les décadences se ressemblent. En art, la mode brouille tous les moyens d'expression et tend à mêler en un tous les langages. Dans l'État, tous les rangs se confondent. Non pas les rangs, comme les établit la loi, la coutume, la fortune ou le préjugé : cette confusion ne serait rien. Mais les rangs, comme les fixe la nature même : en un mot, dans la décadence, on voit le caractère de l'esclave pénétrer l'homme libre, et celui de l'homme libre pénétrer l'esclave ; ceux qui sont faits pour obéir ont le front de faire les maîtres ; ceux qui eussent fait des lieutenants, prennent licence de parler et d'agir en capitaines ; et les vraies âmes maîtresses, s'il en est, ou sont victimes du nombre, ou se retirent. L'anarchie est partout. Les femmes veulent être hommes. Les enfants veulent être hommes. Les chiens veulent être hommes. Et les hommes qui ne veulent rien, sont chiens et vivent en chiens.

Un bon signe de cette anarchie, quand l'art est une place publique où les charlatans, les oisifs, les dupeurs et leurs dupes, tous confondus, prennent l'air et la qualité d'artistes. Alors, la première sotte venue de Chicago[1] peint ses visions de fille mal élevée à la barbe du Vinci ; et si tu vas à Florence, tu es séparé des objets de ton amour par une triple haie de ces impudentes, qui barbouillent côte à côte, et, attendant l'heure du thé, s'émancipent en propos libres sur l'anatomie masculine, sous l'œil complaisant et ennuyé de maigres barbons, sûrs de prendre sur ces Amazones une revanche de Scythes, avant qu'il soit minuit. Alors, n'importe quel coquin réforme la poésie et la musique. Il n'a point d'avis, et pour cause ; mais il en donne ; et il a pour le moins un parti. Il n'est point capable de marcher seul, une heure seulement, dans la voie austère du Devoir ou du Pur Amour : mais il croit connaître le fond des actions humaines. Après un nombre indéfini de bavardages, sommé de montrer ce qu'il sait faire, il produit une pièce, conçue par le néant au sein de la Muse de Straton[2], – et voilà un drame. Il suffit de porter une niaiserie ou une ordure sur le théâtre, selon la dramaturgie de ces fripons : et c'est un drame. Il a du succès infailliblement, quand la sottise et la saleté s'y combinent. On dit en ce cas du drame qu'il est hardi, qu'il donne à penser, – qu'il est enfin un drame d'idées.

Il n'est pas si étonnant que le sens de l'action se soit perdu dans cette foire. Comme une belle action, dans la vie, demande un héros, dans

1 La misogynie de Suarès est particulièrement violente envers les femmes artistes. Il fait ici allusion à Mary Cassatt (1844-1926) sans la nommer, artiste américaine spécialisée dans les portraits de femmes. Elle a présenté une grande fresque en 1892 pour le Pavillon de la femme à l'Exposition universelle de Chicago. Elle a étudié dès 1866 avec Jean-Léon Gérôme et Thomas Couture. Installée à Paris en 1874, elle fréquente Degas et Courbet. Liée aux impressionnistes, elle expose à plusieurs reprises auprès d'eux, à Paris.

2 « La muse de Straton » est une périphrase pour désigner l'homosexualité. Straton de Sardes est un auteur grec du IIe siècle, compilateur d'épigrammes érotiques parues sous le titre de *La muse garçonnière*.

l'art une belle action exige un maître. La grandeur du poète dramatique est de l'ordre des grandeurs mêmes de la vie. Je ne suis pas surpris que Sophocle ait commandé devant l'ennemi, comme stratège. Napoléon n'équivoquait point quand il pensait à faire de Corneille un prince. Je ne sais à quoi Shakespeare n'eût pas été parfaitement propre, et même à mener un Empire.

1. Le drame est une action. Le Grec veut dire par là que le propre du drame est d'agir. Le fond du drame est un conflit. Le plus beau des drames se joue dans la matrice de l'action, quand les deux jumeaux intraitables qu'elle porte, se livrent un combat, et se prennent de lutte dans ce ventre de la vie. La volonté et l'intelligence, ce sont ces deux forces jumelles. En d'autres termes, la force de comprendre, qui ne pense pas à soi, et celle de comprendre tout en soi. Ce drame divin n'est pas facile à traiter. Et entre les œuvres de tous les grands poètes ensemble, je n'en sais encore que trois exemples.

2. Le drame ne saurait être une action indifférente. Il se peut qu'à l'origine de la tragédie, le drame ait été un cortège, une pantomime accompagnée de chants, un culte populaire enfin, à quelque dieu. Il ne l'est plus pour nous. La connaissance de nos origines peut expliquer de nos sensations et de nos sentiments. Elle ne saurait jamais nous en rendre. Il n'y a point d'art érudit. Ou, du moins, l'art des érudits est le châtiment d'un art sans artistes[3].

3. D'un autre côté, une suite de tableaux sans lien, soit de l'histoire, soit des événements, soit des pensées d'un héros, ne forme pas un drame. Et ce n'en est pas un, qu'il s'agisse d'un peuple, ou d'un seul homme. Peut être est-ce la matière d'une action. Mais il y faut une âme. Le drame veut un centre. Une foule d'actions bout à bout ne font pas une action tragique. Le drame ne se passe pas d'unité : telle en est l'âme.

4. En quelque sorte, la volonté du poète est le fondement de la scène ; l'action véritable, dans le drame, est faite de cette volonté, qui met sa puissance en acte, et l'applique, en un centre, à quelque grand objet. Et plus cette puissance est capable de donner la vie, plus elle s'efface dans la vie donnée.

---

3 Suarès se débarrasse rapidement de l'idée de Nietzsche selon laquelle Wagner fait renaître la tragédie grecque. Que cette idée soit juste ou non, cela ne change rien au fond et ne rend pas son art plus puissant pour cette raison historique.

5. Toutes les querelles touchant les unités sont des disputes sur les mots, – ou sur les mœurs propres à la poétique d'un temps. Elles ne regardent point le fond du drame. Ce qu'il y a d'essentiel au drame, c'est l'unité supérieure que la volonté du poète marque dans le sens de l'action. On peut dire si l'on veut, qu'il n'y a d'unité d'aucune sorte dans *Hamlet* : mais il est certain que, nulle part, l'unité supérieure n'est plus puissante : car cette unité fait, ici, toute l'action, la fait seule ; et elle seule importe. Une telle unité est tout à fait absente de *Parsifal* ou du *Ring*[4]. Cependant, *Parsifal* est une œuvre d'une poésie et d'une beauté presque divines.

6. Le drame est une action sentimentale, qui se développe sous les yeux. Que l'action soit dans les faits ou dans les idées, il faut, pour qu'il y ait drame, que ces idées ou ces faits soient présentés au théâtre, sous forme de sentiments. Telle est la nécessité, où la suite des temps a rangé la tragédie. C'est elle que l'époque de l'humanité, où en sont les hommes, impose à toute action qui veut être un drame. Les sentiments seuls nous émeuvent. Et pour émouvoir, ils ont seuls qualité.

7. Nous voulons être émus par ce que nous comprenons, et non pas seulement le comprendre. Nous voulons être émus par ce que nous voyons, et non pas seulement le voir. D'où il suit, que l'action, formée uniquement par les dehors et le spectacle, est une espèce de pantomime, aussi riche que l'on voudra, et n'est jamais un drame. Plus le drame est en décadence, et plus il tend à la pantomime.

8. Une idée qui n'agit pas, – nous donne à penser ; mais elle ne nous émeut point ; elle ne fait donc pas un drame. Émouvoir l'âme, – et par là, en plaçant dans les conditions d'une vie idéale où elle s'émeut d'elle-même et s'attache à son intérêt, direct, – la tirer de soi, qui est son fourreau impitoyable, – telle est la vertu de l'art. Telle est l'espèce d'action qui fait la grandeur du drame. Car le drame, assurément, étant à la fois la plus vivante et la plus idéale, est la plus belle des formes de l'art. C'est pourquoi il y a infiniment loin d'une forme si auguste et si pleine de l'émotion au jeu misérable, qui se donne partout pour le drame.

---

4 *Parsifal* et le *Ring* sont deux œuvres très particulières dans la production wagnérienne. Le *Ring* ou *Tétralogie* est un ensemble de quatre œuvres (un prologue et trois journées) : *L'Or du Rhin*, *La Walkyrie*, *Siegfried*, *Le crépuscule des dieux*. *Parsifal* est présenté par Wagner lui-même comme un « festival scénique sacré ». Le compositeur ne parle que rarement de drame. Pour lui, le *Ring* est un « festival scénique ».

Et quand le vrai drame paraît, – presque toujours il fait scandale. Il en est de lui comme du vrai héros.

9. Les idées, dans leur sécheresse, dans leur logique et dans leur suite, ne sont que philosophie, si fortes soient-elles. Il n'y a point de philosophie qui se puisse donner pour un drame. Ou sinon, les Athéniens n'eussent pas fait boire la ciguë à Socrate. Que l'idée soit matière au sentiment. La matière d'un sentiment n'est point ce sentiment qui agit. Qu'il agisse donc : le drame est une action vivante dans la vie.

10. Il ne faut pas entendre l'action qu'au sens matériel de ce mot. Mais il ne faut pas le lui ôter davantage : car elle l'implique. Toute action, qu'elle soit intérieure ou en dehors du sujet, se traduit par des faits. C'est aux faits de marquer sur la scène, comme dans la vie, les mouvements de la pensée, du cœur, ou des passions sensibles. Les paroles sont la parodie des faits, – hormis dans les grandes œuvres de l'art. Mais celles-ci sont la preuve que les paroles sont nourries de la moelle des faits.

11. Les faits peuvent être en aussi grand ou en aussi petit nombre qu'on le puisse concevoir, – sans que de la quantité dépende en rien l'action du drame. Le point, c'est que les faits produits paraissent mus par la nécessité même ; qu'ils s'expliquent dans toute leur force ; et qu'ils contiennent infailliblement toutes leurs conséquences : c'est-à-dire en puissance tout ce qui suit, – et où la nécessité laisse ce qu'elle ne veut pas, et choisit ; ou le semble.

Respecte, comprends et crains la Nécessité, c'est l'âme et la loi du drame.

Terrible est la nécessité. Terrible est la vie. C'est pourquoi la vie est tragédie.

Telle action, qui pullule de faits, n'est qu'une action vide ou mesquine. Rien n'y est nécessaire ; la nécessité, cette âme des faits, en est absente, ou y est plate ; et, pour les conséquences, elles ne sont ni fortes, ni dominantes, parce que les faits sont sans force ; dans une telle action, tout se succède, rien ne se déduit. Le continu de la vie, qui en est la loi même, et le propre unique du moi, est aussi le continu de l'art, et la loi admirable du drame.

Au contraire, un drame où le fait est nu, réduit à son squelette, mais où il s'explique avec une force tyrannique, est une action puissante. Il n'y a, pour ainsi dire, que deux faits, fort humbles en apparence, dans le *Borkmann* d'Ibsen[5] ; et c'est une des actions les plus fortes du monde. La belle-sœur de Borkmann entre dans la maison, où Borkmann se tient fermé sous les verrous d'une prison volontaire. Voilà le premier fait. Le second est que Borkmann sort de sa maison. Tout est là. Il passe du premier étage au rez-de-chaussée, et du salon dans la rue. Mais ce fait vulgaire est exposé avec une force incomparable. Il est produit sur la scène, dans toute sa pléthore de sens douloureux, de conséquences mortelles et inévitables. Cette chambre où Borkmann est cloîtré, c'est le lit où souffre sa volonté malade ; elle n'attend qu'une occasion pour entrer en agonie ; et l'on sent bien que la vie viendra la lui porter, – la vie à son comble, qui est l'amour. Car l'amour est le bourreau de la volonté. Le salon, où Borkmann descend, est l'échafaud où il reçoit le coup de grâce, et trois fois plus mortel, en ce qu'il feint de ne pas l'accepter. Et quand il sort de cette maison funeste, je sais bien où il est : il entre dans sa tombe. Il ne va pas à la lumière du jour, – mais dans la glace, à la nuit. Il ne va pas à la vie. Il ne va pas même à la mort. Il est mort. Déjà. Et…. Silence. Le mort parle à sa créature morte, à ses rêves morts, dans la mort. Colloque effrayant… – Et, on pouvait le prévoir, dès l'instant où on l'entendait tourner, là-haut, dans sa cage, en proie au mal inévitable de sa volonté. Voilà donc ce que le grand poète tire du moindre fait, où il a mis d'abord une substance puissante. Et je dirai, pour ce qui est du drame, qu'il y a plus d'action dans cette sortie de Borkmann, que dans toutes les morts, les vies et les luttes de la *Tétralogie*. Est-ce par hasard qu'Ibsen est un plus grand poète que Wagner ? Il s'en faut bien. Mais Ibsen est un poète dramatique ; et Wagner ne l'est pas fondamentalement.

5 *John Gabriel Borkmann* est une pièce d'Henrik Ibsen, auteur norvégien (1828-1906). En 1899, date de parution de ce *Wagner*, Ibsen est joué sur les scènes de théâtre d'avant-garde comme le Théâtre de l'Œuvre. Cette pièce y a justement été présentée durant la saison 1897-1898 et Lugné-Poe (directeur du théâtre et metteur en scène) jouait lui-même le rôle de Jean Gabriel Borkmann. Il peut sembler au lecteur d'aujourd'hui assez surprenant de comparer Ibsen à Wagner. Pourtant, on a souvent établi des liens entre leurs univers (Thomas Mann, Alexandre Blok par exemple). Le théâtre d'Ibsen est considéré comme une recherche de l'œuvre d'art total (Gesamtkunstwerk). Certaines de ses œuvres font allusion aux drames wagnériens comme *Le canard sauvage* (1884) ou *La Dame de la mer* (1888), proches de l'univers du *Vaisseau fantôme*. Georges Bernard Shaw avait relevé les rapports profonds de leurs œuvres dans *La quintessence de l'ibsénisme* dès 1891 et *Le parfait wagnérien* en 1898.

Concluez donc que le drame est une action sentimentale en mouvement. Mais il n'y a point de mouvement infini, ou infini continûment, du moins dans les actions qui intéressent l'âme humaine. Tout mouvement a sa courbe, quelque simple ou compliquée qu'elle soit. La courbe a son élan, sa trajectoire, son sommet, son déclin. Elle a ses coordonnées, qui la déterminent. Et la courbe d'une action, dans le drame, n'échappe pas à ces lois, qui sont celles de la pensée.

2
Drame et Musique

S'il y a un théâtre allemand, et même s'il est, en Europe, un autre théâtre que celui de la France, c'est la question. Le peuple le plus sociable est seul en mesure, peut-être, de donner le drame à l'humanité. Le drame doit s'adresser à tous les hommes. La pensée et les passions les plus générales, où le genre humain reconnaît la nature humaine, – voilà le drame. Tout ce qui est factice tue le drame ; et de même tout ce qui est trop particulier. Beaucoup de gens acquièrent les élégances, les recherches, la rareté du fond et de la forme, voire même un air de poésie. Très peu, la large simplicité du drame. Les Romains, en dépit de leur force, les Alexandrins, en dépit de leur subtilité, n'ont pas eu de théâtre. Mais Athènes n'a pas cessé de montrer une fécondité incroyable en cet art ; la scène antique a duré aussi longtemps qu'Athènes. La France disparaîtra plus tôt que le drame français, depuis la grande tragédie jusqu'au plat vaudeville.

La sève dramatique d'un peuple se mesure à l'abondance de sa veine comique. La comédie est le drame universel, parce que les hommes sont médiocres, dans le mal comme dans le bien ; et que le monde compte infiniment plus de ridicules que de passions. Les grands tragiques et les héros sont également rares. Shakespeare et Ibsen derrière lui, sont ce qu'on a vu de plus puissant depuis les Grecs. Mais un seul grand poète ne fait pas un théâtre. La scène anglaise est aussi pauvre que pas une, depuis trois cents ans. Le premier de ses comiques, Sheridan, ne serait pas du troisième ordre chez nous. Ibsen a fait croire qu'il y eût un théâtre scandinave. Mais tout le drame du Nord est en lui ; il est bien plus étonnant que Björnson[6] ait écrit : *Au delà des forces*, que s'il avait reçu cette œuvre en présent des mains mêmes d'Ibsen.

La comédie française est, au contraire, le théâtre de toute l'Europe. Wagner semble avoir fait le plus beau et le plus véhément des efforts pour se soustraire à la tyrannie du théâtre français. Il est remarquable, en effet, que l'opéra, dans son impur mélange de musique, de drame et de ballet, est un spectacle qui a cessé d'être italien, dès qu'il a voulu prendre un intérêt dramatique. La tragédie lyrique, comme la comprend Gluck[7], procède directement de la tragédie française ; et la musique de ce grand homme est peut-être ce qui fait le mieux saisir tout ce que Racine aurait pu créer, s'il avait eu moins d'entraves, s'il s'était livré plus librement à son génie d'analyse et à sa passion sentimentale.

Wagner, en vrai héros de l'Allemagne, a voulu faire naître le drame de la musique, et du pur sentiment. Personne n'a mieux vu que lui par où le drame de Schiller reste en deçà de Shakespeare, et par où celui de Gœthe reste en deçà des Grecs. Shakespeare est sans pareil, une force de la nature ; mais il ne vient pas à l'idée de dire que Shakespeare est parfait. Il semble, au contraire, que Shakespeare ne se soucie pas de la perfection, et, sans doute, c'est le caractère de la vie de ne pas se donner des soins si dangereux et si inutiles. Wagner, lui, ne perd jamais la perfection de vue. Sa pensée y tend sans cesse. Il est admirable par ce divin désir. C'est le fond de l'âme philosophe, comme c'est l'appétit insatiable de celui qui préfère l'art à la vie même, ou du moins désire passionnément faire un art de la vie. Au bout du compte, Wagner s'est cru la mission de porter à sa perfection ce qu'il appelle le drame, – et ce qui est la musique. Il en fait l'aveu, quand il dit que la musique, au comble de l'émotion, veut se

---

6 Bjørnstjerne Bjørnson (1832-1910) est un romancier et dramaturge norvégien contemporain d'Ibsen. La pièce de théâtre *Au-delà des forces* lui valut le prix Nobel en 1903. La première partie de cette œuvre date de 1883 et la seconde de 1895. Suarès fait allusion à l'actualité littéraire de son temps.

7 Christoph Willibald von Gluck (1714-1787) est un compositeur allemand, auteur en particulier d'*Orfeo ed Euridice* (1762). Wagner dirige *Armide* et *Iphigénie en Aulide* en 1840 à Dresde. Il le considère avec Mozart comme l'un des plus importants compositeurs d'opéras. Gluck s'inspire de la tragédie grecque et cherche une unité du drame, deux idées qui séduisent le jeune Wagner. Gluck charge l'ouverture d'un véritable rôle dramatique et il transforme la relation entre les chanteurs et le compositeur en limitant leur liberté d'ornementer les airs selon leurs capacités vocales. Wagner reprend ces derniers éléments dans ses textes théoriques et présente Gluck comme un « astre conducteur ».

fixer dans la parole[8]. Plus il pense à Shakespeare, et plus Wagner retrouve Beethoven. La *Symphonie avec chœurs*, voilà le sein profond d'où Wagner s'élance, et où son drame revient. En quoi, si l'on veut la mettre en scène, comme une fête dans le temple de l'Humanité, la *Symphonie avec chœurs* diffère-t-elle du drame conçu sur le type du dernier acte des *Maîtres chanteurs* ou de *Parsifal* ? – Qu'on imagine la *IVe Pythique* de Pindare, évoluant sur un théâtre, aux accords d'une puissante symphonie : on aura un merveilleux spectacle ; on pourra l'appeler un drame. Cependant, *Philoctète* en est un, et la *Pythique* ne l'est pas. La plus belle des scènes n'est pas une action.

Il faut s'en rendre compte : il ne peut y avoir de vrai drame en musique. Le sens de la musique et celui du drame s'opposent. Il peut y avoir de la musique, par moments, dans le drame. Il peut y avoir du drame, par intervalles, dans la musique. Mais les deux ne sauraient s'unir intimement, ni s'aider au point de se confondre. L'un des deux éléments fait tort à l'autre. L'équilibre n'est possible que dans une œuvre légère. Un art puissant se rompra en faveur d'une des composantes. C'est qu'un tel art cherche toujours le fond des passions, et que la musique y touche d'une tout autre manière que le drame.

La musique est essentiellement statique, et vouée à l'être. Elle n'est pas située dans le temps, ni dans l'espace. Le drame est un devenir, en son essence. L'action est le terme dynamique d'un développement. Le drame est un acte. La musique est une contemplation. Le drame est volonté ; et la musique est amour. Comme Wagner le dit d'elle, la musique est femme. Le drame est un héros, toujours en travail, le noble et souffrant Hercule de l'art. Les conceptions du drame et de la musique ne s'accordent pas. Le fond de la passion, où la musique et le drame tendent sans cesse, échappe à l'un par les voies mêmes où l'autre le rencontre. La musique embrasse les extases de la passion ; le drame en poursuit le mouvement et brûle de le saisir. Le drame est une courbe définie. La musique, un plan idéal[9].

---

8 Allusion à l'une des formules wagnériennes les plus connues : « La musique commence là où s'arrête le pouvoir des mots ». Le compositeur résume ses idées sur la relation entre les arts dans sa *Lettre sur la musique* publiée en 1860 pour le public parisien. On peut y lire que la « secrète et profonde aspiration [de la poésie] est de se résoudre finalement dans la musique ». *Écrits sur la musique*, Gallimard, collection « Connaissance », 2013.

9 Wagner emploie l'image amoureuse d'un couple pour décrire la conception de son « drame lyrique ». Il écrit dans *Une Communication à mes amis* que le poète « féconde la

Wagner a confondu le drame avec le spectacle intérieur. Il dédaigne ses péripéties matérielles, et il a raison. Mais le drame d'*Hamlet* n'y consiste pas, sans être cependant un spectacle intérieur, et rien de plus. *Hamlet* est une action intérieure, que les faits traduisent à la vue. C'est ce qui en fait un drame. Le drame enfin est une catastrophe et n'est pas la figure d'une catastrophe seulement.

Le spectacle du monde intérieur, c'est l'objet de toute musique. Elle peut s'aider de tous les autres arts, si elle veut, pour le définir encore mieux au cœur des hommes ; mais la musique et tous les arts ensemble ne pourront pas passer du spectacle à l'action, ou, si l'on préfère, de l'extase au mouvement. D'un opéra, selon la mode de 1840, à un spectacle de Wagner, il y a la distance qui sépare un plaisir vulgaire d'une contemplation sublime ; mais, quelque nom qu'on y donne, ni celle-ci, ni celui-là ne sont des drames : on dirait plus justement de l'un et l'autre que ce sont des opéras, – l'un dans sa forme la plus grossière, l'autre, dans sa forme la plus pure : celui de 1840, presque réduit à la pantomime et à la parade ; celui de Wagner se déroulant dans les plus hautes régions de l'âme, dans le lumineux espace du plein sentiment. Telle est la loi de la musique. Beethoven était bien profond, qui prenait le conte ridicule de Bouilly[10] pour un texte admirable : sans aucune théorie, il avait la sagesse parfaite de ce que peut la musique. Wagner voit trop volontiers, dans Beethoven, le Baptiste, précurseur de la Religion nouvelle. Il en est le fondateur beaucoup plutôt. La *IXe Symphonie* n'est point le dernier mot de la musique, qui veut enfin renaître dans le drame : c'est, à la prendre comme il faut, le spectacle même de l'émotion universelle, et du seul drame où soit propre la musique. Ne dirait-on pas que Wagner n'ait pu se défendre de

---

musique » qui enfante à son tour la mélodie. C'est une idée que Suarès reprend à son compte, comme dans ce petit texte extrait du carnet n° 205 daté de 1918 : « La poésie est une musique intellectuelle. La musique est une poésie plus sensible. (...) Ce sont deux moments du même amour, ou ces deux moitiés de l'être parfait que chante Aristophane au *Banquet* de Platon. La musique est la femme ; et la poésie, l'homme qui la crée ».

10 Jean-Nicolas Bouilly (1763-1842) est un auteur dramatique français. Il est l'auteur de *Pierre Legrand* (1790) et de nombreux opéras comiques, comédies lyriques et même contes pour enfants. Suarès fait ici allusion au drame *Léonore* (1798) qui est à l'origine du *Fidelio* de Beethoven. Beethoven a composé plusieurs ouvertures pour cet opéra qui portent le nom de *Léonore I, Léonore II et Léonore III.* Celle qui a finalement été conservée porte le titre de l'opéra : *Fidelio.*

sentir ainsi, en dépit de ses idées contraires ? Il a fini par donner à ses œuvres le nom de « Spectacles ». Il n'a jamais eu de goût à les appeler des drames. La musique et ces grands spectacles du monde intérieur répondent à une conception hautement religieuse de l'univers. Encore une fois, l'âme des grands musiciens, celle de Beethoven ou celle de Wagner, est brûlante du même zèle divin que l'âme des fondateurs de religion. On pourrait prouver, au contraire, que le drame implique une vue profondément humaine de la vie, – qui va à Dieu, s'il lui plaît, mais ne part pas d'abord de lui. Tous ceux qui ont l'habitude de réfléchir sur cet ordre de pensées, en feront la remarque : l'essence religieuse de la musique coïncide à son caractère de contemplation et d'amour. Au contraire, l'essence du drame est d'être héroïque, non divine ; de créer Dieu, non de le voir ; et répond au caractère de la volonté humaine.

Peu de découvertes sont plus admirables que celle de Wagner devinant que le drame, fait pour la musique, doit naître du sein maternel de la musique seule. C'est précisément la preuve que ce drame n'est pas un drame. On voit assez, par là, combien les musiciens l'ont peu compris, eux qui ne font presque plus de musique qui ne soit pittoresque ou littéraire. La raison en est qu'ils sont gens de lettres beaucoup plus que musiciens. En effet, la découverte de Wagner n'est admirable qu'au sens de la musique. Elle répugne au vrai drame. Un poète dramatique, digne d'un si beau nom, ne comprendra jamais que *Coriolan* ou *Hamlet* puisse ne pas être un assez véritable drame pour un musicien. Mais il soupçonne fort bien, de son côté, que la musique, en s'y mêlant, n'y ajoute rien, y nuise, et ne s'en aide pas elle-même. Il faut que la musique ait toute la place, comme dans l'ouverture de Beethoven ; qu'elle marque la sienne au drame, dans un spectacle né d'elle seule et pour elle, comme dans Wagner ; ou qu'elle n'en ait point. Les chœurs de la *IXe Symphonie* ne sont, en vérité, de personne autre que de Beethoven. Le poème de Schiller n'y est pour rien. Cette nécessité de la musique est si impérieuse, qu'en chaque grand musicien elle a toujours eu un interprète fidèle. Combien l'admirable Jean-Sébastien Bach est clairvoyant, quand, sur le texte d'un psaume, d'un verset liturgique ou d'un évangile, il élève ses Cantates et ses Passions : que sont-elles, sinon des spectacles de fête mystique, où toute parole dite semble sortir d'un océan d'émotions musicales, et les porte à la pensée avide de se confondre elle-même dans les abîmes du cœur ? – Et si l'on voulait mettre sur la scène la *Passion selon Saint-Mathieu*, qui pourrait lui refuser le nom de drame, si on le laisse à *Parsifal* ?

3
Opéra et Drame[11]

La plupart des gens n'a qu'une sorte d'esprit. Les esprits fins sont sans force. Ils ne peuvent toucher au simple. Or, dans une société très polie, la simplicité est le comble de la force. On l'a déjà vu souvent, à Athènes, et même à la fin du Moyen Âge, où parmi les gens d'esprit, personne n'avait plus la force d'être simple.

Shakespeare et les grands Italiens, malgré toute sorte de recherches, ont été surtout admirables par une triomphante simplicité. Léonard, le plus subtil des hommes, va même jusqu'à la monotonie. Et l'on ne peut penser, sans une tendre admiration, de quelle puissance procède la simplicité de Dante, de Brunelleschi ou de Donatello.

En un temps comme celui-ci, la luxure et la finesse se partagent tous les esprits. Ce sont les deux poisons de la force. Il n'y a rien dans les âmes fines, ni dans les luxurieuses, pour le drame ni même pour l'action. Quoi qu'on en ait dit, une haute gravité morale est nécessaire au drame. Il ne faut pas l'y porter ; mais il faut qu'elle y soit. La leçon de la vie est celle même du drame : elle se donne de soi, et c'est un

11 *Opéra et Drame*, publié en 1851, est le texte théorique le plus connu de Wagner avec *L'Œuvre d'art de l'avenir*. Il renonce à la forme de l'opéra (arias, ouvertures, composition en numéros, ensembles…) pour fonder le *Gesamtkunstwerk*, « l'œuvre d'art total ». *Opéra et Drame* est considéré comme le pendant théorique de la *Tétralogie*. Après avoir retracé l'histoire de l'opéra et celle du théâtre, Wagner présente la synthèse de ces deux formes selon lui incomplètes : le « drame poétique et musical de l'avenir ». La forme dépassée de l'opéra donne la priorité à la musique sur un livret dont la qualité se révèle le plus souvent secondaire. C'est devenu un genre superficiel dont la virtuosité des airs est la manifestation la plus évidente. Bien loin de cela, Wagner recherche une forme théâtrale dans laquelle tous les sens sont sollicités. Il affirme le retour aux mythes, produit de la force créatrice du peuple, et présente quelques grands principes qui feront sa marque de fabrique comme l'utilisation du vers allitéré (*Stabreim*), ainsi que des leitmotive. Wagner rompt définitivement avec la forme de l'opéra romantique dont *Lohengrin* est la dernière expression dans sa création, pour fonder le « drame musical » (*Musikdrama*). Il ne se situe pas dans la lignée des compositeurs d'opéras mais pense renouer avec le théâtre grec. Le couple poème-musique réuni, engendre le drame.

enseignement dont pas un prône[12] n'approche. L'art ne veut pas que l'artiste prétende à prêcher la morale. Mais il n'y a pas une grande œuvre de l'art où elle n'entre.

Le drame appelle invinciblement à soi la force. C'est, peut-être, par un jeu que sa volonté a fait de lui, que Wagner a été poète tragique. Étranges rencontres du génie. Comme il faut s'y attendre, les démarches du grand nombre sont toutes contraires. Il est bien incroyable que les luxurieux et les esprits fins s'entêtent tous à écrire pour la scène. À moins qu'ils n'y cherchent la fortune, tout d'un coup. En dépit de toutes les intrigues de la sensibilité, ce qu'il y a de plus simple et de plus fort dans l'homme, c'est le sentiment passionné. Le puissant regard de l'artiste, à travers les vagues mouvantes de la vie, en cherche l'assise et la forme. L'intelligence souveraine est là. Or les luxurieux, ni les esprits fins ne connaissent pas la passion, ceux-ci parce qu'ils en doutent, ceux-là parce qu'ils sont plongés dans la lie d'une seule, où s'émousse la vue, le goût et le sentiment de toutes. Voilà l'erreur universelle : ils font tous des drames, et tous s'abusent. En quoi ils se dupent, comme les gens du monde, leurs égaux en âge ; ils veulent tous avoir des passions, et n'en ont pas la force ; ils font alors semblant d'en avoir. Tout le monde feint des passions qu'il n'a pas. C'est la marque même du temps, et sa plus morne faiblesse. Cette vanité assassine les mœurs des riches. Beaucoup de femmes riches deviennent libertines, pour avoir cru à leurs passions, et voulu y faire croire. Or, à peine avaient-elles des sens et quelques troubles du cœur. La comédie qu'elles se donnent corrompt ceux-ci, et tue celui-là.

Les esprits fins se plaisent au jeu des idées, parce qu'il les laisse libres ; et enfin ce jeu est dans leurs moyens. Ils tiennent beaucoup aux idées, parce qu'ils n'en sentent pas la vie ; et jusque-là seulement. Ils ne veulent pas s'engager, ni être forcés d'en venir là, mensonge plein de fatigue. En d'autres termes, leur imagination est comme leurs actes : curieuse quelquefois, sans portée, insolente, amie du repos et de l'exercice tempéré. On s'aperçoit bientôt que les sceptiques le sont surtout d'imagination ; elle est, en eux, la vraie épicurienne ; elle tend à ne pas faire un mouvement. Car, pour le reste, bien peu de sceptiques doutent pour de bon ; et personne n'a peut-être assez de muscles dans le cerveau, pour douter, entre les gens du monde. Sur la scène, et dans

12 Sermon du dimanche.

l'art, ces raffinés ne croient pas à la passion, ou ils ne veulent pas y croire, parce qu'ils ne l'éprouvent pas, et s'en défient. Il est vrai, même de ceux qui s'en donnaient la comédie, tout à l'heure, dans la vie. N'est-il pas admirable qu'ils soient plus sincères avec eux-mêmes, quand ils sont en présence de l'œuvre d'art, qu'en face de leurs propres actions? Peu de faits donnent une plus haute idée de l'art et une plus triste du public d'où dépend l'artiste.

Le théâtre est le lieu de la passion. L'art tragique est l'art de faire agir les passions. Tout est là. Le dédain affecté des uns, l'intérêt profond des autres s'en suit ; et surtout l'importance unique du théâtre pour le peuple. La foule des hommes a toujours eu l'amour du théâtre ; car la foule est toujours passionnée ; c'est le réservoir boueux des passions. Le théâtre est un objet de culte pour le peuple ; et il n'y a pas si loin du sentiment qu'il y porte, à celui qui l'attache aux cérémonies de la religion. Le peuple aime d'abord la tragédie, qui est le lieu des passions graves, violentes et tristes. La comédie est naturellement mieux goûtée par les gens fins. D'abord, parce qu'elle ménage leur sensibilité débile : ils redoutent l'émotion forte comme la peste ; cette émotion forte est leur ennemie de tous les temps ; elle les dérange ; elle les inquiète ; elle les tire de leur sécurité spirituelle ; elle les rappelle à une gravité qui leur pèse ; à cette grandeur de la vie qu'ils repoussent, qu'ils prennent en pitié, mais qu'en l'invoquant même ils sont vaguement humiliés de se sentir inaccessible. Ensuite, la comédie amuse leur esprit, sans faire violence à leur imagination, ni au cœur qui en dépend. La comédie traite des idées et des sentiments, où est impliquée la passion, mais où elle ne se livre pas. Les ridicules sont des passions déplacées, ou insolites, hors de proportion au milieu où elles se développent, et avec ceux qui les éprouvent. Un germe de parodie se cache dans toute œuvre comique ; et la parodie, à quelque degré que ce soit, est toujours une chute. Il est naturel que les esprits fins s'y sentent à l'aise.

Considérez que les passions sont l'aspect mouvant de la nécessité. Le théâtre est le royaume de la nécessité. Le drame est son règne. La grande action sent du reste cette présence auguste et terrible dans tous les ordres : dans la vie non moins que dans l'art. Napoléon est, par là, tout à fait bon poète à Sainte Hélène. Les petits esprits, les gens fins, les âmes sans force ne sentent jamais la nécessité. Ils sont d'une futilité admirable pour y échapper. En quoi la nature les sert avec beaucoup de prévoyance : car, si ces esprits sans force rencontraient la nécessité, ils en seraient accablés.

Une action forte est donc passionnée, quoi qu'il en puisse paraître. Elle est nécessaire en ses déductions ; et c'est, selon mon goût, la marque de la passion même. Nécessaire en ses conséquences, elle ne l'est pas dans ses conflits, ou peut ne pas l'être. Sa liberté se montre dans le heurt des caractères ; non dans ces caractères mêmes. Il serait à souhaiter que les historiens prissent un peu garde à cette différence. Plus un drame est puissant, plus tout s'y tient ; et plus tout y semble, à tout instant, possible en plusieurs sens. De là l'intérêt, à mille lieues de l'intrigue.

Un poème lyrique, au contraire, une épopée, ne laisse pas de doute sur le dénoûment, ni sur les péripéties ; car, peu importe. Et, comme les passions n'y agissent pas par nécessité ni par force, tout s'y passe dans le moment même. Le temps, cette épée de la fatalité, n'y est pas plus vivant qu'elle. Or, la musique est par essence ce qui se dérobe au temps, et compte sans lui.

Une forme admirable de l'art, c'est l'oratorio[13] qui n'est point du tout situé dans le temps. L'oratorio est né de l'âme pieuse de la musique.

On croit que l'oratorio n'a plus de place dans l'art. Que sont pourtant les *Passions* de Bach, les messes non mondaines, la *Grande Messe solennelle* de Beethoven, sinon des oratorios ? Mais bien plus, toute musique dramatique n'est qu'oratorio, en somme. Et l'opéra est un oratorio profane. Haendel l'a rendu bien sensible ; son *Hercule*, son *Samson*, son *Xerxès* ou son *Rinaldo* ne se distinguent point.

En effet, pour tout dire, la musique et le drame s'excluent[14]. Voilà par où l'opéra n'a jamais pu donner lieu à un véritable drame. Wagner l'a vu, et l'a fait voir mieux que n'importe qui. Cependant il a cru que

---

13 Un oratorio est une « œuvre lyrique dont le sujet, essentiellement religieux, est développé sous la forme d'un dialogue dramatique faisant alterner chœurs, arias et récitatifs » (définition du CNRTL). Par certains aspects, *Parsifal* peut apparaître comme un oratorio. La première partie du premier acte par exemple est très statique et le récit de Gurnemanz occupe une place prépondérante. Certains ont reproché à Wagner ce manque d'action.

14 [Note de l'auteur] Ainsi, l'analyse porte à croire, d'abord, que le drame et la musique ne s'accordent pas. (III, 1.1.) ; puis, qu'ils s'opposent, (III, 1.2.) ; et finit par conclure qu'ils s'excluent.

la musique, non seulement n'est pas contraire à la tragédie, mais doit s'unir à aller pour produire le chef-d'œuvre de l'art, qui est le vrai drame. Et c'est l'erreur capitale, selon moi.

Wagner se fonde sur les chœurs de la *IXe Symphonie*. L'émotion de la musique à son comble trouve son verbe, et le désire. On passe de la musique au drame en les mariant l'un à l'autre[15]. Cette opinion est celle d'un musicien, et qui l'est d'instinct avant tout, crût-il encore plus être un poète tragique.

Il ne suffit point que Wagner affirme sa pensée. Encore moins suffit-il qu'on lui en oppose une contraire. S'il philosophe, bien ou mal, ce n'est pas non plus assez. Il faut que l'analyse des sentiments en décide, et non pas l'esprit de système. Les idées de Wagner sur l'émotion dramatique ne semblent point répondre à une vue analytique des faits.

Le drame intéresse tout ce que l'homme a d'actif, et d'abord sa pensée. La musique fait l'inverse, et endort presque toutes les facultés que le drame éveille. On ferme les yeux quand on écoute de la musique ; et plus on aime la musique, moins elle sollicite le musicien de fixer son attention sur un spectacle. Elle l'en détourne expressément. Elle invite l'homme à l'oubli des faits, non à les suivre. Elle se place dans le sentiment pur, dans la sphère primordiale de l'émotion, où la sensation et le sentiment se pénètrent infiniment. Le drame, au contraire, jette l'homme en plein combat. Enfin, la jouissance suprême de la musique est possession[16], et celle du drame, conquête. Deux voluptés égales pour l'âme, mais de sens différent.

Le plaisir de conquête est celui de l'action perpétuelle, et la joie d'Alexandre. Sont-ce les idées toutes réalisées, et introduites dans leur gaine de matière, qui plaisent ? – Point. Ce plaisir serait grossier. Et, au

15 Le dernier mouvement de la *Neuvième symphonie* de Beethoven réunit un orchestre symphonique, un chœur ainsi que quatre solistes présentant les quatre types de voix : ténor, baryton, soprano et mezzo-soprano, qui chantent un texte de Schiller. Wagner voit dans cette œuvre l'annonce d'une nouvelle forme artistique qui mêle poésie et musique et, en quelque sorte, le premier pas vers le drame musical auquel lui-même aspire. Il se démarque en cela des compositeurs comme Brahms qui défendent une autre esthétique : celle de la musique pure. Lorsque Suarès écrit : « on passe de la musique au drame en les mariant l'un à l'autre », il fait à nouveau allusion à cette métaphore que Wagner utilise souvent, en écrivant que la musique est féminine, le texte masculin et que le drame naît de leur union.

16 [Note de l'auteur] Ou don de soi.

fond, toute volupté qui en vaut la peine, est sentiment. Le charme puissant du drame est dans le sentiment, où l'on entre, d'une passion accolée à un acte ; l'action est la forme du hasard apparent. Ainsi le charme souverain du drame vient de la part qu'on prend au combat de la vie, en lutte avec la nécessité. La théorie, qui prétend faire du fond de l'âme la scène du drame, et le réduire au sentiment nu, est le jeu d'esprits fins, sans la moindre force, qui ne savent même plus ce que c'est que drame et action. Ils ont le ridicule de se fonder sur Wagner, et n'en oublient que la musique. Il ne faut occuper ni l'entendement pur, ni les yeux : car le spectacle dérange la véritable action, si la sentimentalité pure la supprime[17]. Mais il faut au drame l'homme complet en proie à la vie ; l'homme plongé dans le divin, – en un mot, la passion dans la nécessité. On touche là le fond, et la loi qui condamne la belle tragédie à être simple, ou à n'être pas.

Par là aussi, on voit que toute forme de drame est légitime, pourvu qu'elle agisse : c'est-à-dire qu'elle affronte les hommes et le monde, qu'elle jette les passions dans la nécessité, qu'elle les précipite à leur fin. Qu'il soit, d'ailleurs, question de sentiment ou d'idées. Les querelles d'école sont toutes vaines. Et les écoles encore plus. De même, le problème de savoir s'il y a une place ou non pour la morale, au théâtre, est un problème de la tortue ; il suffit, pour le résoudre, de le bien prendre. Toute grande œuvre dramatique est morale, malgré soi, en ce sens que l'homme dans le cas d'une telle œuvre, est toujours un spectacle moral, Wagner, à la fin de sa vie, voulait que le drame fût un acte de foi. Ne doutez jamais que votre action se poursuit en une autre, et que tout acte porte le sceau de la nécessité : c'est toute la morale. Sans enseignement, toute force l'enseigne. Les esprits fins et les débiles feront une tragédie immorale avec Socrate en personne.

Je laisse là ce discours, à cause que j'y ai trop d'ennui. Mais que d'autres s'y attachent, s'ils veulent, et s'ils s'y intéressent. Qu'ils développent ce que je marque. Il y a la matière.

Voilà donc l'idée qu'on peut se faire du drame. Ce n'est point du tout celle de Wagner ; il s'en faut. Wagner oppose sans cesse le drame

17 De même qu'il présente le masculin et le féminin comme deux pôles complémentaires de la création, Wagner oppose aussi l'entendement à l'émotion, comme le texte à la musique, la tête au cœur, l'intellect au sentiment. L'œuvre d'art de l'avenir s'adresserait à tous les aspects de l'homme, c'est-à-dire aussi bien à son entendement qu'à sa sensibilité…

et l'opéra. Il a raison, sans doute. Mais il n'oppose point le drame et la musique ; il les confond plutôt : en quoi, peut-être, il a tort. Ce n'est pas l'opéra et le drame qui se combattent, et que l'on distingue ; mais le bon opéra et le mauvais. Quoi qu'on fasse, le drame en musique ne sera jamais qu'un opéra. La forme qu'on donne à ces œuvres n'importe point si fort qu'on croit au fond de l'art. Un bon drame en musique ne fera jamais qu'un assez méchant drame. Mais ce peut être, il est vrai, un bon opéra, un oratorio admirable. Or, c'est le point de remplir la forme qu'on adopte, de toute la beauté qu'elle peut contenir.

II
Si le Drame de Wagner est une action

1
Idées de Wagner

Les théories de Wagner sur l'art se sentent de Hegel, comme celles de Schiller font de Kant. Et, grâce à la musique, Wagner n'est pas loin d'unir Hegel à Schopenhauer. De quoi Schopenhauer ne lui eût pas su trop de gré, sans doute[18]. Les idées de Wagner[19] sur la légende et l'histoire ; son ardeur à la Révolution ; son dégoût du siècle ; et ce rêve d'une société meilleure, où la perfection du temps passé contribue beaucoup plus que le pressentiment de l'ordre futur : tout est à l'empreinte du philosophe romantique, du poète idéaliste, comme Gœthe les vit naître, sans grande sympathie ; épris à la fois de la révolution sociale et du moyen âge ; du peuple et de la chevalerie chrétienne ; du Saint-Empire germanique et de l'avenir. Il est curieux que ces rêveries aient aidé à la création de l'Allemagne impériale ; Bismarck lui-même n'en a peut-être pas toujours été indemne ; et beaucoup d'Allemands voient encore dans les Hohenzollern les héritiers de Barberousse.

Wagner est un redoutable théoricien[20]. S'il faut l'en croire, il s'ennuyait à l'excès de faire ses théories. Il les faisait toutefois, et n'a pas cessé un

18 Les deux philosophes habituellement cités en ce qui concerne la pensée de Wagner sont Feuerbach pour la première période de sa vie (celle du révolutionnaire Dresdois de 1849), et Schopenhauer dans sa maturité. Hegel (1770-1831) est moins attendu car Wagner y fait moins appel dans ses textes théoriques. On sait que le compositeur lut *La phénoménologie de l'esprit* en 1845 par une anecdote rapportée par le peintre Friedrich Pecht. Ils ont plusieurs points communs comme l'idéalisation du théâtre grec, l'idée d'une nécessité dans l'évolution historique (on se reportera à l'article de Christian Merlin *dans Le dictionnaire Richard Wagner, op. cit.*).

19 [Note de l'auteur] Textes significatifs : *Gesam. Schrift.*, III, 75, 78, 79 à 82 ; 96, 100 à 120. IV. 10 à 30 ; 45 à 50 ; 78. 80 à 89 ; 100. IV, 140, 142, 143, 185, 190, 322 et 325. IV, 388 capital. VII, 120 à 127 ; 128, 130, 149, 150. IX. 105 à 107 ; 306. Les opuscules, où se trouvent les opinions décisives, sont : 1. *Art et Révolution*, 1849. 2. *L'Œuvre d'art de l'avenir*, 1849. 3. *Opéra et Drame*, 1851. 4. *Communication à mes amis*, 1851. 5. *Lettre à Villot*, 1860. 6. *Beethoven*, 1869. 7. *Art et Religion*, 1880.

20 [Note de l'auteur] Comme je l'ai déjà dit.

jour d'en faire[21]. C'est donc que, tout en les ayant à charge, il s'y plaisait aussi. Elles répondent à un besoin de sa nature. Elles lui ont servi d'avant-garde ; et il a essayé sa force en elles. Depuis son âge de vingt-cinq ans, quand il était chef d'orchestre à Riga, jusqu'à sa mort, il a bâti des systèmes. Il s'est expliqué son œuvre et sa mission, à lui-même et aux autres. L'orgueil ou le besoin de construire un système d'art a compensé l'ennui de la besogne. Tous les dix ans il y ajoutait un étage. La soif de vaincre et d'avoir raison y était pour beaucoup ; mais aussi à l'ordinaire des grands esprits, l'amour de la perfection.

On élève un système par désir d'être parfait, de ne point négliger ce qui importe, même si l'on y incline peu ; et pour donner cette perfection à connaître : car on ne se flatte guère de la créer vivante pour tous les hommes. On veut la leur faire désirer. Grand bonheur de croire à des vues spéciales de la Providence sur vous : il y a loin de là à mesurer tristement la part du destin, dans notre nature. Dans les deux cas on connaît son esclavage ; mais tandis qu'ici on a le dégoût de son maître, là on le sert avec joie.

Cette passion d'architecture était très vive chez Wagner. Sa puissance logique s'y déployait. Il a vraiment un grand système, qui sert de plan à ses chefs-d'œuvre. Il a voulu laisser le guide, les calculs, la description point par point de l'édifice qu'il a bâti. On se rend mieux compte, de la sorte, comment toutes ses opinions reviennent à ce que lui-même a toujours fait. Que l'acte tienne à la pensée, comme la chair à l'os : voilà le mouvement du héros. La merveilleuse église étant édifiée, il en a lui-même dégagé les abords ; il a tracé les avenues qui y mènent et toutes les perspectives qui en dépendent. Après avoir pris tant de peine pour créer son œuvre, pour être un homme enfin, il voulait être compris. Touchant désir, et dont il a dû le premier sourire, en sachant la vanité[22].

---

21 Wagner s'est souvent plaint de la nécessité d'écrire des textes théoriques pour expliquer ses choix esthétiques au public, ou les justifier auprès de ses détracteurs. D'autre part, il a effectivement écrit très tôt et pas uniquement des textes théoriques. Il se montre nouvelliste avec *Une visite à Beethoven* (1840) ou *Un musicien allemand à Paris* (1841) qui parurent dans la *Revue et Gazette musicale de Paris*. C'est dans la seconde que l'on trouve le fameux credo wagnérien repris par Gauguin et qui commence ainsi « Je crois à Dieu, à Mozart, à Beethoven, ainsi qu'à leurs disciples et apôtres… ». Il publie, toujours dans des revues musicales, des articles critiques sur des œuvres de Rossini ou de Pergolèse. On se reportera à l'article « nouvelliste » du *Dictionnaire Richard Wagner*.

22 Suarès met en évidence un aspect des ouvrages théoriques de Wagner : ils lui permettent de mieux comprendre ce qu'il est en train de créer. Ses drames lyriques ne sont pas le

Les théories de Wagner sont des vues abstraites sur toute l'étendue de l'art. Le poète y fait entrer le vaste monde avec sa variété. Dès qu'un homme en vaut la peine, il ne voit plus rien que sous l'angle de l'univers. Rien ne le rend tour à tour plus suspect ou plus vénérable à la foule. La canaille humaine ne diffère point de l'autre, si bonne chienne et qui lèche du même cœur qu'elle mord ou aboie. La canaille est religieuse : la religion fait l'insulte comme l'applaudissement. Wagner savait qu'il faut aimer la canaille, étant la source de l'Art et celle de la Religion. C'est mauvais signe de flagorner le peuple, plus mauvais encore de le haïr et de s'en vanter. On doit l'aimer d'une certaine manière forte, qui ne lui permet pas de se dérober à cet amour. Il faut prendre cela sur nous. Wagner est admirable pour le naturel qu'il y met. Le peuple est sa toile de fond. Il la place derrière tout ce qu'il voit. Vues d'une force peu commune et d'une imperturbable logique. Là, on admire comment le « moi » est le plus solide des systèmes. Il est nécessaire de le sentir clairement à la base de la théorie. Ainsi, Wagner dira du drame que l'activité créatrice s'y montre comme organique, tandis qu'elle est mécanique dans le roman ; il le prouve fort bien ; mais s'il avait été Tolstoï, en s'appuyant sur *Anna Karénine*, il eût prouvé le contraire. Ou bien, il pose le principe que l'œuvre d'art doit être communiste : selon lui, Beethoven a élevé la musique à l'art communiste, dans la IXe symphonie ; et toute la doctrine vient à conclure qu'il reste une seule œuvre à faire : l'œuvre d'art parfaite de l'avenir, le drame communiste[23] : c'est que Wagner se destine cet ouvrage. Au fond de tout, comme il le déclare, « la question capitale fut, pour moi, de voir de plus en plus clair dans mon dessein ». Et surtout, peut-on ajouter, de l'accomplir. La question unique est celle du « moi ». Capitale en effet : car le « moi » est toujours seul[24].

---

résultat de ses théories, mais au contraire, ses théories visent à éclairer son propre processus créateur.

23 On a tôt considéré que la pensée de Marx avait influencé l'œuvre de Wagner. Georges Bernard Shaw rapprochait la *Tétralogie* du *Manifeste du parti communiste* de 1848 en raison de la dénonciation de la puissance de l'or qui conduit à la renonciation à l'amour. Aleksandr Blok compare le *Ring* au *Capital* en 1919 dans sa préface à une réédition de *L'Art et la Révolution*. Dans les écrits de Zurich, le terme de « communisme » est pourtant à entendre en dehors de ce contexte politique spécifique. Le « communisme » est alors le contraire de l'égoïsme, c'est la force unissant un peuple qui partage une même nécessité (voir l'article de Catherine Coquio dans le *Dictionnaire encyclopédique Wagner*, *op. cit.* p. 387-395).

24 [Note de l'auteur] De la qu'une infinité d'êtres humains passent comme des ombres : ce n'est point à cause du temps, qui emporte tout ; mais à cause de ce que, les emportant,

Wagner fait un tableau singulier des genres ; et sa critique universelle est sujette à caution. Sa théorie de la poésie et du langage tend à confondre la poésie dans la musique, et le langage avec le simple cri de l'émotion. Le rôle capital qu'il prête à l'émotion est évident. Mais il n'y a pas qu'une seule manière d'interpréter ce haut fait de la nature sensible. Rien de plus vrai, en général, que d'assigner pour fin à l'œuvre d'art la nécessité de transposer l'idée en émotion[25]. Le problème est de savoir par quel moyen cette transposition se fait dans le drame[26] ; et comment elle peut le mieux se faire, étant donnée la condition du théâtre et de l'art dramatique. Wagner sait fort bien que l'Allemagne n'a pas de théâtre. Ni Schiller, ni Gœthe n'ont réussi à donner un drame au peuple allemand. « Nous n'avons pas de drame, dit-il, et nous ne pouvons pas en avoir. » Il pense faire ce don à son peuple. Son fameux mot, à l'issue de la première du *Ring* : « Et maintenant nous avons un art[27] », n'a pas d'autre sens. Partant de là, et de ce qu'il connaît le mieux, d'expérience et non de système, sa critique de l'opéra est sans reproche, si l'on admet que l'art n'est pas un passe-temps frivole. Au contraire, la théorie le trompe cruellement sur les Grecs. Il croit, décidément, que le drame grec est pareil au sien en son essence, et communiste. Sans parler d'une

---

il n'emporte rien. Toute cette masse ensemble ne fait pas un *moi*.

25 [Note de l'auteur] *Die Gefühlswerdung des Verstandes*, IV, 78 ; VII. 120.

26 *Die Gefühlswerdung des Verstandes* : cette expression, très difficile à traduire, a souvent été commentée. Voilà comment elle est expliquée par Charles et Pierre Bonnier dans la *Revue wagnérienne* (15 mars 1887, article « Documents de critique expérimentale : *Parsifal* » : « Une fois en face du drame, le spectateur doit se laisser aller aux différentes impressions qu'il reçoit ; il doit être simplement l'esclave de ses sens, de ce que Wagner appelle *Gefühle*, avec quoi l'œuvre d'art doit être en communication immédiate. Ces différentes impressions passent par les sens et arrivent au cerveau : c'est là que s'opère ce que le maître a appelé la *Gefühlswerdung des Verstandes*, c'est-à-dire l'intelligence sensuelle de l'œuvre. » Il ne s'agit pas d'une compréhension intellectuelle mais sensitive, émotionnelle, intuitive. Cette expression se trouve dans *Opéra et Drame*, (partie II, chapitre IV), tome V de la traduction des *Œuvres en prose* par Prod'homme de 1910, p. 38.

27 « Et maintenant nous avons un art », sont les paroles prononcées par Wagner à l'issue du premier festival de Bayreuth. Elles ont provoqué des discussions sans fin et beaucoup de critiques. La *Gazette musicale* rapporte ces paroles dans son numéro du 20 août 1876. Certains y ont vu l'expression d'une grande suffisance, comme si Wagner considérait que l'art n'avait pas existé avant lui. D'autres ont compris que le plus haut niveau de l'art était atteint et qu'il ne restait plus rien à créer. Debussy écrivit à ce sujet dans le numéro du 19 janvier 1903 de *Gil Blas* : « Et maintenant je vous laisse le néant, à vous d'en sortir ». Suarès ramène la phrase à une dimension uniquement nationale. Wagner a réalisé un art proprement allemand, par la forme (très éloignée de l'opéra italien), le sujet (mythologique), le lieu (le théâtre de Bayreuth). Il faut comprendre : « nous avons un art proprement allemand ».

foule d'erreurs sur le théâtre grec, Wagner joue sur les mots, quand il dit de cet art qu'il n'est pas la création du génie, mais l'œuvre commune du peuple et de l'artiste. Il est évident que toute grande œuvre d'art en est là ; et celle qui semble en être le plus loin, comme celle qui en est le plus près. Le germe est commun à tous ; non pas du tout la force de la plante, et le fruit qu'elle porte. La lumière luit pour tout le monde ; très peu la possèdent. L'œuvre d'art la plus populaire ne doit au peuple que l'occasion et cette part de soi qui, étant à tous, n'est à personne. L'art est le premier des aristocrates.

Quant à l'union des arts, comme il la voit sur la scène grecque, elle est fort arbitraire dans l'hypothèse de Wagner. Lorsqu'il croit, par exemple, trouver le terme de la plastique dans la pantomime, il confond les époques ; et quand il observe que l'architecture elle-même concourt à la tragédie, il renverse les proportions de cet art : en effet, l'architecture en est la base bien plus que la musique.

Wagner admet, d'ailleurs, que Shakespeare a produit des œuvres si vastes, si puissantes, si riches en humanité, qu'on peut les regarder comme des merveilles naturelles. Il fait, pourtant, ensuite, une critique de Shakespeare telle, que Shakespeare n'eût pas été Shakespeare si son art avait jamais mérité de tels reproches : car il serait sans émotion. Ou plutôt, il faut reconnaître là-dessus que Shakespeare et Wagner ne peuvent être ensemble des poètes tragiques ; et si Wagner a vraiment fait des drames, Shakespeare n'en a pas su faire. La pensée de Wagner est qu'il n'y a qu'un seul drame véritable : le sien.

Wagner établit donc sa théorie du drame sur une théorie générale de l'art. En quoi il procède tout à fait en philosophe. Et même sa théorie de l'art implique une théorie de la connaissance.

Selon Wagner, il n'y a que trois arts d'ordre purement humain : la danse, la musique et la poésie. La véritable œuvre d'art ne peut se produire que par le concours des trois arts. Car elle doit être complète. C'est l'œuvre d'art de l'avenir. Cette œuvre est un drame, où la raison et l'intuition, les idées et les sentiments sont unis au geste, qui est fait pour les traduire[28].

---

28 La danse est l'expression du corps (par le geste), la musique s'adresse à l'intuition (par les sentiments), la poésie à la raison (par le monde des idées et les images). L'œuvre d'art

Wagner suppose que le langage, et par conséquent la poésie, ne touche pas le sens de l'ouïe ; par là encore, la poésie ne pénètre pas l'homme intérieur, ne rencontre pas l'intuition, cette vue unique de l'âme. La musique seule le peut, dit Wagner. Là, sa puissance incomparable.

Le poète musicien est seul en possession de faire un drame, qui intéresse tout l'homme et le prenne tout entier, cœur, pensée et entendement. Le poète pénètre l'entendement par le verbe. Le spectacle s'empare des sens et de l'homme charnel. La musique va par l'ouïe à l'intuition même, et elle suscite dans le cœur la présence de tout le monde intérieur de l'homme, visible au cœur seulement, et qui, sans la musique, est inconnu ; car, sans elle, il est inexprimable.

Wagner prétend que le poète musicien peut produire l'unité du poème, de la musique et du spectacle. Une telle unité est nécessaire à toute œuvre d'art : combien plus à celle qui unifie l'art en elle ? – Les éléments divers de cette œuvre ne peuvent jamais être ajoutés les uns aux autres, ni rapprochés par un travail d'ouvrier, si parfait qu'on le suppose. Il leur faut naître tous ensemble, en quelque sorte, de l'intuition. Ils ne peuvent sortir, divers entre eux et pourtant intimes, que du sein de la musique. La musique est la mère de cet art.

L'entendement et l'émotion ne communiquent que par l'imagination, selon une psychologie fort métaphysique, et chère aux Allemands. La musique révèle le monde invisible de l'intuition. La poésie est la reine de l'imagination. La musique est la reine de l'émotion. Tous les objets d'imagination que l'émotion suscite, la poésie les définit à la musique, qui les lui offre. Il faut donc que le poème sorte de la musique. Il faut même qu'il y soit conçu. L'objet, qui est la figure de l'imagination, doit naître de l'émotion du sujet, – qui est la musique.

Telle est, en son fond, la théorie de Wagner. Admirable en système, elle ne répond pas à la nature du drame. Elle n'est pas faite pour lui, mais pour qu'il soit fait pour elle. Tout y est conçu à l'état statique, où

---

complète réunit ces différents modes d'expression. Wagner voit dans le drame scénique la réalisation de cette forme d'art : mise en scène, musique et texte. Suarès envisage les choses autrement. La conclusion de Wagner est que seul le poète-musicien (qu'il est) peut réaliser cette œuvre totale. Mais il élabore cette théorie car elle l'arrange bien. Critiquer point par point la théorie wagnérienne vise à fragiliser la conclusion de Wagner. Pour Suarès, l'œuvre totale peut aussi se trouver en littérature ou en poésie. C'est ce qu'il cherche à montrer pour sa propre création.

le musicien se trouve naturellement placé, je l'ai dit. Rien ne diffère plus de l'action, et de la puissance objective qui crée les héros. C'est le héros qui fait tout le drame. La volonté est l'essence du héros. Et la volonté du héros, dans le drame, est une action. Il serait sans fin de prendre une à une toutes les parties du système, dont pas une, peut-être, n'est à l'abri d'une analyse exacte. Le seul résultat serait d'élever un système contre un système. Quoi de plus vain, puisque les œuvres seules comptent, et que c'est d'elles que le système emprunte tout son prix, – quand il en a un ?

La première conséquence, toutefois, de la théorie de Wagner, ou plutôt de son exemple, c'est qu'on ne peut l'imiter, à moins d'être tout ensemble poète et musicien. Et ce fait seul montre combien ceux qui l'imitent le trahissent, se trahissent avec lui et sont éloignés de l'entendre.

Enfin, le cœur est le tout du musicien, s'il ne l'est pas de l'artiste. L'ordre de la charité est celui de la musique. L'écriture passe : un peu de temps s'écoule, et la plus habile n'est qu'un grimoire. Ce qui vient de l'âme va à l'âme et demeure. La musique, cette femme, veut un cœur qui aime. L'imagination seule ne suffit pas. Point de musique sans amour.

L'imagination est la reine des esprits. Mais il ne faut pas s'attendre à ce qu'elle les émeuve. Elle n'y réussit que par des rencontres peu ordinaires, dont le cœur prépare mystérieusement la voie, même quand il y efface ses traces. Il est prudent de ne point demander aux musiciens les démarches secrètes, où se retrouvent seuls les plus rares poètes. Pour eux, le plus sûr est qu'ils aient du cœur. Le monde de l'émotion est celui de l'amour. Depuis les fureurs de la haine et de la colère, jusqu'aux éclats de rire et jusqu'aux rythmes de la joie, l'ordre du cœur est celui de toutes les émotions. C'est là qu'elles se renouvellent. Et toute musique, comme toute émotion, y reconnaît sa source, et qu'au fond elle est amoureuse.

2
Extrémités

On peut concevoir le génie dramatique de plusieurs manières. Un sens très vif des beaux spectacles entre pour une bonne part dans ce génie ; mais il est si loin d'y suffire, qu'un grand poète peut ne pas l'avoir du tout : ou, s'il l'a, ne pas s'en laisser guider, et dédaigner de le suivre. Shakespeare évite l'occasion des beaux spectacles ; en tous cas, il ne paraît pas la rechercher. Autant il ramasse l'action, autant il disperse le spectacle. On se fût épargné beaucoup d'erreurs sur Shakespeare, si l'on avait pris garde à ce caractère de son drame : il n'accorde aux yeux que la moindre partie de lui-même. Corneille est un inventeur passionné de spectacles frappants. L'éloquence, le tableau oratoire n'en sont que des formes raffinées. Selon mon goût, l'antithèse est un spectacle. La nature ne fait jamais d'antithèses : elle vise le fait, et non la figure.

Personne n'a eu l'imagination plus féconde et plus brillante que Wagner en spectacles. Il aime les tableaux immenses, où l'homme et la nature, les faits et les rêves se présentent à la fois. On n'a rien imaginé de plus séduisant pour les yeux que les cortèges et les assemblées de Wagner. Presque tous ses drames finissent sur une réunion générale de tous les personnages. Il la prépare de loin. On l'attend. Le plus souvent, elle est la réplique d'une assemblée tenue dans un acte précédent ; la seconde fois, un sentiment nouveau y règne ; elle est transposée dans le ton définitif, où le héros du drame porte ses passions et fixe ses mobiles. Lohengrin quitte la scène, dans le même concours populaire et la même attente qu'il y arrive. *Tannhäuser, Les Maîtres Chanteurs*, voire *Le Ring*, s'achèvent sur un spectacle longtemps attendu, et qui ne laisse pas de s'adresser aux yeux autant qu'à l'âme du public. La conclusion de *Parsifal* est le modèle incomparable de cette méthode dramatique : c'est le spectacle du premier acte qui s'accomplit dans le dernier, sous forme de miracle[29]. On est d'autant plus sensible à cette ordonnance, que le troisième acte se divise en deux parties, comme le premier, où les faits, les sentiments, les gestes mêmes se reproduisent exactement, à la différence près du ton, qui est de deux ou trois degrés plus intense. Voilà un art admirable. Mais si l'on en dit qu'il est la preuve d'un sens hautement dramatique, c'est à peu près comme on le fait d'une fresque, où l'on ne vante l'instinct dramatique que comme s'il y était une qualité étrangère au genre ; car, après tout, la fresque la plus dramatique du monde est toujours une fresque et n'est pas un drame.

29 Lohengrin apparaît miraculeusement dans une nacelle tirée par un cygne à la fin du premier acte devant la foule des Brabançons. Il quitte le monde des mortels devant la même foule au troisième acte en disant adieu à son cygne. Le final du premier acte et celui du troisième de *Parsifal* se font également écho. Il s'agit du dévoilement du Graal devant l'assemblée des chevaliers par le roi Amfortas. Les deux actes sont aussi construits de la même façon. Ils sont séparés en deux par un puissant morceau symphonique scandé par une salve de cloches et accompagnant la marche du héros vers le monde du Graal.

Le drame se passe-t-il donc de qualités dramatiques ? On pourrait en soutenir le paradoxe[30]. À la vérité, il ne s'en passe pas ; mais il n'en fait pas le même usage. Le poète tragique, comme Shakespeare, a d'autres objets que de peindre et de décrire : son sens dramatique ne s'applique pas à produire de beaux spectacles, mais de beaux mouvements. Concevez que Siegfried, dans la forêt, chantant avec les oiseaux, et trempant son âme juvénile dans les flots complices de la vie, fait sentir, grâce à la musique, une émotion merveilleuse[31], – celle de la jeunesse, de l'innocence, de la force, de la nature mêmes dans le cœur humain ; mais une telle peinture n'est point une scène de drame ; elle ne vaut que par soi, et non par ses relations au reste. Le caractère de Siegfried s'y montre à miracle : mais sous la forme du portrait, non en action. Les caractères sont le fond de toute œuvre d'art, qui n'est pas étrangère à l'art même. Le propre du drame est que les caractères y évoluent. L'action est la figure nécessaire de toute évolution. On ne sait point du tout ce que Solness ou Hamlet sera. On voit pourtant ce qu'ils sont. Mais ce que va être Hamlet, on doit le savoir par ce qu'il fera. Dans Wagner, le doute n'est pas possible. Qu'est-ce donc le doute dans le drame, sinon la recherche de l'équilibre dans le mouvement ? Les caractères ne se meuvent point. Qu'a-t-on de plus à apprendre de Tristan et d'Isolde, quand ils ont bu le philtre ? On va les voir dans les bras l'un de l'autre ; et de là, enlacés dans le sein de la mort : ce sont deux spectacles, qui ne font pas une action[32].

Il est si manifeste que l'action n'est pas utile à ce genre de drame, si même elle ne lui est contraire, qu'elle y nuit quelquefois. Au second acte de *Parsifal*, l'action est nette[33]. Il s'agit de savoir si Parsifal tenté

30 [Note de l'auteur] Aussi ne le doit-on pas. Le paradoxe est le jeu de mot de l'esprit ; et ne peut être un plaisir qu'à ceux du second et du dernier ordre.

31 Allusion à un épisode bien connu du second acte de *Siegfried* : « les murmures de la forêt » (scène 2). Siegfried est allongé sous un tilleul et s'abandonne à une douce rêverie dans la fraîcheur de la forêt. Orphelin, il a été recueilli et élevé par un nain forgeron. Il imagine les traits de sa mère. C'est une parenthèse poétique dans la *Tétralogie* et le morceau musical est d'un tel pouvoir d'évocation qu'il est souvent joué comme une pièce de concert de façon isolée. Ce passage précède son affrontement avec le dragon qu'il tue avec l'épée qu'il a lui-même forgée.

32 [Note de l'auteur] Mais, dit-on, c'est une action intérieure. On répondra, par la suite, à ces mots qui ont pris si étrangement la valeur de raisons.

33 Dans le second acte de *Parsifal*, le héros se trouve dans le jardin enchanté du magicien Klingsor. Celui-ci cherche à vaincre les chevaliers du Graal en les faisant succomber aux charmes des filles-fleurs et surtout de Kundry. Les filles-fleurs tentent de séduire le jeune

sera vaincu par la tentation. Ou plutôt, il s'agirait de savoir si Kundry tentatrice s'humiliera, avec le péché même, dans le repentir et l'innocence achetée par les larmes éternelles : voilà de quoi il pourrait s'agir ; et ce serait un drame. Car on ne doute pas un seul instant que Parsifal ne soit invincible. Comme Wagner n'a pas du tout voulu faire le drame du repentir, il s'en suit que ce qui y touche, dans *Parsifal*, loin d'ajouter à la divine beauté du reste, n'y concourt pas et la blesse. Ce second acte de *Parsifal* est la symphonie de la volupté, depuis l'orage âcre et fumeux de l'impur désir, jusqu'à la mélancolie voluptueuse, qui se dégoûte de l'ivresse qu'elle se promettait. Il me gâte ce sublime cantique de *Parsifal*. Il place l'Enfer sous les yeux, non sans quelques ardeurs où l'on sent le vieillard ; et, ce qui est pis, il le met entre le Purgatoire et le Paradis de l'âme : c'est aller contre l'ordre.

Le sens des beaux spectacles ne fait pas le drame. S'il contribue au génie du poète tragique, il est plus essentiel encore à celui du peintre. Les Italiens l'ont eu à un point inconnu partout ailleurs ; leur peinture est la première du monde ; ils n'ont pourtant pas de théâtre. Or, ils ont inventé l'opéra. Qu'on ne croie point que ce soit par hasard : l'opéra est la forme du drame propre à un peuple passionné pour la musique et les beaux spectacles. Dix peintres en Italie ont eu un génie dramatique de premier ordre ; peintres toutefois, en qui l'art de peindre était encore supérieur à l'art du drame. On peut penser de Wagner qu'en lui aussi le génie dramatique, si grand fût-il, était toujours soumis, contre son gré même, au génie tout-puissant de la musique.

Wagner n'est pas tout entier dans les beaux spectacles. Ce n'est encore que la moitié de sa nature : pour l'autre, il a une connaissance extraordinaire de certains sentiments. Nul n'est allé plus loin dans quelques passions, – les siennes. Il en touche les assises mouvantes dans les abîmes de l'instinct. Mais l'analyse profonde des passions ne fait pas non plus le drame ; ou bien, il ne faut pas qu'elle soit statique, comme dans Wagner. Les passions ne sont pas expliquées, dans le drame, par le discours : elles s'expliquent elles-mêmes par le fait. Aux infiniment petits de l'analyse sentimentale doivent répondre les infiniment petits du fait, qui y coïncident. On ne fera jamais qu'un dialogue d'amour, en

---

homme sans succès, puis Kundry s'y essaie à son tour sans plus de réussite. Celle-ci subit des réincarnations successives. Pendant l'une d'entre elles, elle a croisé le Christ et a ri de son martyre. Depuis, elle erre de monde en monde à la recherche de la rédemption.

une extase d'une heure de temps, soit un dialogue tragique[34]. L'amour passionné y sera découvert, si l'on veut, dans son essence ; il n'y aura point la vie du drame, et ce mouvement, qui rend clair aux yeux le secret de l'âme, et qui passe toute étude, parce qu'il emporte tout. Les angoisses de la passion amoureuse, et l'ardent désir d'y trouver la mort, s'expriment dans *Tristan* avec une force incomparable. Shakespeare n'a pas pénétré si avant dans le mystère d'amour : mais il a pressenti ce qu'il ne connaissait peut-être pas ; à tout le moins, permet-il qu'on le suppose : dans *Roméo*, la langueur des amants ; leur douce crainte l'un pour l'autre, et tour à tour leur retard à se quitter ; leur mélancolie ; l'espèce de terreur et de hâte que Juliette met à jouer la comédie de la mort ; le désespoir avide, dont Roméo l'embrasse : voilà autant de traits ineffaçables, par où Shakespeare associe, dans nos cœurs, l'Amour à la mort : plus admirable encore s'il le fait, comme la vie, sans l'avoir voulu.

Au grand poète tragique, il ne doit manquer ni le sens des beaux spectacles, ni l'analyse profonde des caractères. Ce sont les deux extrémités de son art : mais il lui faut encore plus tenir tout l'entre-deux. Car là seulement, il peut ramasser ce qu'il découvre de plus intime à l'âme, et ce qu'il imagine de plus frappant, aux deux bouts de son sujet. Il ne doit, en effet, compter sur la vie de l'ensemble, que s'il condense tous les éléments au milieu, et dans le sein même de l'action. La vie est une suite de moments ; le mouvement est le continu de la série ; et le moment même n'est qu'un milieu. Idée admirable, propre à qui s'y pourrait fixer éternellement, à occuper toute la pensée d'un Dieu.

Dans les temps où l'art est en faiblesse et où l'énergie est rare on affecte de mépriser le drame. La mode est de le trouver grossier. Qu'on ne se soucie pas de la mode, fût-ce pour la dédaigner : mais il est bon de voir ce qu'elle cache. La grossièreté du drame est, pour les délicats, un effet de sa simplicité. Ils en diraient volontiers autant des héros et des dieux : ils sont trop simples. Ils ne décomposent pas la vie en bons mots, ni les passions en une poussière de sentiments, un sable de sensations. À

---

34 Allusion au second acte de *Tristan et Isolde* qui présente un duo d'amour d'une longueur hors du commun. Cet acte est en trois parties. D'abord Isolde est avec sa servante Brangäne. Elle invoque la déesse de l'amour (Minne) en attendant Tristan qui doit venir la retrouver à la tombée de la nuit. Ensuite, Tristan arrive et c'est le duo proprement dit qui est interrompu par l'arrivée du mari d'Isolde, le roi Marke. Le seul duo dure environ 45 minutes (selon les chefs d'orchestre). Si l'on ajoute la première scène, on atteint effectivement une heure entière.

vrai dire, le drame n'est si grand que parce qu'il est simple. Et il n'est pas simple parce qu'il est vide, – mais parce qu'il est parfait, – ou tend à l'être. Rien n'est plus simple qu'un chêne, à le voir sous le ciel, dans sa divine innocence : ce chêne est pourtant le produit d'un ensemble de forces presque infini ; et une seule de ses feuilles décourage toute la science des hommes. Le drame participe du même privilège, qui est celui de la vie. Au fond, le drame est la seule œuvre d'art vivante[35]. Il n'est pas vrai que le drame néglige les subtilités de la passion et les fils innombrables dont l'écheveau de la conscience obscure se forme. Shakespeare ou Ibsen ont une expérience des riens du cœur, dont les cœurs de rien ne se doutent pas. Mais ils ne s'y arrêtent point. Le drame ne réduit rien ; il a pour méthode une puissante synthèse. La synthèse ne s'exerce que sur les éléments d'une analyse poussée à l'extrême limite. Le plus beau des drames est celui où chaque mot est un fait, pour la vie et pour le sentiment : de telle sorte que chaque mot, sans y prétendre, est le raccourci d'une expérience profonde des passions, et une vue nouvelle sur le caractère, – soit pour les héros de l'action, soit pour les témoins, soit enfin pour tout le monde. Il va de soi que le poète d'un tel drame est aussi rare dans la plèbe des auteurs, que César dans la foule des hommes. Il ne faut, du reste, parler de César qu'à César. Il n'y a de bonne conversation qu'avec lui. Et c'est, sans doute, qu'étant mort depuis deux mille ans, César n'est personne.

Wagner, qui tient les deux bouts de l'art dramatique comme pas un autre, n'est point maître de l'entre-deux ; ainsi l'espace même du vrai drame lui manque. Musicien par là, encore plus qu'en tout le reste : car la musique n'exprime point les passions en mouvement, ni la vie, mais les états extrêmes de la vie et des passions. Wagner va donc d'un comble d'analyse à un triomphe de spectacles. L'essentiel du caractère est dans le passage d'un de ces états à l'autre – de la contemplation intérieure au terme de l'action. Wagner ne s'y arrête pas. De la sorte, il prodigue en vain les dons d'un génie puissamment dramatique : ses ouvrages sont les chefs-d'œuvre de l'Art : on ne peut dire que ce soient des drames.

Il n'en faut pas d'autres preuves, que ces chefs-d'œuvre mêmes. Rien n'est plus beau dans Wagner, ni peut-être ailleurs, que le début

35 [Note de l'auteur] Reste à savoir s'il n'y a pas mieux que la vie ? Non : une telle question ne peut se poser ; mais celle-ci : reste à savoir s'il n'y a rien qu'on préfère à la vie.

et la conclusion de ses drames ; c'est où Wagner excelle. Ils forment en général un ensemble si logique qu'on a pris l'habitude, dans les concerts, de les jouer à la suite l'un de l'autre. Wagner lui-même l'a permis ; il a montré le moyen d'unir les deux parties en une seule. Ses préludes et ses épilogues composent une immense scène d'extase. On ne saurait dire que les préludes de Wagner préparent au drame qu'on va entendre : certes, ils ont cet objet ; mais ce sont des symphonies parfaites en elles-mêmes, de pleins spectacles pour l'émotion. Quelquefois même, on ne voit pas ce que le drame entier y ajoute : tout *Le Vaisseau fantôme* tient dans l'ouverture. J'en pense presque autant de *Tannhäuser* et de *Lohengrin.* Quoi de plus ? Ces drames ne seraient-ils qu'une exposition parfaite, et une parfaite conclusion dans l'ordonnance d'un admirable spectacle ? – S'ils le sont, en effet, ces chefs-d'œuvre ne sont pas des drames.

3
Le Drame psychologique

Une opinion fort ridicule veut que Wagner ait créé le drame psychologique[36]. Sans doute, prétend-on par là qu'il a mis sur la scène le fond de l'homme ; qu'il a résolu de peindre les sentiments de préférence aux gestes, et les passions au lieu de s'en tenir aux événements. En quoi, il n'a rien fait de plus ni de moins que les grands poètes, en tous temps. Ni dans *Prométhée*, ni dans *Philoctète*, on ne voit le poète faire passer le spectacle avant les sentiments. Dans la belle tragédie, le fond de l'âme et l'action où il se montre sont en un équilibre nécessaire. Il varie comme les forces mêmes en présence ; mais il s'établit. Un drame comme *Hamlet*,

36 L'expression est à comprendre en rapport avec l'utilisation des leitmotive. Thèmes mélodiques entendus à l'orchestre, ils accompagnent les personnages, les caractérisent. Ils peuvent aussi exprimer un de leurs sentiments, parfois même une idée dont ils n'ont pas eux-mêmes conscience. Citons ici Timothée Picard dans son article « monologue intérieur » du *Dictionnaire encyclopédique Wagner* (p. 1320) : « la musique de Wagner ressemble donc à un flux de conscience, une latence orchestrale de laquelle se détachent de temps à autre des îlots de signification plus dense. À ce titre, il y a des similitudes avec ce que tentent les écrivains du monologue intérieur et du flux de conscience ». Édouard Dujardin, grand wagnérien, s'intéresse aux formes littéraires qui suivent le mouvement de la pensée, comme le vers libre, et il met en place le monologue intérieur. La mélodie continue et les leitmotive sont des éléments de la musique wagnérienne qui vont trouver des équivalents en littérature et faire évoluer les formes.

ce chef-d'œuvre de l'esprit humain, est déjà admirable par ses seules proportions. Il est sûr qu'un caractère aussi profond, aussi riche qu'*Hamlet* ne saurait être présenté au public sans un nombre d'événements assez considérable : c'est eux qui sont chargés de traduire aux yeux tant de sentiments divers. Il faut se rendre compte que le plus beau récit du monde, ni le plus noble chant, ni la plus forte méditation ne sont pas assez sur la scène. Il ne suffit pas d'énoncer les faits, ni de spéculer sur eux. Il faut les montrer en vie ; il faut les produire en actes. Personne n'est libre de méconnaître cette loi capitale du drame : ici encore le sens du mot force le sens de l'art. Il n'y a point de drame sans actes ; car il ne saurait y avoir d'action sans action. Le fond purement humain de l'âme nourrit la tragédie. Il n'est de beau drame que du fond. Mais on doit voir cette action intérieure, comme on voit tout ce qui est action. Et avant de l'être du fond, le drame est drame. Un moraliste peut avoir les vues les plus pénétrantes sur l'âme humaine ; un philosophe peut avoir les idées les plus profondes sur l'univers ; s'ils ne les mettent en actes, ils feront de beaux traités ; un autre en fera des drames. Le don de faire passer à l'acte les idées, les passions et les sentiments, est le propre privilège du poète ; et il ne fait des drames que grâce à cette force singulière qui le pousse à douer ses idées – de vie.

Le drame de Wagner est un spectacle métaphysique, offert à un public de rêveurs. Les passions y servent de prétexte. Leur présence est, d'ailleurs, toujours sentie par le fait de la musique. Il se trouve que le musicien assure, dans l'œuvre de Wagner, la vie du drame, où le poète, à beaucoup près, ne réussit pas. L'erreur, en tout autre que lui, serait immense. Elle est à peu près du même genre que celle où est tombée la tragédie française, et dont elle est morte. Toutefois, ce sont les deux pôles du même faux jugement : entre eux s'étend tout ce qui sépare la pensée française de l'allemande.

La France cherche des rapports d'idées, et la raison qui en est le plan unique : l'esprit français préfère à tout la géométrie. Les plus grands, entre tous les Français, sont deux géomètres. L'Allemagne poursuit dans les idées les rapports mêmes de la vie avec l'univers ; elle croit les découvrir dans le plan du sentiment. C'est pourquoi l'esprit allemand se plaît dans la métaphysique. La musique n'est qu'une métaphysique qui s'adresse aux émotions, au lieu de s'adresser à l'entendement. Et l'architecture, qui est le grand art de la France, est une musique pétrifiée, qui veut émouvoir la raison. La tragédie française est un dernier effort de ce génie, qui a fait naître des Pyrénées au Rhin tant de sages, de hardis, d'admirables architectes. Pour beaucoup de raisons, dont quelques-unes sont étrangères, la France n'a pu produire au XVIIe siècle qu'un temple de la mode.

C'est la tragédie, ce drame de salon. Là, le peuple n'est pour rien, ni l'univers. La tragédie française est une conversation rationnelle sur les passions de l'âme[37]. Elle ramasse toute l'action en une crise unique, et dont le nœud doit être le plus serré possible : car sans elle, ce drame serait tout à fait sans action. Il se passe en récits, en portraits et en harangues. La crise propose le sujet ; et le nœud le limite. Cette tragédie est une suite d'analyses et d'exercices oratoires. Il n'est pas question d'agir, pour les héros ; mais en quelque sorte de se convaincre, et avec eux le public. Les Allemands, qui ne conçoivent rien au génie français, trouvent avec raison qu'une semblable tragédie est le plus factice des drames. C'est qu'ils l'entendent à leur manière et que le fond de l'âme, pour eux, ne se touche pas dans une analyse d'idées, mais dans une synthèse d'émotions. Ni les uns ni les autres ne donnent un vrai drame, pour le peuple. Car, pour canaille qu'il soit, le peuple est le juge du drame, comme de la vie publique ; et la véritable tragédie doit avoir de quoi plaire à l'élite des esprits, et de quoi émouvoir le grand nombre. Shakespeare, les Grecs, et parfois Ibsen, savent que l'action et la pensée, loin de se combattre, peuvent se donner une aide mutuelle dans le drame ; et que la tragédie intéresse à la fois l'entendement et les émotions de l'homme.

Les Allemands se sont fait une illusion singulière sur la tragédie française. Ils ont vu en quoi elle manque au vrai drame. Mais ils n'ont jamais pensé à mesurer en quoi leurs propres essais y sont aussi en défaut. De la même manière, il ne leur a pas échappé que la tragédie du XVIIe siècle n'a rien de grec, ni de romain, pas même les noms. Mais ils ne sentent pas combien l'*Iphigénie* de Gœthe, toute grande qu'elle

---

37 Selon Richard Wagner le drame moderne a deux sources. Le roman et le drame grec. Il développe cette idée dans *Opéra et Drame* (seconde partie, chapitre I). Il oppose le théâtre de Shakespeare à la tragédie française : « Nous avons, dans les pièces de Shakespeare, la suprême floraison du drame, nous trouvons son antithèse la plus parfaite dans la "tragédie" de Racine ». Il en dénonce l'artifice des règles et de la forme.

soit, est peu antique : s'il fallait la prendre par là, ce serait aussi une parodie ; et sauf l'art admirable du poète, ou la qualité de ses matériaux, l'Iphigénie allemande ressemble à la grecque, comme les colonnades de Munich au Parthénon, précédé des Propylées. La perspective de Perrault n'est pas attique ; mais que dire des chapiteaux bavarois ? Le dessin n'en vient pas seulement de Béotie.

Il est donc bien nécessaire de s'entendre sur ce qu'on appelle le fond humain du drame. L'analyse des Français vaut bien celle des Allemands ; ou plutôt elle a eu son prix. On ne peut pas dire, sans ridicule, que les Allemands ont créé le drame psychologique. Et d'abord ils n'ont point de théâtre : avec tous leurs principes, ils n'ont produit que le drame sans drame ; ce n'est pas encore là une tragédie.

Avec les leurs, au contraire, les Français ont donné au monde le premier théâtre comique de tous les temps. L'émotion, en effet, n'est pas indispensable à la comédie ; il n'y faut, pour ainsi dire, que l'émotion intellectuelle ; la gaîté, la raillerie, la satire même amère, sont à leur façon des sensations et des réflexes de l'esprit. Ici, tout est social. Dans la tragédie, tout cherche à être individuel. La comédie se passe de héros. Le geste y joue un rôle de premier ordre. Il est le rythme du ridicule. Et en réalité, il n'est de ridicule que du point de vue social. Ainsi, le geste supplée à l'action même. Enfin, la comédie, dans le temps où elle était le plus soumise aux règles, a toujours pris avec elles toutes les licences qu'il lui a plu. Elle ne s'est refusé ni la liberté, ni la fantaisie, ni l'intrigue. Molière a moins été entravé par les règles qu'il ne lui a dû la puissance de son art. Et, d'une façon générale, le drame de notre temps, celui même d'Ibsen, au moins pour ce qui est de la forme, est né de la Comédie française.

La tragédie du XVIIe siècle est tout aussi psychologique qu'on le puisse souhaiter. Mais elle l'est sans vie, et de la mauvaise manière : elle repousse les émotions violentes ; elle se défie des passions fortes. Elle les affadit. Elle permet aux héros de causer entre eux de ce qui doit les emporter, – et qui s'émiette en discours : car on voit assez que rien ne les emporte. Elle se tient dans la médiocrité sentimentale, qui est chère à une petite société élégante et polie. Polyeucte est un parfait martyr : mais il va au supplice, ou dire bonjour à sa femme du même pas mesuré. Il sait comme on sort d'un salon ; et c'est ainsi qu'il sort de la vie. Cette tragédie est trop un jeu, pour être une action. Les gens du monde sont à égale distance du peuple et des héros. Le théâtre tragique est le lieu propre des héros et du peuple. C'est pourquoi les âmes faibles, qui se disent raffinées, et les médiocres, qui se nomment eux-mêmes les délicats, affectent le mépris du drame. La tragédie française n'est plus parce que le peuple a pris la place de la cour. Mais le même public de marquis juge du drame et le déteste. Ils ont, au surplus, banni le drame de l'art : et c'est en France qu'on en a fait, à l'usage du peuple, cette farce lugubre et sanglante, où le plus grand nombre des bêtes pleure, et où le reste, qui est marquis, rit de les voir pleurer.

Le drame, comme la vie, vaut l'action et la force. Le tyran de la tragédie française n'est pas Aristote ; c'est l'étiquette. Pascal le sait bien, lui qui reconnaît dans le spectacle donné sur la scène, un modèle des plaisirs mondains, et des loisirs galants. La vraie vie est tout à fait absente de ce théâtre : car, jamais l'étiquette de cour ne laisse la vie se produire dans sa passion et sa violence. – Mais pourquoi faut-il que la vie soit passionnée et violente ? – Parce qu'elle est ainsi ; ou, si elle ne l'est pas, ce n'est point la vie tragique. La vie tragique est la vie de l'univers. Les cours et les salons peuvent minauder avec l'amour et la mort : non la nature, ni le monde. S'ils rient, ce n'est pas du même rire. La vie de l'univers est une tragédie : celle qui les enferme toutes. Une foule de beaux esprits n'aime pas cette tragédie-là, et ne la soupçonne point, ou la fuit. Ils sont railleurs, ou plaisants de naissance ; et même quand leurs nerfs se plaisent à voir couler le sang, leurs faibles cœurs répugnent à tremper dans ce sang. Ils ont peur de l'âme tragique. Ils ont la crainte, la haine ou le dégoût des passions fortes. Il est admirable que ce soient eux les juges de la tragédie.

Dans une société comme celle de Louis XIV, l'étiquette est la figure maîtresse de la mode. Il est bien fâcheux que la mode ait toujours régné sur la tragédie française. De là, que le drame de Victor Hugo est trois fois plus mort que la tragédie de Racine, qui a de quoi se survivre. Si Racine peignait les passions à la mode d'une cour, les poètes de 1830 ont fait le tableau à la mode d'un cénacle. La cour, du moins, était-elle quelque part, quelque chose. Versailles est un palais de solides pierres, au milieu d'arbres qui ont connu le soleil et les pluies, l'hiver et l'été ; là, des hommes ont vécu, ont aimé, sont morts et ont haï ; la mode a pu les réduire ; elle ne les a pas empêché d'être. La mode de 1830 a créé, au contraire, des hommes et des drames hors de lieu, hors du temps, hors de sens. Où était le cénacle ? Partout où trois bourgeois, réunis à la brune, buvaient dans un crâne en porcelaine, soigneusement lavé par la servante, et se regardaient en augures. D'où est venue l'extrême sottise de ces vieux enfants, et leurs monstres héroïques, épouvantails à moineaux.

À tous ses âges, la tragédie française n'a donc été qu'un divertissement de beaux esprits, – qui tous ne sont pas si beaux ; et le pis est, d'esprits oratoires. C'est le genre le plus faux du monde ; et qui l'a dû toujours être. On ne pourra s'empêcher de rire avec pitié, avant cent ans, du second Dumas. Et le premier fait pleurer de niaiserie et de ridicule[38]. Au XVIIe siècle, c'était du moins le noble divertissement, dans un salon, devant une tapisserie de gentilshommes dont la longue habitude a fait des héros incomparables dans l'art des entretiens ; grands amateurs d'analyse morale ; nés pour la logique et la science du monde ; qui ont un plaisir raffiné à porter l'esprit de finesse dans leur géométrie ; – et qui, en dépit de la mascarade romaine, délicieusement sensibles à la plus pure élégance du langage français, parlent une langue exquise.

La fausseté de la tragédie française ne fait point un mérite à Wagner de la sienne. Ici encore il n'est que musicien ; c'est la musique où il est tout entier, et où il doit tout. Son avantage sur Racine est incalculable. Mais c'est le privilège de la musique. Au lieu d'une analyse intellectuelle des passions, il en fait une analyse sentimentale. Jamais les mots n'y eussent suffi. Il le savait bien ; et son système est fondé sur la faculté propre de la musique, qui est de parler en émotions à l'émotion. Comme la musique n'est rien sans les émotions, le drame de Wagner n'est rien sans la musique. À quoi l'on croit répondre, en faisant observer que Wagner, en effet, écrit des drames en musique. Ce n'est point faire cette réponse triomphante qu'on s'imagine : car, il revient à dire qu'en ces drames la vertu du drame dépend uniquement de la vertu de la musique. Il le faut bien. Wagner n'a pas donné aux hommes leur premier drame. C'est un drame que *Hamlet*. Et il l'est pour toutes les raisons, qui font que *Le Ring* ne l'est pas. Si *Le Ring*, d'ailleurs, est une œuvre presque

38 [Note de l'auteur] Il est vrai que le voilà en Sorbonne. Bel exemple, comme on n'écrit pas en français.

surhumaine, et qui donne de Wagner une plus haute idée que toutes les autres, c'est encore pour être un drame moins même qu'elles. N'était donc cette musique, les tableaux de Wagner, quoique représentant le fond de l'âme avec une force incroyable, seraient beaucoup plus voisins de ceux de Gœthe, dans le *Second Faust*, ou des poèmes hindous, que des actions de Shakespeare.

Rien ne défend de supposer que la symphonie fût vide et sans beauté dans la *Götterdämmerung* : à quoi se réduirait le drame, en pareil cas ? À une pantomime fort confuse, aussi pleine d'événements, et sans lien, que *Siegfried* en est pauvre. N'a-t-on pas le droit de faire une telle hypothèse ? Le fait est, dit-on, que la symphonie de la *Götterdämmerung* est admirable, et qu'elle exprime tout le drame avec une énergie et une précision inconnues jusque-là. C'est répondre par Wagner à la question de l'art. C'est parler d'une œuvre, en prêtre qui y rend un culte ; et, fût-il cent fois légitime, non en homme qui comprend. Un mauvais drame, sur le modèle de la *Götterdämmerung*, peut si bien se produire, que la plupart des musiciens n'en donnent pas un autre au public depuis quinze ans : toutefois, de leur *Götterdämmerung* à celle de Wagner, il y a cette différence que la symphonie de Wagner est d'une portée sublime, et que la leur ne vaut pas mieux que l'action, – qui ne vaut rien.

Il n'est pas à propos de savoir si Wagner a raison, dans *Parsifal* ou dans *Tristan*. Il l'a excellemment, puisque ce sont des chefs-d'œuvre, où triomphe un excellent génie. Mais c'est eux qui lui donnent raison ; il n'a raison en eux que pour lui. On ne peut tirer une école ni un art d'un modèle admirable et unique. Ou bien, qu'on enseigne le moyen d'être comme Wagner, à ceux qui font comme lui. Dans la mathématique, une exception vaut une règle. Car, si elle est nécessaire, elle est fondée sur la raison ; elle peut fournir lieu à un nombre infini de cas semblables, où la règle s'applique. C'est aux cas de se régler sur la règle. Mais, en art, tout n'est qu'exception, et la règle même. Car l'artiste fait la règle ; elle est faite de lui seul, et n'est faite que pour lui.

L'art de Wagner lui est si propre, qu'il entraîne presque fatalement une expression particulière : on croit le suivre ; et, de gré ou de force, on l'a plagié. On le voit assez dans le sujet des drames qu'on lui emprunte[39].

39 Suarès ramène Wagner à la musique. Tout son pouvoir dramatique, émotionnel, expressif, vient de la musique. Il est avant tout musicien. Suarès fait alors une liste des poncifs wagnériens qu'on pouvait retrouver dans une certaine littérature, peinture ou musique

On ne fait même pas choix de légendes, à sa façon : on s'approprie les siennes. Déjà, lui-même s'imitait d'assez près : *Tannhäuser* et *Tristan*, *Lohengrin* et *Parsifal* se distinguent par la musique, beaucoup plus que par l'action. Mais aujourd'hui, il leur faut à tous une forêt saxonne ; un fleuve avec des antres et des burgs ; un nain et des prêtresses, ou quelque manière de naïades ; des guerrières casquées ; des cors rhénans et des fourrures de bêtes ; une cosmogonie d'occasion ; un être sacré, ou un chêne, un glaive, un trésor, ou un objet mystique quelconque ; enfin un mélange de philosophie chrétienne et de spectacle barbare. Que si l'on se moque de cette piquette des Nibelungen, ils en paraissent étonnés, tant l'ivresse de cette liqueur puissante leur ôte la liberté de se connaître.

Il n'en peut être autrement. Ils n'ont point l'âme à créer des légendes, comme Wagner, qui y déploie une sorte de faculté merveilleuse, analogue à celle des fondateurs de religion, au milieu des tribus primitives. Le goût de la légende est un besoin pour Wagner. Il vient de son génie ; et il y va, comme à une loi nécessaire de sa nature. Religieux et métaphysicien comme il l'est, il a l'imagination naturellement mythique. D'une loi propre à Wagner, il n'est pas raisonnable de faire une loi de l'art. Wagner ne l'a cru possible qu'en vertu de la vérité qu'il lui sentait pour lui. Il avait dans sa critique, l'habitude fort naturelle de tout ramener à ses seuls sentiments. Il se découvre aux autres, s'ils en sont curieux ; mais d'abord, il s'y explique. Il suffirait, pourtant, de son préjugé en faveur des légendes, et de sa prédilection pour elles, à montrer jusqu'où le musicien l'emporte en lui sur le poète tragique.

Le grand poète fera plutôt une histoire de la légende, qu'il ne mêlera la légende à l'histoire. Non pas qu'il prête une importance capitale aux temps, aux formes, aux coutumes ni aux lieux ; mais il en trouve une suprême aux faits. Le drame situe les faits. Et, même s'il anime des idées pures, il les situe dans les faits[40]. Qu'on s'y refuse, soit. Alors, du moins, qu'il ne soit plus question de drame.

---

qui se voulait wagnérienne ou se disait wagnériste. Il rejette cet univers qu'il juge factice. Sur cette question, on peut aussi relire les articles de Teodor de Wyzewa parus dans *La revue wagnérienne*. En particulier « La peinture wagnérienne » du 8 juillet 1885, « Notes sur la littérature wagnérienne » du 8 juin 1886, « Notes sur la peinture wagnérienne » du 8 mai 1886, « Notes sur la musique wagnérienne » du 8 juillet 1885. On se reportera à notre édition en ligne sur le site de l'OBVIL (observatoire de la vie littéraire).

40 [Note de l'auteur] Qu'est-ce l'histoire, sinon un plan universel de situation ?

Il se trouve que le sentiment pur est celui de tous les objets de l'âme, qui exige le moins d'être situé. Voilà pourquoi il fait le fond de la musique. Aussi, la légende est-elle peu favorable à la résurrection des actes, et à la création des caractères. Or, action et caractères, ce sont les deux mamelles de la Melpomène. Le caractère le plus général peut fort bien n'être pas le plus humain : erreur où l'on tombe souvent ; car on niaise par excès de psychologie, comme par manque. La légende ne donne lieu qu'à des émotions générales, et à quelques sentiments, universels il est vrai, et presque tous du même ordre. Wagner a laissé des tableaux incomparables de la passion élémentaire ; du désir noyé encore dans le flux de la nature, de l'amour humain, et de la tendresse mystique. Mais, après tout, dans son œuvre, les caractères sont en petit nombre. Ils semblent même se réduire tous à deux ou trois, d'une extrême portée, et qui sont véritablement les types de quelques émotions fondamentales de l'âme.

Reconnaissez enfin que l'art de Wagner ne peut point se passer de Wagner même[41]. Comprenez par là qu'il n'est pas à votre portée. Délivrez-le de vous. Délivrez-vous de lui. Prenez-lui sa morale : voilà sa plus forte leçon pour l'art ; si vous l'entendez, vous ferez effort pour ne jamais manquer à la vérité, et ne rien exprimer qui ne sorte du fond de vous-même. Cet homme unique devait donner une œuvre d'art unique comme lui. Faites de même à votre rang, sur l'échelle ; ou ne faites rien. La musique se perdra à le suivre. Elle imitera de lui ce qui n'eût pas été beau ni solide sans lui. Et elle sera forcée d'en laisser ce qui est incomparable, ce qui force l'assentiment, ce qui n'est proprement que lui, et qui est donc inimitable.

41 Dans ce chapitre, les imitateurs sont brocardés. Sur la mode de l'univers wagnérien et ses différentes reprises, on se reportera aux ouvrages de Timothée Picard. Suarès se désolidarise de tous les successeurs de Wagner et des mouvements qui se sont réclamés de lui depuis le symbolisme, l'impressionnisme… La fin de ce chapitre explique aussi le besoin de prendre du recul face à celui que Chabrier appelait « l'homme de bronze ». La figure de Wagner est devenue mortifère. Pour reprendre l'image de Julien Gracq, il est le « mancenillier à l'ombre mortelle ». « Délivrez-le de vous. Délivrez-vous de lui » est le mot d'ordre de Suarès.

III
Que le Drame de Wagner est une symphonie

1
Organisme et Leitmotiv

Le drame, conçu de la sorte, répond à un tableau animé, à un récit vivant. On a vu sur quelle illusion il repose. Pour ce qui est des œuvres, celles de Wagner comportent des beautés incomparables, où la théorie ne semblerait pas devoir conduire. Le système, il est vrai, ne domine nullement l'art, et il ne faut pas se lasser de le dire. Il est bon d'avoir un système avant de se mettre à l'œuvre. C'est un système de dire sa prière, comme le bon frère Angélique[42]. Et il est encore meilleur de l'oublier, quand l'œuvre se crée. Il faut laisser faire au génie. Cependant, la théorie de Wagner est admirable par l'idée qu'elle donne de son caractère.

Au bout du compte, Wagner ne s'est proposé rien moins que d'être l'Unique Artiste.

Qu'il est beau, à un homme, d'avoir osé nourrir une telle pensée... C'est par là, j'imagine, et pour avoir soupçonné cette ambition, qu'il fut odieux à tant de gens, et qu'il trouble encore beaucoup d'artistes. Ils ont peur de lui. Il ne leur laisse pas la paix.

Si le drame de Wagner était le vrai, il rendrait inutiles tous les autres. C'est une question de fait. Et les faits ne donnent pas raison à Wagner. En vain, il veut que Beethoven, grâce à la tragédie, prenne l'esprit, et que Shakespeare prenne le cœur, grâce à la musique. L'erreur divine, qu'il découvre dans la Symphonie avec Chœurs, si c'en est vraiment une, est la sienne. Quant au drame de Shakespeare, là où il est beau, le fait est qu'il ne laisse point l'âme en défaut, et qu'elle ne souhaite rien qui soit au-dessus de lui. Car Shakespeare aussi a sa musique et son chant[43].

---

42 Allusion au peintre Fra Angelico (environ 1400-1455), prêtre et frère dominicain qui, selon la légende, ne peignait jamais sans avoir fait sa prière.

43 L'enjeu ici est de montrer que l'œuvre d'art totale peut aussi se trouver dans la littérature. Wagner l'a réalisée par la musique. On peut la créer en partant d'une autre forme d'art. C'est une des voies possibles pour se débarrasser de la puissance écrasante de Wagner. Il s'agit à la fois de le glorifier et de s'en libérer en montrant ses erreurs de jugement.

Je ne dis rien de l'art où le poète peut atteindre pour offrir à l'âme la volupté d'une musique en quelque sorte intellectuelle. Pourtant, il ne sied pas à Wagner de le méconnaître. En effet, sans penser à la grandeur même du drame, ni à la puissance de création qu'il y a dans *Hamlet*, il suffit de lire Shakespeare pour ne plus douter que son dialogue, sa prose même, à l'égal de ses effusions lyriques, est un chant. Admirable, il a ses rythmes, sa mesure, ses harmonies et ses timbres. C'est même ce chant qui est, pour nous, l'écho immortel de chaque grand poète[44]. Par lui, nous distinguons un poète d'un autre ; et c'est en lui que l'âme singulière de chacun nous parle de plus près. Il en est ainsi de tous les poètes : de Sophocle et d'Æschyle, comme de Dante et de Gœthe : chacun d'eux a sa musique ; et, faute de la sentir, on n'en sent pas la poésie.

Shakespeare est surtout incomparable en ce que le chant, au cours de ses drames, n'est pas lié à quelques scènes ou à quelques couplets ; mais il règne d'un bout à l'autre de la tragédie. La beauté de l'art, ici, décuple la force de la vie. Il est très sensible que le chant d'*As you like it* diffère du chant d'*Othello*, et celui d'*Hamlet* de ces deux-ci. À cet égard, et comme musiciens seulement, Shakespeare et Wagner se ressemblent par la splendide variété et l'extrême souplesse de l'art. De même, on peut montrer comme, dans les méditations de Beethoven, se révèle un des plus hauts sommets de la pensée humaine, au milieu de la tempête et de la nuit, tantôt battu de la pluie et des orages, tantôt couronné de l'arc-en-ciel, ou portant, comme une tige, la fleur d'une sublime aurore.

Wagner veut faire le drame unique, par l'union des deux ; mais bien loin d'y réussir, il menace en l'une et l'autre de ces formes grandioses de l'art ce qui en est l'essence[45].

Qu'est-ce donc que ce drame de Wagner ? Une symphonie géante, où l'âme de la musique prend corps, et où son être intérieur veut s'incarner dans l'objet. En quelque sorte, le point de vue où l'on se place pour juger du drame, et celui d'où l'horizon du drame s'étend aux yeux du spectateur, se trouvent renversés. L'essentiel devient le prétexte ; et c'est le prétexte qui prend la charge de l'essentiel. L'action se réduit décidément au geste ; et ce que Wagner appelle le geste embrasse toute l'action

44 [Note de l'auteur] La remarque en a d'abord été faite, je crois, par Carlyle.

45 [Note de l'auteur] Encore une fois l'habitude légitime qu'on a de joindre le prélude à la conclusion de ces œuvres en traduit grossièrement la nature cachée. Rien de plus contraire au drame.

véritable, qui est faite du mouvement intérieur. Car ce geste est confié à la musique ; et c'est à elle que l'action sentimentale se voit remise.

Il est véritable qu'on ne doit juger Wagner que selon l'ensemble de son drame. Il l'exige avant tout. Qu'on ait l'action sous les yeux ; qu'elle se mime sur la scène ; que la plastique l'encadre ; que la poésie l'exprime ; que la musique enfin porte le tout et l'offre au cœur. Pourtant, les erreurs du système ne sont jamais si visibles que du point de vue de l'ensemble. D'où cette vue, en effet, se peut-elle prendre ? – De la musique, et d'elle seule. Où est le centre, d'où les objets se mesurent, et d'où l'horizon, qui les enferme, se trace ? – De la musique seule. Le défaut du poème, la splendeur de la musique le dévoile. À certain vide du drame, à certain ennui né du spectacle, ou même à quelque niaiserie de l'action, on est forcé de juger, indépendamment de l'ensemble, les éléments qui le composent ; et c'est le moment où le rôle capital de la musique apparaît.

La vie est une force en mouvement. La courbe en est infinie. Ce que le monde voit de chaque vie est une portion de la courbe, dans le plan du temps : mais elle paraît former un tout, en elle-même. C'est le miracle de l'énergie, seule forme où la force nous soit sensible, et qui, dans le monde moral, s'offre à notre pensée comme un continu qui se développe. L'étude de la nature montre partout ce prodige de la force et de l'énergie en développement. Un infiniment petit, où l'énergie de vivre est incluse, et voilà toute une vie immense en sa variété, incalculable en sa force, enfin d'apparence infinie. Que ce soit un chêne, un système d'astres, ou un homme, le même prodige s'accomplit. Un germe doué de force se développe. Un élément infiniment petit s'organise. Il n'y a rien de plus admirable dans Wagner, que sa musique semble se développer organiquement ; et que le corps musical d'un de ses drames fait l'effet d'une œuvre vivante[46].

Wagner n'est bien connu, et n'a été bien loué que par les naturalistes, entre tant de livres et de commentaires qu'on lui a consacrés[47]. Ils y ont

46 [Note de l'auteur] C'est le génie de la musique. Disons qu'il n'y a point de vraie musique, sans la polyphonie. Entre toutes les formes de l'art, la polyphonie musicale est la merveille, qui joue la vie. De là, que Bach et Beethoven sont plus près de nous que les autres.

47 Suarès semble vouloir épuiser toutes les provocations. Quand tant d'artistes d'écoles diverses (il ne parle ni de Mallarmé ni de Baudelaire) se sont réclamés de Wagner, il fait appel aux naturalistes dont l'univers paraît bien éloigné du wagnérisme. Il faut

porté, à bon droit, la méthode d'analyse propre aux sciences naturelles. C'est ainsi qu'on a montré l'espèce d'arbre mélodique que forme chaque partition de Wagner, plante d'une rare et magnifique essence ; merveille de vigueur intime et de large développement. On en voit le tronc, fiché dans la masse sonore, plongé dans le sol de l'orchestre, où il tient par un petit nombre de puissantes racines. Elles sont simples, et simples les éléments dont elles tirent leur nourriture : mais la solidité en est inimitable ; et la sève qui s'en forme, d'un seul jet, d'une richesse unique en densité et en mouvement, va couler dans la tige, et faire naître la vie de toutes parts, féconde en toute sorte de développements et de métamorphoses. Du tronc qui s'élève, et de la sève qui monte, sortent des branches fortes comme d'autres arbres ; et leurs mille rameaux se couvrent de frondaisons[48]. Quel triomphe de feuillages : ici, d'une grâce déliée, heureuse, faite de feuilles innombrables, qui se mêlent, qui jouent enfantinement,

---

pourtant relever la recherche de l'œuvre totale chez Zola avec ses *Rougon-Macquart*. L'écrivain connaissait la musique wagnérienne par les concerts parisiens et rapproche même certaines techniques d'écriture et la construction de la *Tétralogie* dans sa correspondance (*cf. Le Dictionnaire encyclopédique Richard Wagner*, *op. cit.*, p. 2294). S'il a été l'un des premiers défenseurs du compositeur allemand, il est pourtant resté étranger à ses écrits théoriques. Dans *L'Œuvre* (1886), il décrit un petit cénacle de jeunes artistes wagnériens, et il a collaboré avec Alfred Bruneau pour la création de plusieurs opéras dont il fut le librettiste. Quant aux drames lyriques, Zola a vu *Tannhäuser* en 1895 et *Les Maîtres chanteurs de Nuremberg* en 1897 (voir à ce propos les recherches d'Olivier Sauvage). Rappelons la phrase qui résume bien la position de Zola : « La formule wagnérienne est la meilleure des formules, à condition d'en sortir » (A. Aderer, « M. Émile Zola et la musique », *Le Temps*, 16 février 1897).

48 Suarès propose plus loin plusieurs abréviations dans trois notes de bas de page : D.M.-S., P. et R.D.N. Elles correspondent à plusieurs œuvres wagnériennes : *Der Meistersinger*, *Parsifal* et *Der Ring des Nibelungen*. En effet, Suarès file la métaphore de l'arbre à propos de la partition wagnérienne. On perçoit d'abord l'image d'un tronc, de racines qui sont autant d'éléments mélodiques simples desquels vont naître et fleurir de multiples ramifications, autant de variations musicales, de métamorphoses thématiques. La métaphore se développe ensuite en suivant les images des arbres présents dans les œuvres wagnériennes. Dans *Les Maîtres chanteurs de Nuremberg*, on trouve un tilleul et un lilas. Le *Fliedermonolog* (monologue du lilas) désigne un monologue du poète-cordonnier Hans Sachs à l'acte II (« réseau rieur, où le gai soleil passe à travers toutes les mailles »). La seconde référence, celle de *Parsifal*, est tout à fait différente. Au milieu du premier acte, les personnages sont dans une forêt. Par magie, les troncs se transforment en colonnes : celle du temple du Graal (« dans un ordre plein de calme et de symétrie et la lumière tombe de haut, comme d'une coupole »). La troisième enfin, vient de la mythologie scandinave. Cet arbre à l'ombre duquel « les Nornes filent le Destin », c'est Yggdrasil, l'axe du monde. Dans la *Tétralogie*, Wotan est le Dieu des dieux. On relèvera pourtant que, dans l'œuvre de Wagner, il ne s'agit pas d'un chêne mais d'un frêne.

et font un réseau rieur, où le gai soleil passe à travers toutes les mailles[49]. Là, au contraire, la tige se dresse comme une colonne nue dans le ciel, sévère et pure : les branches se rangent dans un ordre plein de calme et de symétrie et la lumière tombe de haut, comme d'une coupole[50]. Ou bien, c'est un chêne millénaire, qui a poussé d'autres chênes, en guise de rameaux : ce géant à l'écorce rugueuse est creusé en antres ; parmi ses monstrueuses racines, surgies de terre, un fleuve passe, des sources coulent ; il fait une ombre immense sur le sol ; le soleil pénètre sous cet arbre comme un orage ; et les pas du jour y vont par arcs-en-ciel, que chassent les nuées ; et le crépuscule s'y répand en ténèbres profondes : à lui seul, cet arbre est une forêt[51]. Et c'est bien à son ombre que les Nornes filent le Destin, et que Wotan, dépris de tout, se tait.

L'analyse des sciences est toujours, cependant, une anatomie[52]. Elle sépare les éléments et elle détruit la vie, pour en révéler la machine. La science tue ce qu'elle touche. Elle réduit à des figures ce qui est forces. Elle montre des mouvements là où la vie n'est due qu'à un ensemble dynamique. Elle ne peut faire autrement ; et ce n'est pas sa faute. À des degrés divers, la vie et l'art sont en puissances. Le fond du prodige échappe toujours, et ne se peut définir. Comment l'acte se produit, qui tombe seul sous l'analyse, c'est le miracle. L'intelligence sait qu'elle le comprend ; mais elle ne peut pas le rendre en nombre. La liste complète de tous les éléments, qui forment une plante, fût-elle possible, ne fera jamais l'objet vivant. Les arbres mélodiques de Wagner produisent une illusion et une erreur du même genre. Ils séparent, sous les yeux, ce qui n'est si admirable que par l'unité du fond.

De là, cette fausse impression que l'on a prise des motifs caractéristiques ; et la fausse idée qu'on s'en est faite. La forme, ici, a trompé sur

---

49 [Note de l'auteur] D. M.-S.

50 [Note de l'auteur] P.

51 [Note de l'auteur] R. D. N.

52 On songe ici aux écrits de Wagner sur la science : « Le poète parle à la nature et elle lui répond. Dans cet entretien ne comprend-il pas mieux la nature que celui qui la regarde au microscope ? Que comprend celui-ci à la nature, sinon ce qu'il n'a pas besoin de comprendre ? L'autre, au contraire, perçoit d'elle ce dont il a besoin au moment de la plus grande exaltation de son être, et il embrasse ainsi la nature sur une étendue infiniment plus grande et de telle façon que l'intelligence la plus vaste serait incapable de la représenter ? » *Opéra et Drame*, Tome II, trad. Prod'homme, Delagrave, 1928, p. 5. Wagner oppose à cette connaissance de la vie, le « scalpel dualiste » de l'anatomie.

le rôle. On a fait un emploi mécanique de l'élément le mieux organisé de l'art. C'est entendre les forces de l'esprit en matérialiste. Jamais Wagner n'a eu la pensée grossière de figurer un homme par un motif ; encore moins un objet, une épée, une lance, ou quoi que ce soit de ce qui se peint beaucoup plus précisément aux yeux par la vue même. Le leitmotiv n'est pas même une image sentimentale du caractère : c'est le signe de l'émotion qui lui est le plus intime. Il est le thème fondamental de l'œuvre, – ou d'une partie essentielle à l'œuvre, – comme le sentiment d'où il est sorti. Il est le caractère : il ne le peint pas[53].

Car deux ou trois mesures de musique ne sauraient peindre un caractère. La seule peinture, qui puisse en être faite, ne l'est jamais que par le développement complet de ce thème, dans toutes ses relations avec les autres. Point d'erreur plus forte contre la vérité wagnérienne, que de traiter le leitmotiv en élément descriptif. En effet, il est musical par excellence. Il est la cellule vivante de la symphonie. L'émotion sincère, dont il est le signe, bien loin d'être isolée, a des liens inévitables avec tout le reste. Elle n'est émotion que parce qu'elle est émouvante ; elle engendre des émotions, parce qu'elle en ressent. De la sorte, le thème a l'importance capitale du sentiment capital pour tout le drame. Il ne peut être un leitmotiv véritable à moins. On fait donc le contraire de ce que Wagner fit dans cet ordre, quand on part du thème pour peindre le caractère ; comme si une telle entreprise pouvait avoir le moindre sens. Dès lors, on ne s'occupe en rien de l'émotion ; le contenu sentimental du thème est le dernier souci qu'on se donne. On en voit qui sont d'autant plus fidèles à la mécanique de Wagner, que l'âme vivante du système leur est plus étrangère. C'est en quoi l'analyse thématique de Wagner,

---

53 Ce que Suarès désigne par « motifs caractéristiques » correspond à ce que nous appelons habituellement « leitmotive ». Ce n'est pas le terme que Wagner utilisait dans ses textes théoriques. Il parlait de *Grundmotiv* (motif fondamental), *Grundthema* (thème fondamental), *Haupmotiv* (motif principal), *thematiches Motiv* (motif thématique), *melodische Momente* (moment mélodique) ou *Ahnungsmotiv* (motif de pressentiment). Le terme allemand *Leitmotiv* s'est imposé avec les analyses de Hans von Wolzogen (1848-1938). Il en a dressé un catalogue pour aider l'auditeur à mieux se repérer dans l'organisation des œuvres, en particulier dans la *Tétralogie*. Dans un esprit de caricature, certains ont parlé de « poteaux indicateurs » ou de « bottin musical ». Dans *Gil Blas* du 1er juin 1903, Debussy insiste sur le côté redondant du leitmotiv : les personnages « n'apparaissent jamais sans être accompagnés de leur damné leitmotiv ; il y en a même qui le chantent ! Ce qui ressemble à la douce folie de quelqu'un qui vous remettant sa carte de visite, en déclamerait lyriquement le contenu ! ». Suarès combat cette opinion pour redonner à ce procédé sa véritable valeur expressive et musicale.

en le faisant mieux connaître par les dehors, n'a point du tout avancé la musique dans la véritable connaissance de cet art, qui est organisé par le dedans, comme la vie. Et, dira-t-on, comme la grande symphonie elle-même.

Ils sont rares, ceux où le don d'organiser les idées et les sentiments a été mis par la nature ; c'est le don de la vie. Rien n'y supplée : l'effort de l'étude, ici, est vain. Le fameux mot sur la patience est démenti. Depuis Wagner, les musiciens font voir, cruellement à leurs dépens, combien la vertu organique leur manque. Ils semblent, non pas obéir à l'exemple de Wagner, mais faire des exercices sur ses théories. Leur musique n'est point de la musique : elle ne vient pas du cœur. Celle de Wagner en sort toute. Rien n'est plus stérile qu'une erreur de cette sorte, qui domine les choix et les esprits. Elle fait vouloir les gens en dépit de ce qu'ils peuvent, et de ce que veut leur talent naturel[54]. L'élément simple de Wagner, d'où naît naturellement une œuvre immense, grâce à la puissance organique qu'il recèle, n'est en eux qu'un infiniment petit, sans contenu, sans portée, et qui s'oppose même à toute organisation. Il en résulte cette incohérence irritante, qui est la marque universelle de la musique depuis vingt ans. Elle n'est que fragments : – qui pis est, fragments sans la moindre valeur par eux-mêmes. Et tous ces membres ensemble, toute cette poussière d'harmonies et de pensées, combinés de toutes les plus savantes manières qu'on pourra, et qui ne sont du reste, point tant savantes, – ne seront jamais qu'une masse informe, qui jamais ne fera un corps : – manque d'âme.

Voilà jusqu'où l'on est dupe de la méthode. Ils emploient mécaniquement un élément, qui n'a de sens que dans un système de forces. Sans aucun doute, Wagner prévit avec dégoût cette trahison, et qu'une géométrie grossière naîtrait de sa dynamique. Il l'a laissé entendre ; mais, sur la fin de ses jours apaisés, il n'a pas voulu s'ennuyer à décrire un péril, où le vrai génie met seul une barrière, et empêche seul de tomber. Après tout, le diable soit de qui a besoin de garde-fous. Qu'ils marchent dans la plaine, et ne quittent pas les sentiers unis[55].

---

54 [Note de l'auteur] Il est si vrai que le seul musicien, d'entre les nouveaux, où il y ait un peu plus que du talent, est celui qui doit le moins à Wagner. Il n'est pas Français, au demeurant ; ni Russe.

55 Dans ce paragraphe, Suarès critique les catalogues de leitmotive à la façon de Wolzogen ou de Lavignac (*Le voyage artistique à Bayreuth*, 1897). S'ils permettent une meilleure compréhension de l'architecture de l'œuvre, ils n'aident pas à en saisir l'unité, le caractère

Wagner n'a pas fait usage des thèmes par principe. Cette forme a répondu d'instinct à ce que cette âme, puissante en unité, demandait à l'expression pour se traduire. Elle est née d'une émotion propre à l'artiste, non d'une idée fixe, d'un préjugé de l'esprit. Un jour elle lui est apparue, comme poussée devant lui par le fini de sa nature. Wagner raconte[56] comment il s'y est vu presque contraint, dans le temps où il méditait *Le Vaisseau fantôme*. S'il y a eu un progrès continu dans Wagner, il s'est fait en ce sens. Les thèmes sont devenus de plus en plus puissants, riches en émotions, et d'une émotion féconde en ses suites, à mesure que Wagner prenait de son propre cœur une conscience plus forte.

Le leitmotiv n'est pas du tout un procédé d'écriture. Wagner déclare nettement qu'il ne doit pas le leitmotiv à une vue de la raison, mais à un accident de la sensibilité. La théorie n'y est pour rien[57]. Une disposition naturelle peut porter tout l'édifice d'une nature singulière et d'un homme. Elle ne suffit pas à une méthode[58].

Le leitmotiv va bien plus loin que la forme. Il répond au fond même de Wagner. Ce moyen d'expression lui est aussi personnel qu'à Beethoven la mélodie populaire. Beethoven n'emprunte pas des mélodies au peuple ; ce n'est là qu'un procédé, et une naïveté faussement naïve. Mais, par un cours régulier de son génie, la mélodie de Beethoven se fait de plus en

---

organique. Mais, la note de bas de page précédente est allusive et mystérieuse. Il cultive l'impression qu'il s'adresse à des happy few, et cela renforce le caractère parfois hermétique de cet écrit.

56 Wagner raconte comment le thème du chant des matelots du *Vaisseau fantôme* s'est imposé à son esprit pendant une traversée agitée vers Londres en 1839 sur la Thétis, petit bateau marchand. *Ma Vie*, Perrin, 2012, p. 193.

57 [Note de l'auteur] IV, 322.

58 La note précédente, de la main de Suarès, renvoie à un passage d'*Une Communication à mes amis*, essai paru à Dresde en 1852. Wagner explique le processus de composition de son *Vaisseau fantôme*. Il a d'abord conçu le passage central de l'œuvre : la « ballade de Senta » du second acte. L'héroïne chante la légende du *Vaisseau fantôme* et de son vaisseau fantôme. Cet « air » est aussi important d'un point de vue musical que dramaturgique. À partir de ce morceau, l'ensemble de la musique s'est développé : « je n'avais plus, sans même le vouloir, qu'à développer les différents germes contenus dans la ballade en suivant jusqu'au bout les directions qu'ils indiquaient eux-mêmes », (*Une Communication à mes amis*, Mercure de France, 1976, p. 137). La référence IV, 322 que donne Suarès renvoie au tome IV des *Œuvres en prose* de Wagner dans l'édition allemande de 1871. Elle est donnée par Henri Lichtenberger dans son *Richard Wagner, poète et penseur*, 1898, p. 342. Dans une longue note, Lichtenberger présente et analyse ce passage sur la composition musicale du *Vaisseau fantôme*. Cela confirme que cet ouvrage est l'une des sources de Suarès et qu'il y puise sa connaissance des *Œuvres en prose* du compositeur. Il est beaucoup plus difficile de savoir s'il a eu la possibilité de lire directement les textes de Wagner en allemand.

plus simple, générale et touchant presque à l'essence du rythme. Le chant de la IXe Symphonie n'est pas seulement populaire ; il est humain, au sens infini du mot ; il est un modèle pour tous les peuples, et l'hymne de l'*Homme Racheté*. Je l'appelle le *Chant de l'Humanité*, qui passe bien la mélodie populaire, puisqu'il est enfin le chant de tous les hommes unis en un seul peuple.

Il n'est pas plus possible d'emprunter à Beethoven le caractère de sa mélodie, que l'usage du leitmotiv à Wagner. Si, de hasard, un musicien avait les mêmes habitudes de sentiment et de pensée que Wagner, encore devrait-il se servir du leitmotiv, non à la manière de Wagner, mais à la sienne. Son génie l'y plierait par force ; car il n'en pourrait pas avoir à moins.

Wagner fait du leitmotiv le plus étonnant moyen d'analyse psychologique. Le motif se réduit souvent à une, deux ou trois mesures, d'un dessin caractéristique, mais assez général pour pouvoir, à la fois, toujours se reconnaître, et varier à l'infini. En outre, presque toujours, tous les motifs d'une même œuvre dépendent, au fond, d'un motif capital, ou de deux. C'est au point que tous les autres n'en semblent être que des variations de plus en plus éloignées, altérées, agrandies ou subtiles[59]. De là, l'étonnante unité de ces œuvres, et la faculté unique de ces motifs à se combiner les uns avec les autres. Il est évident que pas un musicien, depuis Wagner, n'a saisi cette loi. L'unité leur manque le plus ; tous s'appliquent, au contraire, à décrire un caractère, un acte, un événement ou même un objet, à l'aide d'un motif. Ils se trouvent donc forcés, ou de prodiguer les thèmes ; ou il leur faut les rendre aussi reconnaissables, et aussi significatifs, à la lettre, que possible. Par suite, si les motifs sont en grand nombre, ils perdent toute valeur sentimentale, et répugnent à se combiner ; s'ils sont peu, ils se présentent sous la forme d'une mélodie complète, qui ne se peut plus développer[60] ; dans les deux cas, l'usage des thèmes en leitmotiv va contre le sentiment et la pensée de Wagner même.

Dans Wagner, le motif est un élément organique du caractère, dans l'espace, et de la symphonie entière dans le temps ; il est fait, uniquement,

59 [Note de l'auteur] Nulle part, cette puissance de varier un thème fondamental n'est plus claire aux yeux, ni peut-être plus abondante que dans *Les Maîtres Chanteurs*.

60 [Note de l'auteur] Il ne leur reste qu'à moduler sans fin, sans rime ni raison, ou à se répéter.

pour se développer ; c'est sa destination de nature. Ailleurs, il sert uniquement de moyen mécanique, et d'élément formel ; aussi ne se développe-t-il jamais. Dans Wagner, il exprime la vie du sentiment[61] ; ailleurs, le jeu du spectacle, ou tout au plus le geste. Dans Wagner, il révèle le dedans ; ailleurs, il limite tout aux apparences. Ici, le métier et l'auteur ; là, le monde intérieur et l'intérêt de l'âme ; dans Wagner, expression passionnée de l'art ; procédé, ailleurs. Car enfin, ni tous les hommes, ni tous les musiciens ne naissent avec une vue miraculeuse sur le monde caché, sur l'élément inconscient de l'âme, ni avec les dons d'une analyse à qui rien n'échappe. Que sont-ils, sinon le propre du plus rare génie ? – Même quand on l'admire, on l'ignore communément.

2
Le poète épique

1. Le poète épique est le plus libre de tous.

Son récit plonge par mille racines dans le mystère des origines. La légende est le besoin cardinal de sa pensée : elle la fait naître partout où elle s'applique. Un tel poète est l'âme de sa race. Il s'espace à son gré dans la fantaisie, mais sans jamais s'y égarer pour son plaisir propre. Aucun art n'a une portée religieuse plus haute : il est la chronique vivante de ce fond sentimental, qui n'a pas d'histoire. Le poète épique peut être le plus simple et le plus raffiné des esprits. En lui, l'instinct du peuple et le sentiment propre de l'artiste s'unissent et ne se combattent pas. Il a une voix pour tous. La vertu la plus saine, la plus naïve, la sensation pure, et le rêve le plus abstrait, la spéculation maladive, il les contient sans peine, si de telles contrariétés sont possibles dans sa race. Enfin, il tend à l'expression sublime ; et il y va d'une pente naturelle, sans jamais craindre la longueur du récit, ni même l'ennui. Voilà quelques caractères du poète épique, – et de Wagner.

2. La tête musicienne n'est pas la tête dramatique. Si les Français, pour la plupart, n'ont pas la tête musicale, c'est qu'ils n'ont pas la pensée

61 [Note de l'auteur] On peut faire le même parallèle entre un ordre grec de colonnes et un ordre de Vignole. Comparez en la vie, quant au sentiment et à l'âme, ici et là, du chapiteau.

épique. Le nombre et la célébrité des chansons de geste n'est pas un bon argument. Il semble que ce soient beaucoup plus des romans que des épopées. L'art n'y a presque pas de part. En général, le goût chevaleresque et le génie épique, loin de se confondre, en art, ne s'accordent pas. Le peuple de France a vécu son épopée : il ne s'en est pas remis au poète de la faire. Que la France ait fourni d'épopées l'Europe entière, il ne s'en suit pas qu'elle en ait une. Mais l'Allemagne, qui commence par les Eddas et les Nibelungen, pour finir par Gœthe et par Wagner, c'est là une nation à qui l'épopée est naturelle.

3. Les Anglais et les Espagnols, qui sont les peuples les mieux faits pour le drame, après la France, n'ont point de musique. Et les Italiens, comme les Allemands, qui n'ont pas eu de drame, ont donné les plus belles épopées au monde. Aussi, de tout temps, sont-ce les deux nations où a triomphé la musique. Pour moi, il me suffit de voir l'immense développement du théâtre grec et le génie que les Athéniens ont déployé dans le drame pour m'assurer que la musique, en Grèce, n'a pas eu l'importance qu'on dit : et, sans doute, au théâtre ne fut-elle guère qu'un soutien de la voix, la très humble servante de l'expression. Il en a été ainsi. Et de même en France : c'est depuis que la France se fait de plus en plus cosmopolite que le goût de la musique s'y répand.

4. On ne comprendrait pas que les Grecs n'eussent pas porté bien plus loin l'art de la musique pure, si la musique avait eu par elle-même une importance capitale dans leur vie. Car, où les Grecs se sont plu, ils ont pu tout faire. S'ils l'avaient voulu, s'ils en avaient senti le besoin, ils eussent fait pour la musique ce qu'ils firent pour le reste. Ils l'eussent poussée à ce point, où ils élevèrent le drame comme la géométrie et l'astronomie comme l'architecture, la philosophie ou la statuaire. Tout était aisé à ces enfants de génie : ils créaient en se jouant. Un miracle de plus ou de moins ne leur coûtait guère. Il a fallu près de vingt siècles à l'Europe pour joindre Sophocle, Praxitèle, Aristote ou Archimède, – non pas même pour les passer. Rien de tel en musique.

5. Athènes et la France sont, avant tout, occupées de l'homme et de la vie sociale. Voilà pourquoi l'architecture et le drame en sont les formes d'art préférées.

Il semble que les dieux soient le propre de l'épopée. Il ne s'agit, sans doute, pas des dieux en tant que machine poétique ; mais du divin, qu'on le trouve dans la nature, dans le rêve ou ailleurs. Le drame a affaire aux hommes, non aux dieux. Il est vrai, les dieux sont conçus sur le type humain. Mais ils sont moins hommes que délivrés de l'humanité ; on ne croit pas à leurs maux ; ils sont moins en lutte que sûrs de vaincre et de l'issue. Une telle certitude est ruineuse du drame.

6. Les dieux sont immobiles. On sent bien qu'ils n'agissent pas. Même dans leurs yeux de foudre, ils se bornent à vouloir, ces bienheureux. Ils contemplent. C'est pour eux que l'ataraxie est la sagesse. Le dédain fait leur repos. Comme ils ont créé ce monde, ils savent ce qu'il vaut. Fait par eux, ils savent aussi de quoi. Ils s'en détournent avec un regard de mépris. L'idée de Lucrèce et d'Épicure n'est pas si fausse que la bonne âme des modernes se l'imagine. Peut-être y a-t-il des dieux ? et, sans doute, il y en a. Mais ils ont le plus profond mépris de l'homme. Ils ne seraient pas dieux, s'ils ne le méprisaient pas. Ils n'ont pas l'âme si chienne d'aimer et de servir cette pitoyable créature, encore moins d'y penser. Car, en vérité, serait-ce bien la peine d'être dieu pour souiller son esprit d'un souci si bas perché sur pattes, d'une forme si misérable ? – « Qu'on écarte cet objet de ma vue. » – Les hommes jugent toujours fâcheusement des dieux, en raisonnant d'eux au point de vue de l'homme. Enfin les dieux ne meurent pas. Et, où il n'y a pas la mort, il n'est plus de pitié ? – Un dieu qui a pitié ? Ce n'est qu'un homme. Ou, quel infini dédain doit entrer dans cette pitié-là ?

Les dieux de Michel-Ange, si puissants en leur action, se pétrifient dans une colère éternelle et dans un seul mouvement. C'est être immobile.

7. Quand Tristan reçoit des mains d'Isolde la coupe de mort et d'amour, c'en est fait des sentiments humains. Voilà des dieux. Et quand, ayant vidé le philtre, les deux amants tombent aux bras l'un de l'autre, c'en est fait du drame. Quoi de plus ? Tout est fini. La symphonie épique, le récit de ces émotions surhumaines commence. Mais il ne faut pas parler d'action. Plus l'action est intérieure, plus elle doit être traduite. Il n'y a guère d'actions pour les dieux ; car il n'y a point pour eux d'événements. L'homme est l'animal éphémère, – et qui s'en doute. C'est pourquoi les événements sont le propre de l'homme.

Tristan et Isolde analysent leurs embrassements, comme il convient à des dieux dans leur Olympe d'amour. Mais quand ils chantent et qu'ils implorent l'union parfaite de leur amour dans la mort, ils sont leur propre spectacle à eux-mêmes ; et quand ils rêvent étrangement sur la conjonction « ET[62] », qui les distingue à la fois et les confond, quelque beauté qu'ils y mettent, ils n'agissent point[63]. Une conjonction ne sera jamais un événement, mais un article du discours.

Les dieux ne sont point soumis au changement. Ils ne luttent pas. Ils persévèrent en leur être. La symphonie épique est comme eux. Qu'on y pense : dans l'épopée symphonique de Wagner, le vrai drame est Religion.

3
Le drame et l'orchestre

Dans le drame de Wagner, l'orchestre est le seul acteur vraiment tragique. Il a le premier rôle dans cette symphonie épique, comme dans l'autre. C'est que le chant dramatique est un récit d'épopée, ou l'épopée même.

Le drame et la musique ne vont pas ensemble, je l'ai dit ; et si l'on en analyse les origines, il est difficile de le nier. On y a vu beaucoup de fausses similitudes ; peu de vraies. En effet, l'organe de la musique est le chant. Le dialogue est l'instrument du drame. Or, le chant et le dialogue s'excluent. Ils sont opposés par l'essence ; et l'on en peut dire seulement qu'ils sont les moyens inconciliables de la même émotion avide de se traduire.

On est libre de sentir ou de penser à sa guise ; du moins, on le croit. Mais on ne l'est pas de changer les faits. À la scène, le drame vit du dialogue. Le choc des passions et des idées a la parole pour signe. Un dialogue parfait, celui qui tient toutes les promesses qu'on s'est faites

---

62 [Note de l'auteur] « Tristan UND Isolde, – Isolde UND Tristan / Das süsse Wörtlein UND / Was es bindet der Liebe Bund… » (Act. II, sc. II, page 149).

63 Les trois vers précédemment cités par Suarès sont extraits du duo d'amour du second acte de *Tristan et Isolde*. Alfred Ernst les traduisit ainsi : « Tristan ET Isolde, – Isolde ET Tristan / La douce syllabe qui attache / Lien d'amour ». Ils sont extraits d'un passage du duo durant lequel les deux amants s'interrogent sur ce petit mot « et » qui les relie. À ce moment précis de la scène II de l'acte II, l'échange entre les deux amants ressemble à une réflexion métaphysique sur le lien qui unit deux êtres.

des héros et de leurs passions, non seulement ne laisse rien à désirer : – il ne souffre pas que rien s'y ajoute. Le contraire est également vrai d'un beau chant : il règne sur l'espace ; il ne compte pas strictement avec lui. Wagner parle de la divine erreur, où Beethoven est tombé, dans la IXe Symphonie[64]. Je ne pense pas que c'en soit une. Elle est toute dans le dessein que Wagner a nourri d'en faire sortir le drame. En vérité, le drame est ailleurs.

Dans le drame en musique, les acteurs ne dialoguent pas. Ils se répondent, comme on le fait par lettres, ou mieux encore – des yeux. Une correspondance n'est qu'un dialogue sans action. Les héros de l'épopée symphonique monologuent infiniment. C'est le chant qui le veut. Le chant est bien l'aède, qu'on se réunit pour entendre dans la salle du festin. Ces héros s'arrêtent, ils n'agissent plus ; ils écoutent ; ils songent peut-être. Ils ne s'écoutent point mot à mot, comme le veut le drame, où l'âme épie l'âme sur les lèvres ; où chaque parole est un geste de la pensée, tantôt un battement d'épée, tantôt une attaque violente, un acte toujours rapide de l'attention, du sentiment, de la tendresse ou de la haine. On s'est beaucoup moqué des opéras, où deux, trois, quatre personnages chantent ensemble. On a trouvé la convention ridicule : comme celle de l'antique madrigal, où un seul rôle emprunte plusieurs voix. Le ridicule n'est réel que pour le drame : il n'y en a point quant à la musique. Et la convention n'est guère moins étrange de faire chanter un à un les protagonistes, que tous à la fois. Au fond, la musique n'est jamais que d'ensemble : quant à la vérité tragique, le chant d'un seul personnage, appuyé de tout l'orchestre, ne la viole pas moins étrangement qu'un ensemble vocal. La tragédie ne souffre pas la symphonie, qui, si dramatique soit-elle, déplace l'intérêt du drame. La musique est délicieuse en décor, sur la scène : mêlée au dialogue, elle contrarie l'action. Et enfin, si le chant est contraire au dialogue, c'est que la parole est le

64 Allusion à un passage célèbre d'*Opéra et Drame* (Tome IV, p. 133-134). Wagner compare Beethoven à Christophe Colomb. Avec sa IXe symphonie, le compositeur pense avoir atteint un sommet musical et mené la symphonie à son ultime aboutissement. Mais pour Wagner, cet aboutissement supposé n'est en réalité qu'une étape. C'est l'annonce d'une nouvelle forme d'art : « l'erreur de Beethoven fut celle de Colomb, qui voulait simplement trouver une route nouvelle vers l'Inde ancienne bien connue, mais découvrit un nouveau monde ». Wagner avait déjà utilisé cette comparaison dans *L'Œuvre d'art de l'avenir*, *op. cit.*, p. 138) en présentant Beethoven se mettant « en route, à la découverte des hommes de l'avenir ». Le chapitre « idées de Wagner sur l'art » du livre de Lichtenberger développe aussi cette idée, (*Richard Wagner, poète et penseur*, *op. cit.* p. 213-214).

moyen le plus direct de l'action, – ce que le chant même n'est pas. Le chant n'a jamais la rapidité. Le cri seul est rapide. On voit dans Gluck[65], – et surtout dans *Iphigénie en Tauride*, – le musicien réduire de plus en plus la part de la musique, pour être fidèle à l'esprit de la tragédie ; et dans l'intérêt du drame, poursuivre la vérité du dialogue jusqu'à rendre le chant très proche de la parole parlée[66].

En outre, autant la musique est devenue nécessaire au cœur humain, autant les raisons de cette nécessité s'accordent peu avec celles du drame. Il ne suffit pas que la musique donne des émotions à l'homme : il y cherche une émotion non comparable, en son espèce, aux autres ; et que seule peut-être elle peut lui procurer. L'homme, désormais, demande surtout à la musique des émotions religieuses, et la rédemption de son amour-propre.

Ou la musique et la poésie devront disparaître ; ou elles prendront de plus en plus conscience de leur rôle idéal, – qui est de servir d'organes au divin parmi les hommes et d'en assurer la continuité. C'est à la musique d'accomplir le salut de l'âme humaine, en y sauvant l'émotion religieuse, en y réservant au divin un bel asile. Les hommes sont dans le danger terrible de ne plus éprouver que par hasard la présence du divin parmi eux. Et ces malheureux s'imaginent que les pratiques pharisiennes, les locomotives, le téléphone, le lard salé et les dix autres plaies de l'Amérique pourront prendre en eux la place du sentiment divin. Ce n'est pas le lieu de montrer quel rôle sacré la vraie poésie et la vraie musique doivent jouer dans la vie du peuple : si le peuple veut vivre, et si l'on veut que l'art compte enfin de vrais musiciens et de

---

65 Wagner a découvert Gluck (1714-1787) en dirigeant *Armide* et *Iphigénie en Tauride* à Dresde dans les années 1840. Le retour à l'antiquité grecque ne pouvait qu'intéresser Wagner. Dans *L'Œuvre d'art de l'avenir*, il place Gluck aux côtés de Mozart. Tous deux servent, « sur l'océan désolé et sombre de la musique d'opéra, d'astres conducteurs isolés » (*op. cit.*, p. 175-176). Gluck fit évoluer l'opéra en mettant l'accent sur la dimension dramatique de l'œuvre, en limitant la liberté qu'avaient alors les chanteurs de faire des ornements sur les airs qu'ils interprétaient (*Opéra et Drame*). Gluck donna également à l'ouverture un véritable rôle dramatique ouvrant des perspectives qui ne se réalisèrent véritablement qu'avec Mozart (*De l'ouverture*, 1840). Mais au fond, Wagner n'adhère pas à la réforme de Gluck qui selon lui ne pouvait pas mener au drame musical qu'il recherche. Il reproche à Gluck de considérer que la musique doit venir soutenir le texte. Lichtenberger analyse très bien les raisons qui le mènent à cette conclusion, en s'appuyant sur les études de Chamberlain. Voir également l'article « Gluck » du *Dictionnaire encyclopédique Wagner*.

66 [Note de l'auteur] Par contre, Gluck donne davantage à cette musique de scène que j'appelle musique de décor. Dans *Iphigénie en Tauride*, il cherche même le pittoresque.

vrais poètes. Car il est vrai qu'aujourd'hui il n'y en a point. Mais il n'y a peut-être point davantage de véritable peuple ? Formons-en donc un : travaillons à nous faire un peuple : c'est le principe de l'art. Il faut que l'artiste connaisse ceux à qui il s'adresse, et qu'il puisse aimer en eux, sinon ce qu'ils sont, – ce qu'ils devront être. Wagner y a pensé[67]. Wagner a été bien admirable qui, jetant le drame dans la musique, au risque de corrompre l'un et l'autre, a su pourtant saturer le drame d'émotion religieuse, et y répandre l'âme de la musique. Lui seul, peut-être, était assez musicien pour y réussir. Et c'est encore une preuve qu'il ne peut servir d'exemple à personne.

En effet, le drame arrache sans doute l'homme à lui-même, par la vertu de l'art ; mais il ne veut, ni ne doit l'enlever à l'action. Tout au contraire, le drame recèle une force illimitée pour placer l'individu en face de la société, et pour l'introduire au sein de la vie sociale. Cependant, il ne rachète pas l'homme de son humanité : il l'y élève plutôt au plus haut point de la force et de l'action humaines ; il le porte à ce degré, où il est capable d'un rachat suprême, d'une rédemption plus sereine et plus pure[68]. Mais il ne l'accomplit pas. Jamais il ne l'enveloppe de cette âme religieuse, qui est le propre de la musique ; et le souffle même de l'amour. Le drame exprime la lutte de l'humanité pour atteindre à la pleine possession d'elle-même, dans une victoire, due à un combat inlassé, que remporte enfin sur la brute humaine l'idée du genre humain. Mais à la musique d'entretenir dans le cœur des hommes l'amour divin, et

67 Selon Wagner, l'œuvre d'art de l'avenir naitra véritablement lorsque le peuple de l'avenir sera lui-même constitué (l'art étant l'expression d'un peuple). Le Wagner révolutionnaire de *L'Art et la Révolution* en appelle à un peuple libéré du matérialisme grandissant. Wagner parlait du Dieu du 5 %, Suarès parle du « lard salé » qui remplace le sentiment du divin. Dans l'imaginaire wagnérien, la tragédie grecque était une œuvre totale en ce qu'elle liait les différentes formes d'art, mais aussi parce qu'elle était l'expression du peuple. Comme le rappelle Christian Merlin dans son article « peuple » du *Dictionnaire encyclopédique Wagner*, « à l'utopie esthétique préexiste une utopie sociale, et ce n'est guère un hasard si Wagner met ses aspirations artistiques en parallèle avec une critique de la société moderne et contemporaine… ». Le jeune Suarès s'approprie cette utopie artistique.

68 Le thème de la rédemption traverse toute l'œuvre wagnérienne. Nietzsche écrivait dans les premières pages du *Cas Wagner* : « l'opéra de Wagner, c'est l'opéra de la rédemption. Il y a toujours chez lui quelqu'un qui veut être sauvé ». La rédemption est aussi un thème social. Dans *L'Œuvre d'art de l'avenir*, le peuple est pour Wagner, « l'ensemble de tous ceux qui ressentent une nécessité commune ». Il dénonce la fabrique de besoins illusoires, de ce qu'il appelle le luxe : « l'âme de cette industrie qui tue l'homme pour le changer en machine » (*op. cit.*, tome III, p. 66-71).

cette émotion religieuse où l'espoir et la force de vivre se retrempent ; où ils se lavent de leurs innombrables souillures ; où, surtout, avant d'en être dignes, ils ont un avant-goût –de cette joie parfaite et de cette sérénité, par delà les bornes du moi, par delà les fictions du temps et de l'espace, que la rédemption leur permet d'entrevoir, et où toutes les grandes âmes aspirent.

Qu'on mesure donc ce qui sépare le drame et la musique dans cette vue : que le drame mène l'homme au triomphe du Moi ; et que la musique l'en délivre.

Voyez dans la poésie une musique intellectuelle ; c'est la musique de ceux qui sont plus sensibles à l'infini par la pensée que par le sentiment ; mais qui en éprouvent presque également l'émotion, et dont l'esprit ne fait jamais appel au cœur, qu'aussitôt il n'y participe. La Poésie comme la Musique, doit être tout animée de la présence divine. Et toutes deux sont l'Église à deux nefs de la Religion, que l'art doit donner au peuple. Il n'est que trop vrai : nous n'avons pas encore de poésie.

À l'âge où l'homme maintenant est venu, l'émotion naît des idées. La conscience de l'homme se fait de plus en plus vaste ; du moins en quelques-uns.

Les idées vivent, dans une âme puissante. Le drame est la patrie de ces nobles créatures, à peine en germe encore dans la plupart des hommes ; mais en quelques-uns déjà debout, et tout armées pour le combat, sublimes vivantes. Ainsi le drame s'ouvre chaque jour davantage à ce que la musique ne peut admettre à aucun prix, et doit repousser par principe. Plus que jamais, le dialogue doit agir[69]. Le dialogue est l'action des idées en mouvement. Mais que serait-ce d'idées qui chantent ? – Les idées, en prenant vie, ont en elles un besoin et une force d'action incroyables. Plus encore que les hommes, elles font de l'action la loi fondamentale du drame ; et par là, elles montrent encore combien la musique et le chant sont hors d'état d'y suffire.

Wagner l'a senti. Wagner ne fait rien par système : mais rien de ce qu'il fait ne lui échappe ; et il fait système de tout. Il n'y eut jamais de génie plus cohérent ni plus solide. Il a réduit l'action à des états

69 [Note de l'auteur] Et qu'on ne croie point, là-dessus, que le dialogue doive s'éparpiller à l'excès. Non, il est nécessaire de porter sur la scène des héros capables d'écouter longuement, avant que de parler avec ampleur. Car nous supposons qu'ils pensent.

simples. Le plus souvent, les voix alternées se mêlent à l'orchestre dans un rapport exactement inverse de celui où l'orchestre de Gluck se mêle aux voix. Le conte ridicule qu'on fit pendant trente ans que Wagner écrit mal pour les voix, a, là, son origine. Wagner est inimitable en son style, qu'il s'agisse de l'instrument humain ou de tout autre. Mais il est vrai qu'il traite souvent la voix en instrument de l'orchestre, et non en porte-parole du drame. Il ne va pas contre l'organe : il méconnaît la personne. Peu importe que sa déclamation soit impeccable : qui oserait dire le contraire ? Où, si ce n'est dans le seul Mozart, respecta-t-on jamais mieux, ni plus finement, les nécessités et les conditions physiques de la voix ? – Mais, si l'on en juge au regard du drame, on ne peut nier que ces voix ne perdent de leur personnalité, car rien n'est personne dans le drame que sous l'angle de l'action.

Wagner calcule son effet sous l'angle de l'émotion musicale, dont l'un des organes est le chant. Il en résulte parfois, qu'au comble du sentiment, là où le drame exige l'action et les paroles les plus fortes, Wagner peint, si l'on peut dire, d'immenses tableaux de silence. La musique le veut ainsi : à l'apogée elle est contemplation. Ce sont les extases amoureuses de Tristan[70] ; Tristan qui parle à la bien-aimée absente ; ou Isolde à Tristan silencieux dans la mort. À peu d'exceptions près, un monologue est un silence pour l'action. La plupart des grandes scènes, dans Wagner, sont des monologues : tels les récits épiques du *Ring*, Wotan avec Erda ; ou Brünnhilde avec Siegmund ; les Nornes filant ; Waltraute avec sa sœur ; Siegfried dans la forêt ; sa mort ; celle de la Walkyrie ; Wotan couchant sa fille dans le sommeil humain ; et tous ces dialogues où l'on rêve si hautement, et se répond si peu. Au cours de ces grands silences, Wagner a mis tout le dialogue, tout le mouvement dans l'orchestre. De là, que Wagner a été obscur, et

70 L'expression « les extases amoureuses de Tristan » renvoie à la scène 1 de l'acte III. Blessé mortellement, le héros délire et chante le plus souvent seul dans de longs monologues. Il évoque Isolde dont il souffre de l'absence. À la fin de l'œuvre, Isolde meurt en s'adressant au corps sans vie de son bien-aimé. Il existe également dans la *Tétralogie*, de longs moments durant lesquels les personnages rappellent des épisodes passés. C'est un procédé qu'on a parfois reproché à Wagner car il crée autant de passages qui retardent l'action. Voilà les références des scènes évoquées par Suarès : Wotan avec Erda (*Siegfried*, III, 1), Brünnhilde avec Siegmund (*La Walkyrie*, II, 4), les Nornes filant (*Le crépuscule des Dieux*, I, 1), Waltraute avec sa sœur (*Le crépuscule des Dieux*, I, 3), Siegfried dans la forêt (*Siegfried*, II, 2), sa mort (*Le crépuscule des Dieux*, III, 2), celle de la Walkyrie (*Le crépuscule des Dieux*, III, 3), Wotan couchant sa fille dans le sommeil humain (*La Walkyrie*, III, 3).

l'a paru si longtemps. On s'en prenait à ses harmonies, à la sonorité de son orchestre ; à sa façon d'écrire. Il s'indignait avec raison d'une critique si formelle ; et ceux qui le calomniaient, après avoir loué Bach la veille, le faisaient rire. Non : Wagner a passé pour obscur, parce qu'il changeait les conditions de l'art, et y faisait violence. Peut-être heurtait-il plus le tempérament dramatique de ses ennemis, qu'il ne semblait choquant à leur goût musical. Il mettait l'épopée sur la scène, où ce n'en est pas la place ; et le drame dans l'orchestre, où elle n'est pas non plus. Qu'on l'avoue enfin : si le drame est dans l'orchestre, il n'est qu'une symphonie.

On abuse, et Wagner le premier, des souvenirs antiques. Le drame de Wagner ne se fonde pas sur le drame grec[71]. Cette part d'illusion érudite n'ajoute pas de force à l'art de Wagner, et en ébranle plutôt la solidité. On compare mal ce que l'on confond.

En quoi l'histoire d'un art doit-elle incliner la volonté d'un artiste ? Toutes les fautes, en ce domaine, ne sont pas heureuses. L'origine explique les choses, et ne justifie rien. Ce qu'on connaît du passé, et ce qu'on fait dans le présent sont deux objets. Une juste origine ne vaut pas une bonne raison. On porte la même erreur en tout : c'est la manie de l'évolution, qui par paradoxe semble ne pas admettre le changement. Judas sert toujours à la condamnation de tous les Juifs.

Wagner ne gagne rien à persuader que dans le drame grec tous les arts se sont unis, comme dans le sien. Une très forte raison pour que ce qui fut ne puisse plus être, c'est qu'il a été. L'archéologie n'est pas un terrain solide pour l'artiste. Je ne sais s'il n'y a pas un archéologue caché, au fond de toute imitation. Que le drame soit né de l'hymne, qu'importe ? – En fait, l'histoire du drame grec est celle des conquêtes du dialogue sur la musique. À mesure que l'action, dont le dialogue est le signe, prend plus de place, le chœur perd la sienne. On se récrie sur la simplicité de *Tristan* : on y admire un drame vraiment grec, par l'harmonie sobre des proportions, par le petit nombre et l'exact rapport des personnages ; une symétrie rigoureuse entre les actes et les scènes. Une rare unité. Au fond, elle est assez factice. L'unité est surtout extérieure. *Tristan* est simple, parce

71 Suarès prend ici le contrepied d'une idée pourtant largement répandue depuis la parution en 1872 de *La Naissance de la Tragédie* de Nietzsche.

qu'il ne comporte pas d'action[72]. La symétrie harmonieuse vient de ce qu'on reste sur place. Il existe une symétrie de mouvement, que connaissent bien les architectes, et qui diffère le plus de l'apparente. Il n'est pas possible de croire que le second acte soit scénique. La symétrie de Mansart et de ses façades, qui la dira vivante ? Wagner, lui aussi, met des fausses fenêtres pour la symétrie. Un drame comme *Tristan* est la mesure parfaite de la fausseté du système, si on le donne pour dramatique : car il y est mieux appliqué qu'ailleurs[73]. La passion sans péripéties sera le plus beau des poèmes, sans être une action. Le drame de Shakespeare et la tragédie grecque vont au même but, par des voies différentes : il s'agit toujours d'une crise héroïque ; les Grecs la ramassent ; Shakespeare l'étend ; les Grecs s'en tiennent au héros ; Shakespeare le place au milieu de la vie héroïque et l'affronte à l'univers. Mais que l'on ait sous les yeux un homme ou l'univers, la crise fait le fond du drame, avec les passions ou les événements qui l'amènent, et la catastrophe qui la suit. Wagner chante des passions puissantes, mais non en état de crise. Elles sont accomplies du premier coup ; et la catastrophe avec elles. Elles comptent sans l'événement, qui n'importe pas ou peu. La difficulté de *Tristan* est admirable : un cri en trois actes. C'est une gageure d'en avoir fait un drame. Quand on se met à ce ton, il est impossible de le soutenir : un autre que Wagner n'y eût pas réussi.

Une erreur capitale de Wagner est de croire que son orchestre puisse jouer, dans le drame, le rôle du chœur dans la tragédie grecque[74]. Et

---

72 La construction de *Tristan* est très simple en effet. Le premier acte se passe sur un navire voguant vers la Cornouailles ; le second dans un jardin, devant la demeure d'Isolde, nuitamment ; et le troisième en Bretagne au pied de Kareol, le château de Tristan. Le premier acte est celui d'Isolde, de sa fureur et de l'erreur fatale qui conduit les deux ennemis à boire un philtre d'amour. Le second réunit les deux amants dans un duo d'amour d'une longueur jamais égalée. Le troisième est celui de Tristan et de son agonie.

73 [Note de l'auteur] En définitive, *Les Maitres Chanteurs*, qui semblent la plus vivante des œuvres de Wagner, s'éloignent le plus du système, et ne sont à tout prendre qu'un merveilleux opéra.

74 Wagner développe l'idée que l'orchestre remplirait le rôle du chœur antique dans *Opéra et drame*. C'est à l'orchestre qu'il attribue la fonction de commenter l'action, par l'intermédiaire du leitmotiv. Cela explique qu'on trouve peu de chœurs dans une œuvre aussi vaste que la *Tétralogie*. Prenons un exemple : au premier acte de la *Walkyrie*, Sieglinde décrit un étranger à Siegmund. Au moment où elle prononce ces paroles : « ein Fremder trat da herein » (« un étranger entre alors »), on entend à l'orchestre le thème du Walhalla (la demeure des dieux). Ainsi, l'orchestre fournit une information essentielle

d'abord, le chœur ne joue point le rôle qu'il croit. Wagner veut y voir, comme dans son orchestre, l'acteur essentiel de l'action intérieure, du monde invisible, des sentiments secrets, des émotions élémentaires. Les Grecs n'ont jamais pensé à faire du témoin l'acteur essentiel du drame.

Le chœur, dans la tragédie grecque, est un témoin idéal. L'orchestre de Wagner est, au contraire, l'organe de la passion et de l'émotion en jeu sur la scène. Loin d'être un témoin désintéressé, il exprime les intérêts suprêmes du drame. La beauté du chœur antique tient en partie à sa valeur comme force sociale.

Il incarne la Cité, et l'étique supérieure de la vie en face des passions individuelles, et des violences éphémères. Sa présence rassure la raison : elle est pour beaucoup dans l'impression sublime de sérénité que laisse la tragédie grecque. Le chœur enfin est la voix calme du peuple, dans le sens où il est lui-même la plus haute expression de la nature. Sans y faire effort d'aucune manière, le chœur donne une forme à la réflexion morale[75] ; et même quand il prend parti, il semble désintéressé. Sa grandeur vient de là : il oppose une fatalité à une autre, celle de la nature réglée à celle des passions ; et sa noblesse naît de la tranquillité lumineuse, où sa présence force les faits les plus terribles à se mouvoir, et même à se fixer.

Comment Wagner, du reste, eût-il rejoint les Grecs en partant de la symphonie ? On peut aller, à la rigueur, de Shakespeare à Sophocle. Mais, quand même l'âme de Beethoven serait coulée au moule des anciens, la symphonie avec chœurs est à l'autre bout de l'art, où la tragédie grecque n'est pas. Que Wagner ait cru procéder de Shakespeare, comme de Beethoven, cette illusion est le vice de tout son système. Gluck était moins loin de la vérité tragique, si elle peut aller avec l'expression musicale. Il est, à coup sûr, bien plus près des Grecs. Il est plus humain. Il

---

à l'auditeur-spectateur, en lui suggérant que cet étranger est le maître du Walhalla : le dieu Wotan. La musique commente les propos de Sieglinde qui, de son côté, reste dans l'ignorance. À ce moment précis, l'auditeur en sait plus que le personnage lui-même. Pour autant, cela ne signifie pas la disparition du chœur dans les œuvres wagnériennes, bien au contraire. On trouve d'importants et d'imposants chœurs dans *Lohengrin*, *Les Maitres chanteurs*, *Tannhäuser* ou *Parsifal*, qui obéissent à une esthétique différente.

75 [Note de l'auteur] C'est en effet le scandale des aristocrates, que la foule injuste et stupide forme pourtant, dans sa suite infinie, un seul peuple qui est le témoin immortel de la raison et de la justice.

est plus général. Et le signe, – qu'il applique tout son génie de musicien à réduire le plus possible la part de la musique dans le drame.

En incomparable musicien qu'il est, Wagner donne trop à la sensation ; il la nomme en vain sensibilité ; c'est à l'élément passager et contingent des passions qu'il accorde le plus. Pourquoi confondre la sensibilité sensuelle et la sentimentale ? L'une est le terreau de l'autre, qui ne s'en passe pas ; mais elle en est aussi le fumier, fort souvent. La seconde qui fait la vie du cœur, et le cœur même, est émotion. Dans l'émotion, il y a une idée faite sentiment : c'est la pensée sensible au cœur. Il n'en faut pas tant, sans doute, pour toute sorte d'émotions, qui vont et viennent, et ne touchent pas le fond de l'homme. Mais pour celles-là, qui sont les émotions universelles, où l'homme de tous les temps se reconnaît, et doit de plus en plus clairement se reconnaître, elles ne sont faites que de l'idée vivifiée en sentiment. Et ce n'est pas la musique qui les exprime le mieux, ni dans leur variété immortelle. La musique, qui veut les définir sur la scène, leur ôte de ce caractère éternel, qui leur est propre. Une simple parole y suffit, quand elle va chercher certaines associations d'idées, que la suite des siècles nous a faites, qui ébranlent les ondes du sentiment, et arrivent même par ce moyen à réveiller les sensations profondes de l'instinct, où la musique se flatte seule de correspondre. La force unique de ces émotions vient de ce qu'elles sont générales en chaque homme, et ne dépendent pas que des sens, en chacun, ni de ce qui excite les sens. Quand Œdipe, après s'être crevé les yeux, touche la tête de ses enfants ; ou quand Hamlet courbe sa mère sur la comparaison des deux hommes qu'elle a mis dans son lit ; ou s'il prend le crâne d'Yorick entre ses mains ; il n'est personne, où que ce soit, en quelque temps que ce puisse être, qui n'éprouve une de ces émotions, où l'idée s'est faite sentiment. Ce sont les émotions que j'appelle éternelles. Elles ne sont pas dans la dépendance des sensations. La musique l'est, quoi qu'elle vaille d'ailleurs. Car enfin le grand péril de la musique est d'avoir un pouvoir irrésistible, et de ne l'avoir qu'un moment. La musique a une puissance sensuelle et éphémère. La musique varie avec les temps.

Toute musique nouvelle a paru, dans le siècle ou elle s'est fait entendre, le dernier mot de la musique. De qui n'a-t-on pas dit, qu'après lui la musique ne saurait aller plus loin ? – On l'a dit de Roland de Lassus ; on l'a dit de Lully ; on l'a dit de Gluck ; on l'a dit de Mozart ; on l'a dit de Wagner ; on le dira, quelque jour, d'un autre. Car on avait déjà pu le dire de Timothée[76], chez les Grecs. La raison en est que chaque musique nouvelle donne, en effet, le dernier mot de la sensibilité d'un temps. Sur un fond commun, les sensations sont en mue perpétuelle. Tout instrument qu'on invente est l'outil de la décadence pour la musique en faveur, et d'un renouveau pour la musique prochaine. Sort mélancolique, celui des plus beaux musiciens ; ils ont touché tous les cœurs, à leur heure ; et ils n'en doivent plus toucher aucun, au bout de quelque cent ans. Voilà le danger de suivre la voie des sens. La musique a une fin sentimentale ; mais ses routes sont charnelles. Périssable est toute chair. Mais rien ne séduit tout à fait que par elle. Et rien n'a la séduction du sentiment qui lui parle, qui parle en elle et par elle. La séduction de la musique est proprement celle-là.

La musique, malgré tout, est femme[77]. Le drame de Wagner me semble une femme divine, qui veut faire l'homme. Et, sans doute, pas un homme ne pourrait de bien loin, faire la femme, comme cette femme-ci fait l'homme. Mais il vaudrait mieux que femme divine et véritablement déesse, elle restât femme, et que non pas elle fît l'homme. Le plus souvent, d'ailleurs, elle la reste.

Voici donc le fond caché, où la musique s'oppose une fois de plus au drame. « L'éternellement humain » est le véritable objet de la tragédie ;

---

76 Timothée de Milet est un célèbre musicien et poète grec de la fin du Ve siècle avant J.-C. et de la première moitié du IVe (environ 450-360). Poète et citharède, il est entré dans l'histoire pour avoir ajouté des cordes à la lyre, laquelle passant à onze, devint la cithare. On a principalement retenu *Les Perses* de ce compositeur. *La Semaine musicale* du 18 mai 1865 le présente comme un personnage scandaleux qui transforma son instrument pour décrire les « couches de Sémélé ». Il dut à ses innovations d'être banni, ce qui ne manque pas de le faire ressembler au personnage de Tannhäuser. On peut s'étonner de cette allusion érudite, d'autant que Suarès ne le mentionne que par son prénom. Outre que cela montre bien qu'il ne cherche à s'adresser qu'à des lecteurs avertis, on perçoit ici sa culture musicale. Timothée de Milet n'est pas un inconnu des manuels d'histoire musicale que l'étudiant a pu consulter. Laure Collin, professeure à l'École normale supérieure, autrice de l'*Histoire abrégée de la musique et des musiciens* (1882 pour la première édition, 1891 pour la septième) mentionne dans son ouvrage l'influence de Timothée de Milet.

77 Malgré les erreurs supposées de Wagner, Suarès reprend pourtant les éléments principaux de la pensée wagnérienne comme cette idée que la musique est féminine et le texte masculin. De même l'idée que le drame est issu de « l'éternel humain ». Dans *Opéra et Drame*, Wagner déclare : « La Musique est femme. La nature de la femme est l'amour ». Et il file la métaphore en présentant la musique (d'opéra) italienne comme « une fille de joie, la française comme une coquette et l'allemande comme une prude » (*op. cit.*, T. IV, 192-197).

elle vit de ce qui est universellement cordial ; elle n'est grande que si elle s'élève sur le pathétique intérieur ; car le fond des passions éternelles ne change pas ; mais oui, le moyen de les mettre en branle. Les passions les plus profondes sont celles dont le contenu intellectuel, sans cesse accru, laisse intacte la fibre sentimentale et toute la matière de l'émotion. À un moment donné, et pour les hommes de ce temps, la musique pure fait éprouver ces passions au plus grand nombre. Mais la parole poétique les éveille pour une durée indéfinie, et les évoque mieux que rien ne peut faire. Au contraire de la musique parlée, où la parole chantée donne trop à la sensation, et a le tort de ne pas lui tout donner. La sensation lui échappe au bout d'une époque, car elle est l'apparence des passions, et en perpétuel mouvement. Cette considération est bien plus importante que celle de la légende. Elle est, du reste, pour beaucoup dans le choix que Wagner a fait de poèmes légendaires. L'avantage de la légende, quoi qu'on dise, est surtout d'opéra. Si Wagner en garde quelque chose, c'est qu'en effet ses drames n'en sont pas tant qu'il dit. La musique n'explique pas. Un milieu trop défini se glisse, comme un obstacle, entre la musique et la sensation. La légende sert aussi peu le drame, qu'elle est utile à l'opéra[78].

La puissance du poète crée les symboles et les types. Non les symboles, – les types ni la poésie. On oppose fort imprudemment l'Idée à la Vie, sans prendre garde à tout ce qui les confond dans les grands poètes, – et les distingue dans les petits. Comment ? Cela n'a pas d'intérêt : aux petits de savoir comme en eux ces éléments se séparent, et par où. Les grands savent bien par où ils se tiennent, et qu'en eux ils se marient. Ils le savent, et, du reste, ne s'en soucient pas.

On se lassera, peut-être, du drame en musique, – qu'on l'appelle opéra[79] ou d'un autre nom[80]. On ne voudra plus se prêter à ce spectacle, quand on aura une idée assez haute du drame, et un cœur assez passionné de musique. C'est un plaisir raffiné, peu sain, et qui trompe ; un genre faux, un régal de cour.

---

78 [Note de l'auteur] Tous les opéras à anecdotes soi-disant historiques ne tournent-ils pas l'histoire en légende ? Elle est piteuse, parce que les poètes sont plats. Mais ce malheur ne tient pas à la méthode.

79 Allusion au texte de Wagner : « À propos du terme de "drame musical" », 1872, XI, p. 120-128. *Cf.* note suivante.

80 [Note de l'auteur] *Cf. Wagner*, IX, 300-310. « *Ueber die BenennungMusik Drama* », 1872.

L'union du drame et de la musique nuit à tous deux. En Wagner, ils ont fait l'essai de noces amoureuses, et du plus noble mariage d'amour. Il n'est pas sûr que l'union soit la plus heureuse de toutes. On ne vit point de plus ardents ni de plus beaux fiancés ; le couple n'est pas si admirable qu'eux. Peut-être, est-ce la fatalité de tous les ménages. Qu'on laisse donc leur liberté aux dieux.

Quand le poète et le musicien ne sont pas le même homme, ils se combattent, s'étreignent sans jamais se comprendre, et ne produisent qu'une œuvre médiocre : tout y est contrariétés. La critique de Wagner, là-dessus, est décisive. Quand le musicien et le poète ne font qu'un, ils ne sont pas encore le même homme. L'un des deux a le pas sur l'autre. L'équilibre n'est jamais atteint. Jamais un musicien n'eut de si grandes facultés poétiques que Wagner : mais elles n'eussent pas été du premier ordre, si le génie du musicien n'avait été lui-même hors de l'ordre. Il viendra peut-être un poète, à qui les dons de l'âme musicienne seront faits : sa poésie alors fera passer sa musique. Il n'est pas probable, pourtant, que le poète tragique trouve en défaut la tragédie ; c'est plutôt la musique, cette femme, qui souffre d'un manque. Deux puissances contraires ne s'accroissent point l'une de l'autre, mais se détruisent. Toute œuvre admirable de l'art porte en elle sa théorie ; mais qui ne justifie qu'elle. Et la théorie où donne lieu une œuvre admirable, n'est jamais la justification d'un système. Il n'y a point de système en art. L'individu fait en tout le fondement de l'art ; le général n'est pas de ce domaine. Plus l'œuvre est belle, plus elle est unique ; et plus elle trompe là-dessus : c'est proprement séduire.

Les grandes œuvres sont parfaites de soi : leurs vices mêmes y entrent ; car pour les défauts, en elles-mêmes elles n'en ont pas. La Symphonie en *ut* mineur ; la Sonate à l'archiduc Rodolphe, ou celle à la Brentano ; le Quatuor en *ut* dièze mineur, ou ce simple Lied de Sehnsucht, qui répète cinq fois sa divine plainte, ne laissent rien désirer à qui les entend[81]. Le cœur est plein, et ne veut rien de plus. L'imagination est au comble : on rêve, et ce n'est pas un triste rêve : quoi de plus ?

81 La *Symphonie en ut mineur*, est la *Symphonie n° 5*, opus 67, dite *du Destin* de Beethoven. La *Sonate pour piano, n° 32, en ut mineur*, opus 111, est dédicacée à l'archiduc Rodolphe. La *Sonate pour piano, n° 30, en mi majeur*, opus 109, est dédiée à Maximiliana Brentano. Le lied *Sensucht* est composé sur un poème de Goethe. Ce titre peut se traduire par « nostalgie ».

La IXe Symphonie ne mène pas au drame, mais à une Symphonie vocale, où les plus vastes passions de l'homme puissent s'exprimer : non point par l'action qui est du drame ; dans l'extase et l'enthousiasme, qui sont de la musique, de l'amour et de la religion. Cette Symphonie populaire, on ne l'a pas encore : cependant, il me semble presque que ce divin *Parsifal* la soit. Le drame doit aller à d'autres destins, et à une autre forme, que je n'ai pas besoin de dire. Qu'on n'oublie pas pourtant que ni la vérité humaine, ni le grand amour ne peuvent être, désormais, plus absents de la belle tragédie, que le divin ne peut l'être de la musique.

Il est temps que l'Art vous donne une Religion.

L'ADIEU À BAYREUTH

I
Sur la colline

La colline de Bayreuth…

Qui eût cru que ce nom, au son rude et aboyant, devînt si doux à toutes les âmes fortes ? J'aime ce lieu entre tous les lieux du monde, quelques-uns seulement exceptés. Il est cher à l'esprit, et lui parle d'un beau triomphe. Là, un grand homme a donné corps à un grand rêve ; et si même, l'ayant accompli, il en était resté déçu, il le fait toucher du doigt à tous les hommes. Qu'il est beau de voir un grand homme asseoir sa conquête, et laisser sur la terre un témoin solide qu'il l'a pu faire ! Ici, Wagner parle en conquérant.

Le grand artiste ne peut pas aller plus loin : il fonde aux yeux cet empire où il prétend dans les cœurs. À moins de s'ôter à tout, il ne peut faire mieux que de s'imposer à tout. Qu'il choisisse, d'être dépossédé du monde jusqu'à l'être de lui-même, ou d'y passer en conquérant. Qu'il soit sans lieu sur la terre ; ou qu'il montre sa vraie nature, qui est de conquête, en s'emparant d'un lieu qui ne soit plus qu'à lui. Ce Bayreuth, qui n'était point connu que par le nom d'une princesse bizarre[1], atroce et spirituelle, appartient désormais à ce que la pensée connut de plus plein et le sentiment de plus haut. Telles larmes ont ici coulé en silence, et tels sourires sont ici venus dans l'ombre, sur telles lèvres, dont rien ne

---

1 Frédérique Sophie Wilhelmine de Prusse (1709-1758), margravine de Bayreuth, était la fille aînée du roi de Prusse Frédéric-Guillaume Ier, et la sœur de Frédéric II de Prusse. Voltaire a écrit une ode à l'occasion de sa mort. Elle composait et fit beaucoup pour la vie culturelle de la ville de Bayreuth. En particulier, on lui doit un somptueux théâtre baroque qui est encore aujourd'hui l'un des plus beaux d'Europe, inauguré en 1748. Inscrit au patrimoine mondial de l'UNESCO, il a fait l'objet récemment de travaux de restauration.

pourra jamais dire le prix caché : ces perles sont au fond de l'océan, et il n'est point de joaillier qui les sache sertir. Il faut qu'en peu de temps le ciel de ce petit pays se fasse plus pur, que sa ligne soit plus belle, et son horizon plus noble : ou il aura manqué à sa destinée, puisque ce qu'il y a de meilleur et de plus noble en Europe y vient ouvrir les yeux, et s'y fait plus large de cœur. Car, pourquoi se soucier de la foule et de ce qui n'en est pas digne ? Ce n'est point assez pour qu'on en parle, et ce n'est que le nombre. Ce qui n'est point assez s'efface de soi-même ; il n'a qu'à passer.

Que Wagner est grand, en cet étroit espace : des yeux les plus aveugles mêmes, il y est vu seul tel qu'il est. Ici, il n'y a que lui. Tout est de lui ; tout est à lui. Il lui fallait une ville de cette sorte, où, après tout, la cohue lui fait aussi cortège. N'avoir pas toujours eu trois pieds de terre, où vivre en repos, et avoir enfin sa ville : toutes les âmes avides d'empire, comme la sienne, s'en réjouissent ; et l'ironie de la foule, que ce vainqueur convie à sa victoire, n'ajoute pas peu à leur attendrissement. En vérité, il faudrait payer leur charge d'or à ces princes selon le monde, à ces riches, à ces lettrés, à tous ces séculiers de l'art pour les forcer au culte annuel qu'ils rendent, si la mode ne les y obligeait pas. Ainsi, chaque été, les fils et les neveux de ceux qui sifflèrent, vont au service expiatoire, et s'agenouillent devant ce qu'ils ont sifflé. Idée délicieuse, qui n'a pas sa pareille, quand l'on pense que les fils, à leur tour, siffleront demain ce que leurs pères à genoux ont loué.

Bayreuth est un lieu admirable, parce qu'il enseigne la grandeur de l'homme. Bayreuth parle de l'artiste comme d'un conquérant. Wagner est l'homme qui a pu grandir jusqu'à être lui-même, qui le veut, qui n'a jamais cessé de le vouloir, et qui contre tout l'univers ne cède rien. Voilà pourquoi je compare Bayreuth à Sainte-Hélène, et ne le trouve pas moins unique ni moins grand. Combien plus doux au cœur, toutefois ! Avec une force peut-être égale, Napoléon et Wagner parcourent une route contraire : il est bien digne du Capitaine d'aller finir seul sur son rocher, comme si, ayant tué tous les hommes, il restait lui seul à l'humanité. Et il est digne de l'Artiste d'élever un temple à la beauté, où les plus pauvres créatures accourent, et où, pour leur étonnement éternel, elles retrouvent quelquefois l'âme que jamais peut-être elles n'eurent, et quelques titres à l'humanité.

On n'honorera jamais assez l'homme qui honore l'homme.

La vie qui n'a que des objets continus ne tient guère à la personne ; et la vie du reste, ayant toute la force, est l'injure immortelle. Que les hommes du moins éprouvent ce sentiment de vénération : car, à quoi tend tout le genre humain, sinon à produire, de loin en loin, un homme assez beau pour être vénérable ? Ils ne lui doivent pas moins qu'il ne leur doit ; mais il le sait, plus souvent qu'ils ne le savent. Qui est dans l'ordre ? C'est lui pourtant qui fait toute votre dignité. L'homme, pour l'ordinaire, n'est que l'animal méprisable, et que non seulement toute la nature méprise, mais qui lui-même se doute qu'il se doit lui-même mépriser.

Les trompettes de *Parsifal* sonnent, au coucher du soleil. Leur mélodie dorée appelle comme une bouche d'or les assistants au temple[2] ; et cet appel tient du plaisir et de la prière… Il s'élève, au milieu de la chaleur d'été, et d'une foule tumultueuse, comme une invitation à sortir de soi-même et du monde profane…

Les coteaux, poudreux d'une chaude poussière, se trempent déjà dans les eaux plus limpides du couchant, et revêtent les voiles transparents et les robes violettes, que porte la fin du jour… Un peu de pur amour pénètre tous les cœurs, et même les plus rebelles… Une âme religieuse est partout répandue… L'humble horizon prend la grandeur des heures pacifiques ; et les arbres se disposent au soir avec encore plus de naïveté et d'heureuse douceur. Les trompettes sonnent encore, et dans l'air purifié, la mélodie d'or s'élève…

Ceux qui furent ici, du temps où Wagner y était, disent y avoir vécu la vie inimitable[3]. Ils virent le grand homme créer son œuvre pièce à pièce, et la mettre au jour dans le triomphe. Et ce temps-là, sans doute,

2 Au festival de Bayreuth, le public n'est pas averti du commencement imminent de la représentation par une sonnerie électrique comme cela se produit habituellement au théâtre ou à l'opéra. Une petite fanfare de cuivres de l'orchestre s'installe au balcon donnant sur l'esplanade du théâtre, et joue des leitmotive de l'œuvre annoncée. D'abord quinze minutes avant le début de la représentation, puis dix, puis cinq, avant la fermeture et le verrouillage des portes. Cette tradition a été instaurée par Wagner lui-même dès le premier festival en 1876. Il a prévu l'arrangement des leitmotive pour chaque œuvre. Ces appels sont écoutés cérémonieusement par le public amassé devant le Festpielhaus attendant les dernières notes pour entrer. En ce qui concerne *Parsifal*, on entend avant le premier acte le thème de la rédemption ; avant le second, celui de Parsifal ; et avant le troisième, des variations sur le thème de la rédemption (écrites par le compositeur).

3 Les témoins de cette époque sont nombreux, à commencer par Cosima qui tenait régulièrement son journal, ainsi que les premiers interprètes du festival, chefs d'orchestre,

ne peut plus s'imiter. Pourtant les hommes qui y participèrent, comme ils en eurent le privilège, ont eu le sort de tous les fidèles : ils furent heureux et petits. Ils ont un maître, et ils n'en peuvent pas être libres. C'est pourquoi, enviables pour tous les autres, je ne les envie pas.

Je préfère passer le même temps, en esprit, près de Wagner, sous les saules, où il dort, dans la terre qui n'a pas perdu toute trace, peut-être, de ses pas. Que ce tertre m'est cher… À ma pensée, il offre un lit de repos, et le plus noble des trônes.

L'herbe molle, le gazon vert et les fleurs croissent autour de la pierre : à deux pas, sous les arbres, l'une et l'autre maison, inégalement passagères, où Wagner demeura et où il demeure… Ce grand conquérant de l'art est bien aimable, qui a voulu que son bon chien eût sa place près de lui. Ainsi, de la plus durable de ses demeures, il dit en souriant son fait au tumulte, et à la gloire de l'autre, à ces foisons de disciples et d'amis. Puis enfin, j'aime cette naïveté qui confond les rangs, après les avoir mesurés. Wagner avait lu dans les yeux de ce bon chien, qui ne le quitta jamais : le rare modèle de la fidélité, qui oublie tout à ses dépens, qui ne se lasse pas, et ne prétend rien. On fonde un empire ; et contre l'oubli on s'assure un chien[4].

---

musiciens, chanteurs… Ajoutons les témoins et spectateurs, amis, écrivains, philosophes. Il existe toute une littérature sur ce sujet.

4 Wagner eut plusieurs chiens auxquels il fut toujours très attaché. Le dernier, un terre-neuve noir, s'appelait Russ (suie, noir de fumée). La tombe de Richard Wagner est installée à l'arrière de la maison, dans un grand jardin donnant aujourd'hui sur une partie publique. La tombe est entièrement recouverte d'un épais manteau de lierre. Cosima est inhumée près de son époux. Et juste derrière, on aperçoit une toute petite tombe : celle de Russ. On peut lire « Hier ruht und wacht Wagners Russ » : « ici repose et veille, Russ, le chien de Wagner ». L'amour des animaux a conduit le compositeur à défendre le végétarisme à la fin de sa vie. Il avait accueilli le jeune terre-neuve alors qu'il était à Tribschen (Lucerne). Russ mourut le 2 mai 1875.

II
Remarques

Car il faut plus d'un coup, pour enfoncer le clou.

Les musiciens ont la tête dure. Ce sont têtes de bois au masque de compétence, et qui n'ont qu'une parole à tout : voyez-moi. L'amour-propre répond de leur excellence.

Voilà pourquoi j'ai pris quelques clous d'or encore à la forge de Loge, pour les enfoncer avec la masse de Donner dans ces fronts de bois[5]. De quoi se plaindraient-ils ? Donner et Loge ne sont que les bras de Wagner, aussi.

« Va, va, redouble ! – dit le poète à l'âme peu patiente. – Frappe trois et quatre fois. Ils ne t'entendront que si tu te répètes. Et même alors ils ne se rendront pas. » Le très sage Dante ne se lassait pas de voir punir les coupables : encore qu'il plaignît les patients, il trouvait bon qu'ils fussent au supplice.

Que les clous d'or aillent donc attacher la langue de la vanité au palais de ces têtes de bois[6].

1. Si je me suis fait comprendre, Wagner eût-il laissé les plus beaux drames du monde, son système dramatique n'en serait pas moins contraire à la tragédie. Dans le drame selon Wagner, la force de Wagner, l'ardeur de son génie ont tout fait, et sont tout le drame. Une si admirable puissance suffit à une œuvre admirable ; elle ne peut suffire à un système. Elle est un effet de la personne et du génie ; elle disparaît avec elle, avec l'homme. Une vérité ne peut être personnelle à un homme. La vérité

5 Dans la *Tétralogie*, inspirée par la mythologie nordique, Loge est le dieu du feu et Donner le dieu du tonnerre. Ce dernier possède un marteau énorme avec lequel il fait résonner le tonnerre à la fin de *L'Or du Rhin*.

6 [Note de l'auteur] Et peut-être éternueront-elles enfin cette fameuse compétence qui leur donne si fâcheusement un si long rhume depuis vingt ans. Parlez-leur musique, et ils vous répondront accords, timbres, intervalles, et tout ce ténébreux mystère que n'importe qui peut percer en trois mois.

d'un système n'en dépend pas ; ou le système n'est pas vrai, si grand ait été l'homme, si vrai ait-il paru en lui.

2. Il est oiseux de vanter la beauté des œuvres dues à Wagner. On la sent assez. Il est fort utile de savoir d'où elle vient. Et comme toute œuvre d'art en son effet elle procède de l'homme. Admirons par-dessus tout cette unité. On lui doit ce paradoxe d'une épopée, qui semble la forme nouvelle du drame. Vraie pour Wagner seul, la doctrine qui a produit de tels ouvrages ne l'est pas pour les autres. Et, bien loin de porter le germe de l'avenir, c'est la fleur suprême du passé qui s'épanouit en elle. Toutes les forces de l'art s'unissent pour donner un Wagner : je ne vois pas, en retour, ce qu'à l'art Wagner peut rendre : ce n'est pas, en tout cas, la tragédie.

3. Le fondement de cette unité est celui de la symphonie. Le développement du drame wagnérien est celui d'une symphonie géante ; les motifs s'y comportent en thèmes véritables. Ils s'y organisent avec la logique et la fatalité propres aux œuvres de la nature. Rien n'est plus éloigné de l'incohérence générale, où la musique est tombée depuis Wagner : elle se dissout en poussière d'harmonies, en souffles dispersés, en élans contraires. Le motif, comme en use Wagner, est la cellule du tissu mélodique ; l'élément est simple, l'organisation est poussée à l'infini. La même cellule s'organise en tissus divers, selon les fonctions ; mais c'est elle qui fait l'unité profonde de l'ensemble, – le continu mélodique. À tel point, que le tissu greffé dans un autre organe, se modifie selon l'usage qu'on en attend. La mélodie infinie, ou continue, est à la racine de cette unité merveilleuse, comme elle en constitue le développement[7]. L'analyse de cette unité pourrait se faire page à page[8]. Elle entraîne une foule de détails, qu'on remarque sans doute, mais le plus souvent sans voir d'où ils procèdent. Le caractère de cette musique est celui d'une science, si consommée qu'elle produit l'illusion de la spontanéité, – ou, inversement, d'une spontanéité si vivante qu'elle semble l'effet d'un

7 [Note de l'auteur] Un des modèles, le plus clair qu'on en ait, dont l'étude soit le plus facile, – le début du *Rheingold* et de toute la *Tétralogie*.

8 Le début de *L'Or du Rhin* et donc de la *Tétralogie* tout entière est en effet très original puisqu'il s'agit d'un même thème répété à l'envi de façon lancinante, durant 136 mesures, qui plonge l'auditeur dans les profondeurs du Rhin et l'entraîne dans un crescendo enivrant de 4 à 5 minutes.

calcul sans bornes. Ainsi, on ne trouve presque jamais dans Wagner, depuis *Tristan*, un motif répété tel quel dans l'ouvrage, en faisant varier seulement la tonalité. Ou bien, si Wagner use de cet artifice, c'est que le motif lui-même, en musique, et en raison, ne doit pas se modifier : soit, comme dans *Parsifal*, un amen liturgique[9] ; ou une sonnerie de cor[10] comme à travers *Le Ring*. L'unité est si forte, que dans les grandes œuvres de Wagner une tonalité domine positivement : dans *Les Maîtres Chanteurs*, les tons d'ut majeur et de mi majeur, avec leurs relations simples ; dans *Tristan*, les tons de fa[11] ; dans *Parsifal*, ceux de la bémol majeur et de si bémol mineur. De même, l'accord de quinte est particulièrement fréquent dans *Les Maîtres ;* celui de septième diminuée dans *Tristan ;* et dans *Parsifal*, l'accord de quatre et sixte. On ferait aisément des observations analogues sur l'emploi des instruments[12], et sur la fréquence de dessins persistants, qui varient d'un drame à l'autre, mais en quelque sorte dans le même plan, et embrassent avec un art incroyable les mélodies particulières.

Il faut en conclure que c'est là le plus beau style de la symphonie. Le mot si noble de Wagner sur « les hauts faits rendus visibles de la musique » peut donc se traduire[13] : « Le drame est une symphonie

---

9 « L'amen liturgique » est une allusion à un thème entendu dans le prélude de *Parsifal* : celui de la foi. Wagner l'a repris d'une ancienne mélodie religieuse appelée l'*Amen de Dresde*. On trouve une autre utilisation de cet *Amen de Dresde* dans la *Symphonie Réformation* de Mendelssohn.

10 La sonnerie de cor est le thème qui annonce l'arrivée de Siegfried dans les deux dernières journées de la *Tétralogie*.

11 [Note de l'auteur] Et la persistance du chromatique, à travers toute l'œuvre.

12 [Note de l'auteur] Il faudrait que quelqu'un se proposât d'en montrer un jour la personnalité véritable, surtout en ce qui regarde les cors, les altos et les trombones. Il en est de même, dans Beethoven, des quatre organes du quatuor : qui n'en a pas étudié les personnes diverses et libres, ne peut comprendre la valeur psychologique de ces œuvres incomparables.

13 Suarès cite ici deux expressions de Wagner. La première est documentée et Suarès donne le texte original (« ersichtlich gewordene Taten der Musik ») ainsi que la référence (IX, 306) et le titre du texte théorique dont il est extrait *Ueber die Benennung Musikdra*, c'est-à-dire *Sur l'expression Musikdrama*. Lichtenberger cite cette expression et ses références dans son chapitre « L'union de la poésie et de la musique dans le drame », *op. cit.*, p. 247. Il commente : « Il est peut-être bon de remarquer que cette définition se trouve dans un opuscule intitulé *Ueber die Benennung Musikdrama* qui fut composé en 1872, à une époque, par conséquent, où Wagner, sous l'influence des théories de Schopenhauer, était disposé à voir dans la musique la représentation directe de la Volonté qui constitue l'essence de l'univers, et à lui attribuer par suite une valeur supérieure à celle des autres arts ». Pour la seconde (« aimez-moi ; mais ne me suivez point »), Suarès ne donne pas de référence.

animée, produite aux yeux par le spectacle, et par les mots à l'esprit[14] ». Salut véritable d'un poète épique à l'épopée.

Wagner avait coutume de dire : « Aimez-moi ; mais ne me suivez point. Que je vous serve à être vous-mêmes, et non à vous empêcher de l'être. Prenez de moi ce qu'il y a en moi de bon pour vous, et qui n'est pas moi. Surtout ne m'imitez pas. » Il donnait ce conseil plein de sagesse, avec douceur et bonhomie, le plus souvent. Mais sans doute il sentait parfois une violente colère de voir qu'il fût obligé de le donner à un si grand nombre de gens. Que serait-ce s'il eût vécu ? Après l'injustice qu'un temps lui fait en le méconnaissant, il n'en est pas de plus cruelle, pour un grand artiste, que celle qu'un autre temps lui inflige en le répétant. D'abord, on voulait l'empêcher de vivre ; puis on lui rend insupportable sa propre vie. On est plus irrité d'être méconnu par une admiration idolâtre, que par une haine active. Paresseuse est toute idolâtrie. Comme Michel-Ange, Wagner est la victime d'une parodie universelle. Il est adoré à la manière de ces dieux, que leurs adorateurs dévorent : il n'est pas tant leur dieu que leur viande, ni leur prière que leur aliment. Ils eussent cruellement tourmenté leur idole, de son vivant ; et ils l'humilient.

La servilité de l'admiration est une dure offense. Il ne faut prendre d'un tel homme qu'une grande leçon de liberté. Wagner n'a pas été le plus libre génie, pour se plaire à régner sur des esclaves. Il n'est qu'un bon moyen de l'honorer : c'est de le comprendre, et d'être libre de lui. Comment imiter Wagner ?

On n'imite avec fruit qu'un art qui rend plus fort celui qui imite. Il lui sert ; il ne l'accable pas. À ce qui est si singulier, on ne peut que s'asservir. On y perd toute force. Celle de cet art terrible absorbe tout. Qui va s'imaginer de passer Wagner sur les traces de Wagner même ? – Dès lors, à quoi bon s'y mettre et y persister ? Dessein misérable.

Il est des artistes, il est un art qu'on imite avec bonheur, et qu'on doit imiter même. La vertu des grands classiques est celle-là : qu'ils sont des maîtres bienfaisants pour tous, pour les plus étranges, les plus hauts, les plus rares, comme pour leurs plus humbles disciples. Tous

14 [Note de l'auteur] *Ersichtlich gewordene Thaten der Musik.* – IX, 306. *Ueber die Benennung Musikdrama*, 1872.

ont à gagner avec eux. Leur société est une école de vertu. La vertu, en art, c'est le bon style.

La sagesse en tout art consiste, d'abord, à séparer avec soin ce qui est de l'étude et ce qui est de l'homme même. L'étude de ce qui s'apprend est à la base d'une bonne discipline ; et il n'est personne qui n'en dépende. Tout artiste doit être instruit dans sa langue. Mais les mots, la grammaire, et l'usage même des bons auteurs font seuls la bonne imitation. La syntaxe, les tours hardis, les rencontres uniques des grands artistes ne sont point ce qui s'imite ; ils ne sont point à qui veut ; et si on les prend, c'est prendre en effet, et non pas imiter. Le procédé n'est rien de plus que l'imitation par système de ce qui ne s'imite pas.

Quand les Italiens ont connu la manière flamande de peindre à l'huile, ils l'ont prise à bon droit, et sans rien dérober aux Van Eyck ni à l'art des Flandres. Tout ce qu'on construit d'instruments nouveaux en musique, les musiciens peuvent le regarder aussitôt comme leur propriété commune ; ils ajoutent à leurs forces, et c'est bon signe qu'ils le puissent. Un homme comme Mozart ne cesse pas de devenir plus habile et plus riche ; il n'y a découvertes qu'il ne se fût appropriées[15] : qu'il y a loin de l'orchestre d'*Idoménée* à celui de *Don Juan* ! Mais plus Mozart ajoute à ses moyens, plus lui-même en quelque sorte y ajoute de son côté. Cherubini a donné le même exemple à un moindre degré et sans génie ; Berlioz plus encore. Combien n'est-il pas remarquable de suivre Berlioz dans les deux voies où le poussait sa nature ? Il était classique d'esprit, et romantique de tempérament. Wagner l'a bien compris et l'a mieux connu qu'il ne se connaissait lui-même. En dépit de ses incertitudes bizarres, et de son désordre, Wagner savait pourquoi il préférait Berlioz à Schumann, qu'il avait en quelque mépris[16]. La

15 [Note de l'auteur] Comme Raphaël ; et c'est en quoi surtout ils se ressemblent ; car, pour la grandeur de l'esprit, Raphaël est sans comparaison.

16 Berlioz (1803-1869), Wagner (1813-1883) et Franz Liszt (1811-1886) étaient des figures de la modernité dans les années 1860. Mais de façons différentes. Berlioz n'était pas un adepte de la fusion des arts. Il critiqua Wagner lors des concerts parisiens de 1860 et n'aimait pas le prélude de *Tristan*, forme la plus novatrice du compositeur allemand. De son côté, Wagner appréciait *Roméo et Juliette* ainsi que le premier mouvement de la *Symphonie fantastique* et reconnaissait avoir été influencé par le compositeur français. En ce qui concerne Robert Schumann (1810-1856), ils ont échangé à Dresde entre 1844 et 1849. De la même génération, le goût des légendes médiévales et leur amour de la littérature les rapprochent. Mais Schumann ne reconnaissait pas en Wagner le musicien de l'avenir : il lui préférait Brahms. De son côté, Wagner trouvait le livret de *Genoveva*

pensée classique a dominé de plus en plus dans la raison de Berlioz. Toutefois, sa sensibilité demeurait nerveuse, heurtée, comme au premier jour, éprise de contrastes et de couleurs vives, oratoire enfin et même absurde. Il faut admirer pourtant la fin de cette vie : elle doit être pour l'art français d'un bel exemple. Dans *Les Troyens*[17], Berlioz s'attache à Gluck de toute son âme, mais sans cesser de parler la langue la plus neuve et la plus étrange quelquefois. Peut-être n'y a-t-il pas de meilleur parti pour un musicien, qui veut mettre la musique sur le théâtre, que de suivre Gluck, en marchant à son allure propre. Berlioz n'y pouvait naturellement pas réussir : un demi-siècle de faux goût et de désordre pesait sur sa tête. En tout cas, sa méthode est la bonne : il cherchait Gluck au fond de lui-même ; et, l'y trouvant ou non, il lui imprimait l'accent de son sentiment personnel. Mozart ne s'est pas attaché moins étroitement à la vérité de Gluck, selon les moyens de sa propre sensibilité. Quelle discipline plus féconde, que celle où l'on doit des élèves si libres les uns des autres ? – Voilà l'heureuse imitation. Ce qui n'est que formel et général en fait l'objet. Ce qui tient à l'âme de l'artiste, au propre de la pensée, et ne le doit jamais faire, en est absent.

Avec les maîtres du bon style, on apprend tout ce qui doit s'apprendre, – qui n'est pas le génie. Mais la langue de l'art, la meilleure et la plus claire, le terme propre, les lois de la syntaxe, enfin tout ce qui fortifie le génie, là où il est, et tout ce qui fait la dignité du malheur, je veux dire du talent, – là où le génie n'est pas.

Que les musiciens vivent et grandissent dans la discipline de Haendel, de Haydn, de Mozart, comme les peintres à l'école de Raphaël, de Titien, des Flamands, – et les sculpteurs à celle des Grecs. La vérité est dans Gluck, s'il peut y avoir de bonne musique au théâtre. Voilà un art plein de vertu. Haendel est le plus grand des maîtres comme disait Beethoven ; et, à mon gré, Beethoven l'entendait au sens où un maître enseigne. Il ne peut faire que du bien. Il a la vertu cardinale, et son art comme lui : il est IMPERSONNEL.

---

trop faible et reprochait à Schumann son refus des effets proprement dramatiques et théâtraux.

17 *Les Troyens* est un grand opéra de Berlioz en deux parties : *La prise de Troie* et *Les Troyens à Carthage*. L'ensemble n'est pas comparable à la *Tétralogie* mais ses proportions sont inhabituelles au point d'avoir souvent été représenté en deux soirées. Inspirée de l'*Énéide* de Virgile, l'œuvre de cinq actes et d'une durée d'environ quatre heures, fut créée en 1863 au Théâtre Lyrique à Paris. Le livret est du compositeur.

Voilà ce qui s'imite ; car tout y prospère ; et l'imitation n'y gâte, n'y enfle aucun talent, n'y corrompt aucun génie. Palestrina, Carissimi, les vieux Italiens sont bien loin de ce siècle : j'aimerais mieux qu'ils fissent l'éducation du musicien, qui demain voudra écrire quoi que ce soit, que de la confier à Wagner. Car, si l'on en approche, c'en est fait. On ne peut plus le quitter. Et voilà une nouvelle ombre. Wagner n'est victorieux que de sa personne : il n'est pas vrai comme une théorie qui a sa vérité pour tout le monde. Mais les musiciens sont de si petit esprit, en général, qu'ils n'ont conscience que de leur vanité et de leurs rancunes : presque jamais ils ne parviennent à celle de leur véritable intérêt, qui est de dompter l'amour-propre. Ils se rompent, se disloquent et se déguisent pour se plier à ce qui n'est pas fait pour eux. Et comme il leur est bien impossible d'être Wagner, ils finissent par y perdre même l'humble ressource de pouvoir être le peu qu'ils sont.

III
Paroles d'un homme à l'auditoire de *Parsifal*

Un soleil radieux se coucha sur le dernier jour de ces fêtes[18]. Comme le sang brille et revit dans la coupe sacrée, du cœur de l'astre descendant la colline jaillit la pourpre et l'or, le manteau glorieux du couchant. C'était l'heure où comme les chevaliers sous la coupole, toutes les âmes de la nature se tiennent rêveuses sous le ciel, ainsi qu'en un temple.

« Le soir est venu. Une évolution admirable nous fut commune et nous avons connu ensemble la présence du génie. Un divin crépuscule prolonge cette journée, que la Beauté a faite si pieuse et si pure, dans nos cœurs et notre méditation...

» La très forte beauté de ce qui dure, on ne peut assez l'aimer. C'est une fortune unique, comme son génie, que Wagner ait fondé un art et une ville. L'art vivra par la ville, qui a d'abord vécu par lui.

» La vie est la force, où toutes les autres se retrempent. Cette misérable vie, pleine de tristesse et de honte, est le fumier d'une œuvre supérieure. Sa pauvreté peut seule nourrir une richesse qui n'a pas de prix. Et son éphémère impureté même est la condition de la Beauté pure.

» Il est bien digne de Wagner, qu'il ait trouvé pour son art cette pierre et ce lieu parmi les hommes, que parfois ni lui, ni même un dieu n'a point où poser sa tête. Le sort de tout ce qui est, – tôt ou tard ne plus être. Mais la place où s'est élevé un beau temple est véritablement sacrée[19]. Tant qu'il y a des hommes, et qui n'ont pas perdu

---

18 Cette description poétique réunit plusieurs images wagnériennes. Les « fêtes » sont les soirées qui composent le festival de Bayreuth. « La coupe sacrée » est le Graal. Le premier acte de *Parsifal* se termine par une cérémonie qui montre le dévoilement et l'élévation du Graal. Les didascalies précisent : « une éblouissante clarté, toujours croissante, descend sur la coupe de cristal qui s'empourpre » (traduction d'Alfred Ernst). Les « chevaliers sous la coupole » sont les chevaliers gardiens du Graal. La coupole du temple du Graal est célèbre par le vers final du *Parsifal* (1888) de Verlaine, qui présente un hiatus devenu un cri de ralliement pour wagnéristes : « Et Ô ! ces voix d'enfants chantant dans la coupole ».

19 On pense ici au début du *Voyage artistique à Bayreuth* de Lavignac paru en 1897 aux éditions Delagrave : « On va à Bayreuth comme on veut, à pied, à cheval, en voiture, à bicyclette, en chemin de fer, et le vrai pèlerin devrait y aller à genoux. Mais la voie la plus pratique, au moins pour les Français, c'est le chemin de fer ».

toute mémoire, il leur souvient encore des mots divins qui ont rempli cet espace. Le retentissement des harmonies où le cœur et la pensée s'unirent, est infini. Il survit aux échos que les monuments se renvoyèrent. Des prières s'élèvent toujours des lieux, où les églises ont abrité ceux qui les élevèrent, quand ni elles ni eux ne sont plus même des débris. Voilà pourquoi l'art de bâtir est si grand, et le fondement vénérable de tous les autres. L'architecture est pleine de piété. Elle est l'image solide que le peuple laisse de lui : là, il fut ; et là, il s'est rassemblé ; il s'est convié là à une pensée commune. Ruines puissantes du Palatin, ou de Selinonte ! Un homme ne touche pas votre poussière de marbre, sans participer au culte de la Grandeur Romaine, ou de Zeus Olympien. Pour moi, je veux prendre en moi-même tout ce qui est grand, et qui puisse être sauvé du déluge des âges. Et ici, c'est à l'immense avenir que ce désir s'étend. Wagner, comme tout grand musicien, avait quelque peu de l'architecte ; et la joie de bâtir une église dut être en lui presque affranchie de l'intérêt suprême, qu'il y avait. L'œuvre du musicien est plus éphémère que toute autre. Elle dépend de trop près d'une sensibilité toujours mouvante. Mais Wagner, en fondant une maison pour son art, a édifié un temple à la musique. Voici une église, et la première ouverte sur la terre à tous les hommes et dédiée à l'Art.

» Qu'on lui rende donc le véritable hommage d'y entrer et de s'y réunir. Qu'on y apprenne la gravité pure de l'art. Toutes les œuvres sauvées de la musique sont pures. L'immortalité tue, a tué et tuera la musique. L'unique souci de plaire fait l'immortalité.

» La mode et la faveur sensuelle dominent toute musique avide de plaire. Elles ne la parent, un moment, du succès que pour sa perte. Toute mode est d'un jour. La portée sociale de la musique est immense. Il est heureux que la musique sans mœurs ne dure pas plus que sa mode. La vanité des œuvres musicales corrige le mal qu'elles peuvent faire par le mensonge. Il ne faut pas mentir ici. Car le culte, ici, touche à la religion.

» La morale, en musique comme en art, ne consiste point à en faire ; mais à la servir, sans le vouloir. Quel qu'il soit, l'art sincère et grave a sa moralité. La musique répond à ce qu'il y a de plus profond, et de plus vain à la fois dans l'homme. On plaît en flattant les sens, aux dépends de l'âme ; et on périt par là. Wagner a prévu le danger ; et le puissant effort de ses œuvres marque le dessein de relever une pensée digne de vivre au-dessus du plaisir, et des amorces voluptueuses de la vie. Bayreuth est une grande action de Wagner. Elle fait une loi à ceux qui l'aiment et l'admirent, d'aimer et d'admirer en cet art ce qu'il a de plus pur et de plus grave, au lieu de s'en tenir à ce charme sensuel, où le poison est peut-être mêlé.

» Tous ceux qui ont compris Wagner pénètrent ce beau dessein de durée, d'où Bayreuth a fini par sortir. Là, si son esprit y demeure, ce prince des artistes ne va pas cesser de donner la vie à son art. Pour autant qu'il y ait rien de durable dans l'empire de fumée, où passent les générations des hommes, et où elles font le songe d'une vapeur légère que pousse le vent, la maison de Bayreuth[20] portera témoignage qu'il y eut un grand homme pour l'élever et l'ennoblir. Il n'est pas tout entier, à quelques pas de là, couché sous les arbres.

» Qu'on porte donc surtout à Bayreuth cette passion sans intérêt, où l'âme vraiment religieuse se retrouve, et se donne une religion, après les avoir toutes perdues. N'entrez pas dans une religion puérile, et dans les rites de ceux qui ne peuvent rien librement. Cherchez plutôt ce qu'il y a pour vous et pour autrui en vous-mêmes ; et, s'il n'y a rien, honorez le Silence.

» Ainsi l'on aura fait pour Wagner tout ce qu'il convient de faire pour le grand homme. Point d'adulation, ni de jaloux esclavage. Celui-ci s'est rendu libre de tout, pour être tout à lui-même, et enfin tout à son art. Il faut faire comme lui si on le peut. Et si l'on ne le peut pas, ne rien faire du tout. Tout le monde y devra gagner en conscience. Mais on aura nourri le pays de son choix, par le tribut d'un très pur amour, et de cette admiration pleine qui rend son objet durable, parce qu'elle le comprend, et le fortifie de sa propre existence.

» L'atmosphère et le sol seront pleins de ces prières uniques. Quand Bayreuth ne sera plus, la place du temple parlera encore au cœur des hommes. Le sacrifice qu'ils font d'eux-mêmes à ce qu'ils aiment le mieux, passe toutes leurs louanges. Le monde sera bien pauvre, quand il ne saura plus où se sacrifier ; et l'art sur sa fin, quand les artistes préféreront leur vanité à l'intelligence des plus belles œuvres. Quand tout se sera évanoui de ce qui fut si grand, puisque tout est éphémère, il restera ce qu'il y a de plus pur, et qui est sans prix : l'émotion encore vivante d'un grand amour pour quelque chose qui fut beau.

---

20 Allusion au fronton de Wahnfried, la maison de Wagner à Bayreuth.

» Aimez donc, et sachez prier humblement à l'occasion d'une âme si grande. Aussi bien, amour et prière sont les sources de la musique. Wagner est ici. Voyez-le, et apprenez à le craindre. Ne lui faites point ce tort de n'être qu'une occasion de torts envers vous-mêmes. Prenez de lui le conseil de la force, de la liberté et de la piété envers l'idéal le plus haut. Vous n'avez besoin de rien plus que d'une âme pieuse à l'égard de votre meilleure pensée même. Vous n'êtes pas mûrs pour la joie. Voilà la leçon immortelle. Vous ne serez pas dignes de lui par le génie ; mais vous le serez pour le cœur sincère. Et c'est ce qu'il vous demande. Il fut lui. Vous ne pouvez l'être. Sachez n'être rien plutôt. Il n'y a point de nécessité que vous fassiez de la musique. Mais il y en a une bien grande que tous soient affranchis de la mode. Un sacrifice de l'amour-propre à l'amour de l'art, et de la vanité à l'admiration, c'est là le culte le plus sincère, et le plus agréable même à l'univers.

» Je vous convie à un culte en esprit, et non à une dévotion dans la lettre. Emplissez ce lieu d'assez d'intelligence et d'amour, pour que la grande âme qui a excité ces mouvements, persévère en sa force, et se survive[21].

» Ainsi, sur sa colline, au soir d'une œuvre si belle, vivra à jamais Wagner. »

Fanfare au loin. Bourdon du soir.
La foule s'écoule en silence.

FIN.

---

21 Ce thème de la religion de l'Art est largement développé dans les premiers écrits de Suarès comme dans *P.F.* (projet inachevé et inédit) dans lequel il écrit « Il n'y a pas plus de religion sans foi que sans foi, il n'est d'Art », « la mission de l'Art est de tenir l'âme dans la foi ; l'Art assure l'Homme dans l'Être ». Ou bien encore, dans le chapitre « Grandeur et sainteté de l'art tel que je le vois » : « l'Art est la Religion de l'avenir / – l'Art est le culte et la prière / – L'Artiste est le prophète de Dieu ; précurseur d'Idéal », « Rien n'est plus saint, plus noble, plus grand. L'Art a la mission du divin – et la garde de l'Idéal humain ». Suarès reprend les grands thèmes de ses écrits de jeunesse sur l'art et la religion (voir André Suarès, *Les premiers écrits : documents et manuscrits*, Édition de F. Gagneux, Éditions Classiques Garnier, 2010).

Qui veut écrire sur un sujet digne de la louange, doit être lui-même un vrai poème, comme ce qu'il veut louer. Et que nul n'ait la présomption de chanter les héros ni les cités illustres, s'il n'a lui-même pratiqué la vie héroïque, et si, capable de se la refuser, il n'est pas, lui aussi, promis à la louange.

MILTON.

À la villa G..., en Provence, mai 1896[22].

22 Lire : villa Graziella.

ACHEVÉ D'IMPRIMER
le 31 octobre 1899
PAR LES IMPRIMERIES CERF
A VERSAILLES

TEXTES ANNEXES

HENRI LICHTENBERGER

Richard Wagner, poète et penseur, un article d'André Suarès

L'ouvrage d'André Suarès sur Wagner parut d'abord dans la *Revue d'art dramatique* en quatre parties. Le numéro d'octobre-décembre 1898 proposait également un article de Suarès consacré au livre d'Henri Lichtenberger : *Richard Wagner, poète et penseur*, paru chez Alcan la même année. Ainsi, le lecteur qui découvrit en revue le *Wagner* de Suarès, lut aussi cet article (après le texte : « le culte de Wagner »). S'il ne fait pas partie de l'ouvrage, Suarès trouva opportun d'en proposer la lecture en même temps qu'on découvrait son propre écrit. On remarquera que dans une édition ultérieure, celle de 1907, Lichtenberger, à son tour, cite l'ouvrage de Suarès dans le chapitre des « idées sur l'art » de Wagner, ainsi que dans sa conclusion. Lichtenberger classe rapidement Suarès parmi les « critiques admirateurs du maître de Bayreuth » mais il cite son *Wagner* dans une liste d'ouvrages de référence. Le livre de Lichtenberger présente la biographie du compositeur, ses œuvres, mais surtout une analyse fine de sa pensée esthétique en s'appuyant sur ses écrits en prose dont il donne les références en allemand. Suarès cite plusieurs fois des éléments de l'ouvrage de Lichtenberger, et surtout, il reprend les références des textes de Wagner qu'il y trouve. Nous précisons en notes quels sont ces emprunts ou références car Suarès, le plus souvent, ne mentionne pas ses sources. Le travail de Lichtenberger est une source essentielle de l'ouvrage de Suarès même si l'essentiel de son texte a été rédigé dès 1896. Henri Lichtenberger (1864-1941) est une figure importante des études germaniques universitaires en France. En 1891, sa thèse portait sur les Nibelungen et, en 1898, il publia également un ouvrage sur la philosophie de Nietzsche. Encore aujourd'hui, ses travaux sont très éclairants sur la pensée de Wagner et son livre fait référence. Ces éléments nous amènent tout naturellement à présenter l'article de Suarès sur le livre de Lichtenberger en complément de son *Wagner.* Cela permet au lecteur de se replacer dans le contexte de la lecture du *Wagner* tel que les lecteurs ont pu le découvrir dans sa parution en revue. L'article est reproduit tel qu'il apparaît dans la revue avec ses notes.

UN LIVRE SUR WAGNER[1]

M. H. Lichtenberger, le distingué professeur de littérature étrangère, à l'Université de Nancy, vient de publier sur Wagner un ouvrage[2], qui est assurément le mieux fait que nous ayons en français sur l'illustre musicien. Le principal intérêt de cette étude est que M. Lichtenberger y suit pas à pas la vie de Richard Wagner, et qu'il expose, au fur et à mesure, les idées qui l'animèrent. La vie de ce grand artiste et l'histoire de ses œuvres sont intimement mêlées. Les unes s'éclairent de l'autre, et celle-là fait comprendre celles-ci.

En général, quand il s'agit de Wagner, chacun s'en tient au sentiment vague du bien ou du mal qu'il lui attribue, et qu'il veut voir en lui : presque tous les ouvrages publiés sur le maître de Bayreuth ne sortent guère de l'apologie ou de la diatribe. Le privilège ou la rançon de ces grandes âmes est de ne laisser pas plus de repos aux autres qu'elles-mêmes n'en eurent. Puissants objets d'amour, comme elles ont été, elles restent fécondes en passions. Une œuvre admirable comme le *Wagner* de M. Houston Stewart Chamberlain, qui raconte la vie de Wagner, en donnant une idée magnifique de l'homme et du monde créé par son action, est seule de son espèce, même en Allemagne. Elle n'a rien d'analogue chez nous, ni ailleurs, – rien même dans la critique : elle a le caractère d'une création véritable ; et, selon mon goût, elle en a aussi les inconvénients. Elle donne de Wagner une image grandiose, mais qui ressemble plus à un système qu'à un homme, et à un art qu'à un artiste. Quoi qu'il en soit, le mieux qu'on pût faire serait de la traduire en français, avec le même luxe, assez bourgeois du reste et d'assez triste goût en ses recherches, que l'édition allemande de Munich. Le *Wagner*

1 Nous interrompons la publication des articles de notre collaborateur Suarès sur *Le Culte de Wagner* pour insérer cette étude toute d'actualité.

2 *Wagner poète et penseur*, par H. Lichtenberger, 2e édition revue, 1 vol. in-8o, chez Alcan.

de Glasenapp mériterait aussi de paraître en français : c'est un modèle d'investigations biographiques, et qui fait encore mieux voir le nombre incroyable d'erreurs que contiennent tant de livres sur Wagner, – outre l'esprit médiocre où ils ont été conçus.

I

M. H. Lichtenberger ne se défend pas d'être un dévot de Wagner. Mais il se défend de laisser son admiration et sa partialité intime corrompre ses devoirs d'historien. Dans la préface et la conclusion de son livre, il avoue ne l'avoir pas écrit dans un esprit hostile à son sujet. Et, du reste, devrait-on jamais traiter autrement les hommes et les objets que l'on touche ? Il vaut bien mieux être partial pour ce qu'on fait, que de l'être contre lui.

M. Lichtenberger, qui est manifestement tout acquis à l'art germanique, à la pensée et à la poésie allemandes, n'a pas tardé à sentir que peu d'hommes y tiennent une place comparable à celle de Wagner en son siècle et dans son pays. Comme il le dit : « Wagner est le plus grand événement de l'art allemand, depuis Gœthe. » Aussi bien, M. Lichtenberger ne juge-t-il pas de la musique wagnérienne. Désormais la cause est entendue. Wagner musicien n'est plus contesté par personne. Scudo lui-même serait wagnérien aujourd'hui : car, après tout, Scudo sentait la musique. À l'ordinaire des fanatiques de second ordre, il niaisait pour faire acte de foi : il le ferait maintenant sur le dogme contraire. – Wagner domine tyranniquement la musique. On l'aime plus ou moins : on ne discute plus la puissance et le génie qu'il y a prodigués. S'il a encore des ennemis, ils sont les premiers à l'imiter, à le plagier même. On peut dire qu'en ce temps-ci tout le monde est à l'école de Wagner : Verdi, octogénaire, comme les nourrissons du Conservatoire; et depuis les jeunes musiciens français, avides de raffinements, pleins de cette prétention et de cette mièvrerie si contraires au style wagnérien, – jusqu'aux dramaturges assez grossiers de la nouvelle Italie, voire à ceux de l'opérette.

M. Lichtenberger, lui, étudie le penseur et le poète, le Wagner qui a écrit lui-même les poèmes de ses drames, et cette quantité d'opuscules théoriques, qui font dix volumes. Il y a de tout dans ces tomes compacts et difficiles à lire. Mais tout se rapporte en somme, à l'âme de Wagner : tout tourne autour de son drame; c'est pour justifier sa réforme dramatique, qu'il attaque si violemment, avec tant de ténacité, le théâtre d'opéra; et, comme Wagner est un grand esprit, il comprend bien que l'Opéra, ainsi que tout le reste, dépend non seulement d'une mode ou d'un goût, – mais que mode et goût sont en étroite connexion avec l'ordre social tout entier, – et, au-delà de la société, avec les idées philosophiques ou religieuses, dont la société n'est jamais, en définitive, que l'expression concrète.

Voilà en quoi le livre de M. H. Lichtenberger est, d'abord, excellent : il est un véritable guide dans les pensées et l'œuvre de Wagner ; il expose, avec simplicité, les idées de Wagner ; il les coordonne ; il les laisse à juger. Quand il le fait lui-même, il n'y attache pas plus d'importance qu'il ne faut ; puis, il met presque toujours en regard des siennes, les critiques de ceux qui ne jugent pas comme lui. Mais il est évident que son exposition étant toujours fidèle, ses conclusions, en général, approchent plus près la vérité.

II

Qu'on ne croie pas qu'il n'y ait pas de mérite à présenter d'une façon si suivie et si claire les idées de Wagner. Sans doute il n'y a pas d'ambiguïté sur ce que pense et ce qu'a voulu Wagner, pour ceux qui ont fait de Wagner une longue et patiente étude. Mais il y a des obscurités sans nombre pour tous ceux, devenus légion, qui parlent de Wagner, presque au hasard, et qui sont aussi maladroits, aussi malavisés dans l'enthousiasme, que l'ont été leurs pères dans le dénigrement.

Plus on étudie Wagner, plus on s'aperçoit que le grand artiste ne s'est jamais beaucoup préoccupé d'être parfaitement d'accord avec lui-même. Ce n'était pas son affaire. C'est aux disciples d'un grand homme de s'accorder sur sa doctrine : quant à lui, il est, il a été, il a agi, il a vécu. Le reste importe peu. Pour Wagner, il lui suffisait de sentir quel lien puissant il faisait lui-même à ses théories, et, qu'y eût-il eu contradiction en elles, il n'y en avait pas dans son âme, dont la loi invariable fut d'agir en vue de l'Amour et de la Beauté. Il se contentait d'éprouver en lui-même l'unité de son Art. Il n'en est pas moins que, pour faire connaître Wagner, on est toujours forcé de le présenter dans son ensemble ; et, pour ainsi dire, de montrer quel a été son système :

plus on y mêlera habilement ce qu'il doit à la vie, plus on le fera voir dépendant des œuvres artistiques, – et plus on sera près de n'en rien dire qui n'ait chance d'être vrai.

C'est à quoi M. Lichtenberger a particulièrement réussi. Le plan de son ouvrage est le meilleur où l'on pût s'arrêter dans une exposition de ce genre : c'est aussi le plus simple. Il analyse en quelque sorte chaque opuscule de Wagner, à l'aide de la biographie. Le grand homme explique le grand musicien et le grand poète. Rien ne vaut une belle biographie. Qui nous donnera des biographies amples, fortes et bien faites ? Je remarque qu'au XVIIe siècle il n'y a pas un grand homme dont on n'écrive la vie. Arnaud ou Bayle, comme Descartes ou Pascal, chacun a la sienne. C'est la méthode des Anciens, qui se connaissant mieux en hommes, qu'on n'a fait depuis. – M. Lichtenberger est biographe de Wagner, à sa manière. Il le montre successivement jeune homme, en quête d'une voie ; – chef d'orchestre à Dresde, composant *Tannhäuser* et *Lohengrin*, essayant en vain de réformer l'opéra ; arrivant à la conviction que le théâtre musical doit subir une réforme complète, et qu'il ne le peut indépendamment de l'ordre social, où il est impliqué. – Puis, voici les années héroïques, Wagner révolutionnaire en 48, proscrit, cherchant en exil une vie nouvelle pour lui-même et pour l'Allemagne : il découvre les conditions de son Art, dans *Opéra et Drame*, l'*Art et la Révolution* ; il écrit le *Ring*, *Tristan* et *les Maîtres*, il rencontre enfin le souverain, qui pouvait seul lui permettre, à force d'argent et d'autorité, de réaliser ses vues artistiques, ce roi Louis de Bavière[3], à qui tout artiste gardera toujours un souvenir pieux et tendre. – Et, après toute sorte de combats, d'efforts gigantesques où on ne le voit jamais abattu, Wagner finit par créer ce théâtre de Bayreuth qui est une des œuvres les plus fortes et les plus originales du siècle. Une fois Bayreuth fondé et maintenu, Wagner sur le déclin de la vie, couronne son développement par une Religion d'Amour, vouée au culte de la Pitié, où son Art n'avait jamais cessé de tendre. Et c'est à ce dernier progrès de son génie que nous devons *Parsifal*. Après avoir été le plus malheureux et le plus discrédité des artistes, il meurt dans un véritable triomphe, assuré plus que personne ne le fut

3 Le roi Louis a été l'objet de bien des calomnies. Même si l'on ne s'accorde point sur son véritable caractère, l'homme a droit à notre estime, dont un Wagner a pu écrire : « *Il est si beau, si riche, d'esprit et de cœur, si splendidement doué, que sa vie, je le crains, s'écoulera, fugitive comme un rêve divin, en ce monde bas et vulgaire.* » (Lettre de Wagner, 4 mai 1864 ; in Lichtenberger, p. 377). – Outre la dignité du malheur.

de l'admiration et de l'enthousiasme de son temps. Comme il le disait à son grand ami Liszt, et à Uhlig à l'époque où il était si loin de croire à la réalisation de son rêve, qu'il eût passé pour fou, si le vulgaire avait pu se douter qu'il osât seulement le concevoir : – « Si extravagant que soit ce dessein, c'est à lui seul, cependant, que je consacre ma vie et mon art. Si je le réalise, j'aurai vécu une vie splendide ; si j'échoue, je serai mort à une belle tâche[4]. » – La vie splendide, il lui est échu de la vivre.

III

Entre beaucoup de passages du livre de M. Lichtenberger, utiles à l'intelligence de Wagner, j'en relèverai quelques-uns, où l'on verra, par exemple, le genre de mérite de cet ouvrage : gageons qu'il va devenir le manuel de tous ces journalistes, qui, sans être plus musiciens que rien autre, parlent de Wagner si doctement, et presque toujours au petit bonheur. Au surplus, j'espère gagner la gageure.

Ainsi, pour répondre à l'accusation que Wagner est sans mélodie, qui ne répète qu'il use de *la mélodie infinie ?* Ce qu'elle est, on ne l'explique pas : il semble que cela s'entende à demi-mot. Dans le fait, si on en dit quelque chose de plus précis, on s'aperçoit qu'on lui donne un sens auquel Wagner n'a, par bonheur, jamais pensé. On croit que la mélodie infinie s'applique à la phrase chantée ; et c'est bien celle-ci qu'on oppose alors à l'ancienne mélodie rythmique de l'opéra. La mélodie infinie a en réalité une toute autre signification dans Wagner. Comme le montre clairement M. Lichtenberger, la mélodie infinie de Wagner, c'est le témoin musical du drame visible sur la scène[5] ; c'est la présence toujours sentie de l'orchestre, qui accompagne la mélodie chantée, et qui la porte constamment, comme la mémoire soutient toutes nos pensées particulières. (À cet égard, M. Lichtenberger a peut-être tort de comparer le rôle de la mélodie infinie à celui du chœur dans la tragédie grecque : sans doute, c'est l'opinion de Wagner : mais il ne faut pas

4 Lettres de novembre 1851. Correspondance avec Uhlig, 120, avec Liszt, I, 149 ; *in* Lichtenberger, p. 375.

5 *Op. cit.*, p. 243.

toujours croire les grands théoriciens sur parole, quand c'est de grands artistes en quête de belles raisons.) La mélodie infinie de l'orchestre, constitue l'action intérieure du drame, dont on a sous les yeux, dont on entend sur la scène les expressions et les péripéties successives. Et ce que Wagner, dans sa « lettre à Villot » appelle *unendliche Melodie*, au lieu de mélodie infinie, eût gagné, selon mon goût, à être traduit « le continu mélodique ».

Une autre analyse remarquable par la lucidité, est celle que M. Lichtenberger fait des origines du « Ring ». Il faut dire que M. Lichtenberger était préparé à traiter cette question mieux qu'un autre. Il a, en effet, publié une savante étude sur le poème et la légende des Nibelungen. Il montre comment Wagner a été préoccupé presque pendant toute la durée de sa vie artistique, par le sujet des Nibelungen, et qu'il y a fait entrer successivement toutes ses idées, ou plutôt que ce sujet les reflète toutes, dans leur succession. Ce qu'il y a de plus curieux, c'est qu'à l'époque où Wagner pensait à écrire un *Frédéric Barberousse*, au fond il méditait encore un drame sur les Nibelungen. M. Lichtenberger le prouve, en examinant un opuscule de Wagner, presque inconnu en France, intitulé *Les Wibelungen*, où, dit-il, « Wagner esquisse à grands traits une sorte de philosophie de l'histoire allemande, sinon universelle, interprétée par le mythe[6] ». Rien n'est plus singulier. Rien, non plus, n'est si propre à montrer la puissance de généralisation de Wagner. Il serait trop long de suivre l'espèce de songe métaphysique, où Wagner se laisse aller sur un sujet d'histoire. Qu'on le lise plutôt dans l'ouvrage de M. Lichtenberger, dont il compose un chapitre particulièrement heureux[7]. Je dirai en deux mots que Wagner se joue en visionnaire logique, au sein des faits, comme pourrait faire Hegel en personne, s'il était poète. Wagner fait un seul et même nom de *Nibelungen* et de *Wibelungen*, c'est-à-dire de Nibelungen et de Gibelins. Il voit dans Frédéric Barberousse le même héros national que Siegfried, en lutte contre la papauté, comme Siegfried avec les dieux : le Pape représente le pouvoir de la divinité, le Wotan en quelque manière de la *Tétralogie*, descendu du Walhall dans le Saint-Empire. Et, à la suite de longues déductions, où le génie constructif de Wagner se donne carrière, Barberousse qui finit par réunir le pouvoir spirituel à la puissance temporelle, se propose

---

6 *Op. cit.*, p. 250.

7 Chapitre I de la IVe partie, p. 249-260.

d'aller à la conquête de la Palestine et du Saint-Graal. Ainsi, vers 1850, quand il n'avait pas encore renoncé au drame historique, Wagner se proposait de faire entrer dans le cadre de celui qu'il voulait faire, non seulement le *Ring*, mais enfin *Parsifal* même.

J'espère en avoir assez dit, pour faire sentir le mérite et l'utilité de l'ouvrage de M. Lichtenberger. En un temps où Wagner est si fort à la mode, où il a tant à craindre d'elle, où tout le monde s'occupe de lui, en ne songeant au fond qu'à soi, – ce livre vient à point, pour permettre de ne plus parler d'un héros, seulement par ouï dire. Si les wagnériens, qui emplissent les salles de théâtre et de concert, ont de la conscience, ils liront ce volume, quittes à ne le point citer. Il leur apprendra du moins à quelque peu connaître l'homme et l'art qui triomphent chaque jour désormais, au thé de cinq heures.

Je ferai tout de même un reproche à M. Lichtenberger : c'est de n'avoir pas traduit les passages de Wagner qu'il cite. Outre qu'ils ne sont pas d'une langue facile, M. Lichtenberger eût été bien inspiré de mettre en français ce qui s'adresse à des lecteurs français. Je pense que c'est une règle qu'il est toujours bon de suivre.

J'aurais quelques autres objections à faire à M. Lichtenberger. Mais je ne veux, ici, que donner une idée de son ouvrage, et non pas le discuter ; or, je ne cherche pas à en faire la critique, mais seulement à dire le bien que j'en pense, et qu'il est, je le répète, le meilleur et le plus utile qui ait été écrit en français sur Wagner.

SUARÈS.

ANDRÉ SUARÈS,
LE CONDOTTIERE DE LA BEAUTÉ

Le texte que nous présentons ici est isolé. Il a été publié par Léon Thoorens dans *André Suarès, le Condottiere de la beauté*, extraits présentés et commentés, publiés à Anvers en 1954.

Thoorens ne donne que très peu d'indications. Il précise qu'il le tient de Mme Suarès qui lui a donné l'autorisation de le publier. Nous le reproduisons ici tel qu'il l'a publié. Il est intéressant à plus d'un titre. Dans un premier moment, Suarès s'interroge sur la nature de la musique, sa dimension intérieure, prenant l'exemple de Debussy. Dans un second temps, il compare la musique de Bach à celle de Wagner puis il s'attache à l'un des *Wesendonck-Lieder* de Richard Wagner : *Traüme* (rêves). Il le mentionne également au début du chapitre II de son *Wagner*, « rencontre de Vesper », ce qui donne à ce lied et à son titre, une place toute particulière.

Il est difficile de dater le texte mais il semble parler d'une retransmission radiophonique. Wagner composait *Tristan* au moment de la mise en musique des poèmes de Mathilde Wesendonck dont il était alors amoureux. C'est une partition pour voix de femme et piano. Le chef d'orchestre wagnérien Felix Mottl en proposa une version orchestrée en 1890, en utilisant des phrases orchestrales de *Tristan.* Wagner a lui-même instrumenté *Traüme* pour un orchestre de chambre avec un violon solo qui peut remplacer la voix, lui donnant des allures de sérénade. Wagner considérait *Traüme* comme une étude pour *Tristan.*

MUSIQUE.
Émotion et musique, la vie du fond et sa voix.

Le chant est le langage de l'émotion : voilà un monde ou l'intelligence est en retard, ou en veilleuse. Tous les hommes sont sensibles au chant, ne fût-ce que pour en bailler : on n'a pas besoin d'avoir appris ce langage.

Un art sans émotion n'est jamais musical.

De toute couleur, de toute vibration, de tout ébranlement devant la nature, Debussy fait un sentiment et une émotion ; et un chant s'en suit qu'organise sa fatalité harmonique.

Un art d'impression a bien peu de sens, quand il s'agit d'un génie si musical. En musique, l'œuvre descriptive elle-même trahit son modèle, si elle s'en tient à l'imitation de l'objet.

La musique est un chant : le chant n'est pas de l'objet mais de l'homme.

Que la forme ait sa valeur et son beau prestige en elle-même, sans doute. Mais si l'âme de l'homme manque, la beauté musicale fait défaut. Où l'âme de la vie intérieure ne se fait pas sentir, la musique est absente. Qu'est-ce enfin que la musique de l'objet ?

Les photographes peuvent donner une idée de la peinture et de la plastique, une image du site ou du tableau. On ne photographie pas la musique d'un paysage, le chant d'un visage, l'harmonie amoureuse et profonde, le secret de la passion.

Toute musique est intérieure, plus ou moins, qu'elle le veuille ou non. La musique est le chant du secret, la voix de l'invisible et de l'inexprimable : ou, si l'on veut, elle est le seul moyen de l'exprimer. Pour qui ne le sent pas, elle n'est qu'un bruit, indiscret, morbide ou plein d'ennui.

Wagner, Bach. L'orchestre de Wagner est un orgue colossal. L'orgue de Bach tend partout à l'orchestre. Quant à la forme, la polyphonie orchestrale de Wagner est d'une écriture intimement conçue comme la polyphonie vocale du vieux Cantor. Voilà des traits semblables qu'aucune imitation ne donne : ils viennent des ténèbres, ardentes et mystérieuses de l'instinct. La nature parle par cette voix.

Wagner n'est pas plus fait pour le lied que pour le piano. Il y est contraint : le soliste instrumental l'indispose et le gêne. Il pense drame et orchestre. Il sent orchestre et drame. L'orgue même lui serait une trouble émotion et lui donnerait de l'ennui. Il ne voudrait pas écrire un morceau pour le cor anglais. Mais il porte le cor anglais au plus haut de sa poésie et de sa sonorité propres, quand il lui confie de guider la symphonie, dans la première scène du dernier acte de *Tristan*.

Tout de même, *Traüme* est moins un lied admirable qu'une évocation de ce que *Tristan* a de plus profond et de plus puissant.

J'ai entendu une cantatrice allemande y mettre une émotion et un art incomparables. Comme tant de cantatrices allemandes, elle avait une voix puissante et douce, capable d'une force héroïque et de la suavité la plus tendre. Beaucoup plus ferme d'ailleurs dans la force que dans la tendresse, son souffle était moins long dans le soupir et le murmure que dans l'éclat de la passion. La voix de cette jeune femme était ronde, dorée, vermeille, chaude comme la grappe de la treille sonore. Elle la conduisait avec tout l'art qu'elles savent y mettre : la voix bien posée, l'haleine juste, pas le moindre battement, pas trace de cet affreux chevrotement qui altère tant de voix françaises, et celle de tant de ténors allemands.

Un soir, je l'écoutais. *Traüme* se déroula comme l'hymne de la nostalgie universelle. Une telle douleur y passait que toutes les douleurs mortelles en étaient effacées, épurées et lavées d'elles-mêmes. Qu'une tristesse de cet ordre est donc libératrice ; jamais le mot sublime ne fut plus vrai, puisqu'il signifie ce qui est au-dessus du commun, dans le plan d'une vie supérieure.

Cette femme était si musicienne qu'elle avait senti qu'il ne fallait pas chanter *Traüme* avec l'accompagnement du piano : je ne sais qui le lui avait orchestré, non sans tact, avec goût, avec piété, avec une intense chaleur. Le lied avait pris de la sorte toute sa grandeur, toute sa puissance. La voix humaine n'y était plus en virtuose : elle faisait le plus bel instrument du plus bel orchestre, dans la plus profonde symphonie.

Moi-même, j'ai pensé depuis à l'instrumentation de ce poème merveilleux. Elle m'a paru très belle et très facile : toutes les phrases sont dans *Tristan* ; il n'y a qu'à les y prendre et à les transposer dans le ton initial de si mineur. On aurait là, désormais, un chant sublime, d'une portée incalculable dans le domaine de l'émotion, un des sommets de la musique.

CONCERTS WAGNÉRIENS

Nous présentons ici quelques concerts ou représentations marquantes auxquelles André Suarès a assisté. Il en rend compte dans sa correspondance, on en trouve des traces dans certains de ses carnets inédits ou encore certains articles critiques. S'il est facile aujourd'hui de découvrir les œuvres fleuves wagnériennes par les enregistrements, Suarès les connaissait principalement par la lecture des partitions, les arrangements pour piano et les concerts auxquels il a assisté. Nous en présentons ici quelques-uns, particulièrement marquants par la qualité de leurs interprètes, chanteurs, chefs d'orchestre ou mise en scène, de façon chronologique.

Pendant les années passées à l'École normale supérieure, le chef d'orchestre Charles Lamoureux défendait le répertoire wagnérien mais il n'était pas le seul. Édouard Colonne et Jules Pasdeloup proposaient aussi ouvertures, préludes, extraits divers du compositeur allemand lors des concerts du dimanche. Les étudiants de l'École normale supérieure profitaient de places à prix réduit. Romain Rolland se fait l'écho des nombreux concerts auxquels les deux amis assistent dans *Le cloître de la rue d'Ulm*[1] et dans ses *Mémoires*[2]. C'était le plus souvent des extraits symphoniques ou des chœurs, mais certains concerts sont plus complets que d'autres.

1 *Le Cloître de la rue d'Ulm*, Paris, Albin Michel, 1952.
2 Romain Rolland, *Mémoires*, Paris, Albin Michel, 1956.

1889 – AMÉLIE MATERNA AU THÉÂTRE DES CHAMPS ÉLYSÉES

En 1889, la légendaire Amelie Materna, créatrice à Bayreuth des rôles de Brünnhilde et de Kundry donne deux concerts au Théâtre des Champs Élysées. Suarès y assiste avec son ami Romain Rolland. Le 10 mars, elle chante le grand air d'entrée d'Elisabeth au second acte de *Tannhäuser* ainsi que la mort d'Isolde. Le 17 mars, c'est la première audition parisienne de la scène finale du *Crépuscule des Dieux*, la prière d'Elisabeth au troisième acte de *Tannhäuser* ainsi que la *Festermarsch*, pièce de circonstance composée pour célébrer l'indépendance des États-Unis. Comme ils le font souvent, ils suivent le concert sur la partition. La venue d'une interprète autrichienne était un gage de fidélité au style musical mais aussi au texte car on présentait le plus souvent les œuvres étrangères dans une traduction en français[3]. Materna donna seize concerts entre 1889 et 1894 toujours reçus avec un grand enthousiasme par les wagnériens. Suarès était particulièrement attentif aux concerts wagnériens en langue allemande. Il appelait de ses vœux des représentations en langue originale de façon générale, mais cette position était minoritaire alors.

1897 – *LES MAITRES CHANTEURS*, PARIS

En novembre 1897, André Suarès assiste à la création parisienne des *Maîtres chanteurs de Nuremberg.* La distribution était prestigieuse, la mise en scène était d'Alexandre Lapissida, les décors d'Amable Delphin Petit (dit Amable) et les costumes de Charles Bianchini[4]. Les chanteurs sont passés aujourd'hui dans la légende des chanteurs wagnériens :

3 Mme Materna chantait aussi en italien. On a pu l'entendre dans le duo avec Ortrud au second acte de *Lohengrin* dans une version italienne. Tout dépendait aussi de ses partenaires.

4 *Verdi, Wagner et l'Opéra de Paris*, sous la direction de Mathias Auclair, Christophe Ghristi et Pierre Vidal, BNF, Opéra National de Paris, 2013, p. 142-147.

Lucienne Bréval (Eva), Albert Alvarez (Walther), Louise Grandjean (Magdeleine) et Francisque Delmas (Hans Sachs). Le célèbre chef Paul Taffanel dirigeait. Le *Gaulois* du 11 novembre précise que le pianiste Édouard Rissler, chargé des répétitions à Bayreuth l'été précédent, était garant de la fidélité musicale. C'était, comme il se doit à l'époque, dans une traduction française d'Alfred Ernst[5]. La famille Wagner reconnaissait officiellement les travaux de ce dernier et sa participation aux répétitions, son accompagnement des chanteurs étaient les gages de la fidélité au festival de Bayreuth, donc à un certain style wagnérien (conservateur) voulu et défendu par sa veuve Cosima. C'est ainsi que le spectacle est présenté dans le *Figaro* du 11 novembre 1897. Nadar lui-même prit des clichés de la mise en scène, et la production fut présentée jusqu'à la veille de la première guerre mondiale. Encore aujourd'hui considérée comme une réelle réussite, et révélatrice d'un certain style, le premier tableau de l'acte III a été présenté en 2012 à l'amphithéâtre de l'opéra Bastille puis à l'Opéra royal de Versailles. Cela a été rendu possible grâce aux nombreux documents de la Bibliothèque-musée de l'Opéra. Certains commentateurs ont même considéré que ce que l'on pouvait voir à Paris en 1897, était supérieur à la production Bayreuthienne. Ajoutons que Louise Grandjean a été la première chanteuse française à se produire sur la scène du Festpielhaus avant même Germaine Lubin. C'était à l'invitation de Cosima pour le rôle de Kundry.

1901 – *L'OR DU RHIN*

Dans une lettre à son frère Jean du dimanche 20 janvier 1901, André Suarès rapporte son émotion après avoir assisté à la répétition générale de *L'Or du Rhin* aux concerts Lamoureux. C'est Camille Chevillard qui dirigeait l'œuvre dans une version française du même Alfred Ernst. Les concerts Lamoureux étaient une véritable institution, et son fondateur un wagnérien convaincu. Camille Chevillard était le beau-fils de Charles Lamoureux et son successeur à la tête de

5 Wild, Nicole. *Décors et costumes du XIXe siècle* : Tome 1 / Nicole Wild, 1987. – L'Opéra au Palais Garnier (1875-1962) / Stéphane Wolff, 1962. Voir le site Data BNF.

l'orchestre. Romain Rolland considère qu'il communique à l'orchestre « une chaleur et une vigueur de rythme qu'il n'avait pas avant lui[6] ». D'autre part, le nouveau directeur musical des concerts Lamoureux a mis en place une politique d'invitation de chefs d'orchestre allemands comme Felix Weingartner, Arthur Nikisch ou Richard Strauss. Suarès a pu les voir diriger des œuvres allemandes et parfois des ouvertures wagnériennes.

1924 – *PARSIFAL* À L'OPÉRA DE PARIS

Wagner avait imposé que *Parsifal* fût exclusivement représenté à Bayreuth pendant trente ans après sa mort. Cosima a veillé au respect de cette volonté et il a fallu attendre 1914 pour que l'œuvre soit présentée à Paris. C'est un tel succès que la production de 1914 est jouée 35 fois. Mais la guerre arrive et *Parsifal* est oublié. Il faut attendre 1924 pour que l'œuvre revienne sur la scène de l'Opéra de Paris. La distribution est en partie celle de la création : Paul Franz (Parsifal), Jean-François Delmas (Gurnemanz), Marcelle Demougeot (Kundry), sous la direction de Philippe Gaubert. Le carnet n° 196 présente quelques notes presque totalement illisibles, à propos d'une représentation de *Parsifal* à l'Opéra de Paris. Elles sont écrites sur quatre pages auxquelles sont joints deux billets pour la soirée du 31 mars, deuxième loge de face n° 34, côté droit, en soirée. Suarès écrit le 19 avril 1924 à Alfred Kampmann[7] :

> C'est la cathédrale de Chartres en musique ; mais Chartres, selon nous, avec les pierres de notre vie, une messe où notre chair et notre sang se mêle aux espèces divines où Schopenhauer et Pascal font contrepoint à l'Évangile. *Parsifal* n'est pas encore compris. Et je doute qu'il soit jamais rendu comme il doit l'être.
>
> Quel crime de ne pas le chanter en allemand. La grandeur si émouvante de *Parsifal* tient à la nature même de Wagner. Il faut bien voir qu'il a porté *Parsifal* pendant quarante ans, depuis qu'il s'est tant soit peu reconnu lui-même ;

6 *Musiciens d'aujourd'hui*, Librairie Hachette, Paris, 1908.

7 Le second frère d'Alice, la seconde épouse d'André Suarès. Il devient en 1908 chef du cabinet de Théodore Steeg, ministre de l'Instruction publique. Suarès le surnomme « le Vizir » ou Metternich.

et pénétré de plus en plus. Tout comme Gœthe tout entier, s'est mis dans le *Second Faust*, avec toutes les conquêtes d'une si riche et si longue existence[8].

1929 – LA *TÉTRALOGIE* AU THÉÂTRE DES CHAMPS ÉLYSÉES

Du 20 au 30 juin 1929, le Théâtre des Champs Élysées présentait la *Tétralogie* intégralement et en allemand pour la première fois à Paris. André Messager l'avait dirigé en 1909 à l'Opéra de Paris dans une version française. En 1911, les grands chefs d'orchestre allemands Felix Weingartner et Arthur Nikisch l'avaient présentée aussi mais toujours en traduction. C'est donc un véritable événement historique qui a lieu en 1929 lorsque le chef d'orchestre Franz von Hoesslin, habitué du festival de Bayreuth, vient diriger le cycle complet de la *Tétralogie.* Les chanteurs sont tout aussi légendaires : Lauritz Melchior chantait Siegmund et Siegfried ; Nanny Larsen-Todsen, Brünnhilde ; et Margaret Klose, Waltraute pour ne citer que des noms passés à la postérité et suffisamment souvent enregistrés pour que l'on puisse mesurer leur importance dans le chant wagnérien. Des extraits de cette production ont été enregistrés sur une vingtaine de disques 78 tours, aujourd'hui facilement disponibles en ligne. La distribution de l'enregistrement diffère de celle annoncée dans le programme de salle mais donne une idée de ce que Suarès a pu entendre.

Voilà ce qu'il écrit à Alfred Kampmann le 27 juin 1929 :

> Pour la *Götterdämmerung*, succès inouï, ovations jusqu'au délire. Ravis d'abord, ces bons musiciens allemands en étaient presque gênés ensuite. Brunhilde (Todsen[9]), grande voix, chant admirable, aisance parfaite, douceur et puissance, jeu magique. Hagen (Hoffmann) étonnant : d'ailleurs, rien qui concerne, musicalement Hagen et les puissances fatales. Le prélude, les Nornes, la scène de Brunhilde et de Waltraute, le désespoir de Brunhilde, le prélude sépulcral du second acte. La terrible scène en trio de la fin, puis le cortège funèbre de Siegfried

8 *Miroir du temps*, textes choisis et édités par Stéphane Barsacq, Bartillat, 2019, p. 193.

9 Chanteuse suédoise (1884-1982) Nanny Larsén-Todsen brillait tout particulièrement dans les rôles de Brunhilde et d'Isolde à Bayreuth. Tous ne sont donc pas allemands, comme les musiciens de l'orchestre, ou certains des chanteurs.

et l'écroulement des Dieux, voilà pour mon goût, le plus beau. Quant au reste, il y a beaucoup à dire. Tout le côté héroïque de la légende barbare est traité par Wagner avec une force et une sorte de vérité extraordinaires : mais l'œuvre périt par là. La musique sauve tout : le drame seul la corrompt, en la poussant à l'excès, au gigantesque, aux redites impitoyables, à l'entassement et parfois au vacarme, à l'enflure d'opéra. Mais quelle symphonie. Les musiciens sont de Paris, et non allemands, ce que j'ignorais : Herr von Hösslin les a transformés : voilà ce que peut faire un chef, qui impose vingt-quatre répétitions. Quand vous aurez bu toute l'ivresse de cette musique, vous viendrez me voir et nous en parlerons.

La lettre qu'il envoie à Doucet le 2 juillet[10] apporte encore quelques détails. Sur sa conception de l'interprétation d'abord : il rêve d'un théâtre qui présente les œuvres musicales dans leur langue originale. Il cite à ce sujet Wagner lui-même qui envisageait déjà un tel théâtre à Paris :

Comme Wagner lui-même, je rêve d'un théâtre de musique à Paris, qui fût à la musique de tous les pays ce que la Comédie Française est au drame de la France. On y entendrait tous les chefs-d'œuvre, chacun monté dans sa langue et joué, chanté, interprété par les artistes du pays : *Boris Godounov* en russe par les Russes ; *Tristan*, par les Allemands, *Orfeo* de Monteverdi, par des Italiens, et ainsi de suite. Voilà qui serait digne de Paris et qui en ferait la capitale de l'art musical comme de tous les autres. Il faut penser en maître et en vainqueur, pour ne pas démériter de la victoire. Et d'abord, il faut être au-dessus des rancunes sottes et petites jalousies. Wagner en jugeait de la sorte : « J'ai toujours eu l'idée, écrit-il, d'un théâtre international où serait données dans leur langue les grandes œuvres lyriques : et toujours à Paris. Seule la France et Paris, en particulier, sont capables de réunir en une seule gerbe toutes les moissons de la musique[11] ». Où est le Mécène qui saura s'emparer de ce rôle et en saisir la gloire[12] ?

Ensuite, Suarès fait part de ses impressions face à l'interprétation en allemand du *Ring* :

Hoesslin, le Kapellmeister, dirigeait un orchestre français[13] : il en a fait un instrument merveilleux : il y a mis un mois et vingt-quatre répétitions. Il

10 *Le condottiere et le magicien*, correspondance choisie, établie et préfacée par François Chapon, Julliard, 1994, p. 495.

11 La citation de Wagner apparaissait dans le programme de salle. Ce n'est pas la première fois que Suarès émet cette idée.

12 S'adressant à Doucet, c'est-à-dire un mécène potentiel, envisage-t-il de l'engager dans un projet musical ?

13 L'orchestre Straram ou Orchestre des concerts symphoniques Walther Straram, était composé de musiciens de premier plan réunis par le chef d'orchestre Walter Straram en

a montré ce qu'on peut faire avec des musiciens français quand on les force à une stricte discipline et qu'on les hausse à un art de l'ordre le plus élevé. Quelles que soient les parties caduques de son poème, Wagner écrase tout ce qui l'entoure : sa présence est celle d'un Titan. Je regardais l'immense public de la salle. Bien incapable de comprendre une œuvre de cette portée, et de sentir une musique de cette puissance, il essayait d'abord de résister : mais la main du géant l'a bientôt courbé et bien plus que la main cette âme dont le sublime est le naturel élément. La symphonie de Wagner est une avalanche de laves lancée et contenue, déchainée et dirigée par un calcul souverain et une souveraine science.

1935 – *TRISTAN* – SALLE FAVARD

Nous avons plus de détails encore sur les représentations de *Tristan* à la salle Favard[14] le 18 décembre 1935. *Tristan* a un impact émotionnel particulier sur Suarès. Une petite note du carnet 149[15] en atteste :

> On ne peut vraiment pas savoir ce que *Tristan* représente et peut être pour moi… c'est une volupté de l'âme qui consume le corps, une félicité qui ébranle tout l'être et va jusqu'à la syncope.

Il écrit le 19 décembre 1935 à Alfred Kampmann :

> Votre sœur me dit que vous serez un de ces soirs à l'opéra-comique. J'y fus hier. En dépit d'un Tristan sans voix, sans timbre, en bois, bon tragédien d'ailleurs, c'est la meilleure représentation du chef d'œuvre que j'ai vue en France. Isolde a une très belle voix, pure, admirablement posée, puissante et douée, plus exquise même dans la douceur et la force. Et, rare phénomène, elle n'est pas laide. Elle est presque belle et semble jeune. La métamorphose fait honneur à Elmendorff[16]. Chose curieuse : ce sont les pages symphoniques où il a été moins bon : le prélude dont il a joué la première moitié un peu

1923. C'est à sa tête que Stravinski crée son *Sacre du printemps*. Il se produisit souvent au Théâtre des Champs Élysées. Toscanini le dirigea lors de ses concerts parisiens dans ce même théâtre.

14 La salle Favard est l'autre nom de l'Opéra-Comique. Avec le Palais Garnier, les deux salles se partageaient les programmations de la saison de l'Opéra de Paris.

15 Manuscrit inédit de la Bibliothèque littéraire Jacques Doucet, [Ms 1311], p. 39.

16 Karl Elmendorff (1891-1962) est un chef d'orchestre allemand qui dirigea à Bayreuth entre 1927 et 1942. On trouve facilement ses enregistrements en ligne.

mollement sans ardeur et sans fièvre. De même le prélude du deuxième acte, qu'il a pris trop doucement, trop à l'idylle. Enfin, le nocturne si beau de Brangaine[17] « Nacht » qu'il a rendu et elle avec lui, trop lointain, trop délicat, trop peu sincère. L'immense filet de la passion n'était pas rendu par la lune. En revanche, il a donné admirablement le sublime prélude du 3e acte toujours si mal compris un peu partout. Quant à *Tristan* et à Wagner même, il dépasse toute la musique tragique. La puissance de Wagner est unique. Je rougis pour Nietzsche de ses sottises. Elles sont d'un professeur, et de philosophie encore – ce qu'il était d'ailleurs. Professeur de philosophie allemande, et poète, ce mélange est terrible. Wagner n'est pas romantique dans *Tristan*, il est éternel. La pénétration, l'unité, la grandeur ne peuvent pas aller plus loin. Et j'ajoute la douleur, la tristesse, et la noblesse. Grandeur d'âme ineffable. Rien qui sente la bassesse du monde, pas plus dans Marke que dans les amants. L'épisode proprement dramatique n'est rien. Et Wagner l'expédie en deux minutes avec un dédain splendide. Qu'importent toutes ces ombres ? Tristan et Iseut, le drame entier est dans la mort. La substitution du philtre de la passion au philtre de mort est toute l'œuvre. Cette passion sublime est dans la mort : ces deux amants sont morts (…) Qu'on ne vienne plus nous parler de la volupté déchaînée de Tristan, de la frénésie sensuelle du deuxième acte… La chair est là, dans la fournaise, car il faut bien en avoir une pour aimer et pour être. Mais elle n'est rien par elle-même. Je ne discerne presque pas une seule touche positivement charnelle. Tout est idéal, ici tout se passe dans le monde absolu de l'Âme et du sentiment, dans la possession, qui se croit éternelle, de l'éternité d'un être par l'éternité de l'autre. Rien n'est plus terriblement grand, rien n'est plus déchirant. Dès la première plainte, jusqu'à la dernière note, la douleur règne totale, exclusive, sans bornes. Il faut mourir pour en sortir. C'est tout le contraire de l'amour-espèce tel que tous les hommes l'éprouvent et le pensent. Tristan est plus douloureux même que Parsifal. Car Parsifal tient la Rédemption. Et dans *Tristan*, il n'en est aucune que l'épuisement total de la vie. Voilà Wagner, le Titan. Et les polissons de Rome et de Paris, de Londres et de Berlin vous parlent de Lucie de la mer morte[18] et d'Aïdata, du pitre Cocteau[19], de Mac Donald et de la brute Hitler. Non, et non. Je ne me laisserai pas faire, ni par les uns ni par les autres. Ni même par moi, dans les refus et mes colères. L'Allemagne de Wagner m'est plus essentielle même que l'Italie de Dante, en dépit du naziste et du mussolin[20].

C'est une représentation importante car elle est en allemand et dirigée par un chef d'envergure, habitué du festival. Cette lettre nous apprend

17 Référence aux interventions de Brangaine, la confidente d'Isolde au second acte de *Tristan* durant le duo d'amour et par lesquels elle prévient les amants du danger.

18 *Lucie de Lammermoor* de Donizetti que Suarès détestait, et *Aïda* de Verdi.

19 Dès 1818, dans *Le coq et l'arlequin*, Cocteau s'attaque aux deux musiciens suarésiens de cœur : Wagner et Debussy.

20 Collection Maurice Noël.

que Suarès a assisté à plusieurs représentations de *Tristan* en France sans que l'on ait plus de détails. Quant à la distribution, on peut trouver de Ruth Jost-Arden (Isolde) de très larges extraits de la Venus de *Tannhäuser* au festival de Bayreuth en 1930, sous la direction justement de Karl Elmendorff. Pour cette représentation, *Tristan* était Julius Polzer (qui a chanté ce rôle à Londres, Paris, Vienne, Munich…) et Hans Hermann Nissen[21], le roi Marke.

Si Suarès ne s'est pas rendu à Bayreuth, il a donc, du moins, assisté aux grands événements wagnériens parisiens de son temps et entendu certains des interprètes (chanteurs, chefs d'orchestre) wagnériens les plus célèbres.

21 Hans Hermann Nissen est considéré comme un des meilleurs Wotan et Sachs de l'entre-deux guerres. Deux rôles qu'il chantait à Bayreuth.

BAYREUTH

André Suarès s'est-il rendu à Bayreuth et a-t-il assisté au festival ? Ce sont deux questions d'importance pour un wagnérien. Après avoir terminé son *Wagner*, il écrit à la veuve du compositeur, Cosima Wagner, pour lui demander des invitations aux représentations de *Parsifal* et de *Tristan.* Sa sœur Esther l'interroge sur le résultat de sa demande le 1er août 1897 :

> Et Bayreuth ? Et madame Wagner a-t-elle daigné de ne pas t'oublier ? Réponds, je t'en prie à toutes mes questions.

Bien plus tard, en 1939, dans les *Chroniques de Caërdal*[1], Suarès raconte que ses requêtes sont restées lettres mortes et que sa déception en a été profonde. Le texte qui suit montre combien ses voyages en Allemagne ont été décevants et difficiles. Rien de commun avec ses voyages en Italie durant lesquels la puissance des émotions artistiques compense les difficultés matérielles. Nous reproduisons intégralement ce texte qui ne concerne pas uniquement Bayreuth mais plus généralement l'Allemagne :

> 27 août. ROTHENBOURG SUR LA TAUBER. – Je n'ai jamais été que deux fois en Allemagne, toujours pour la musique et toujours trop peu à mon gré : la première à Mayence et sur le Rhin, pour les Concerts rhénans, pendant une semaine ; à Munich et à Bayreuth, la seconde pendant neuf ou dix jours. La vieille Cosima Wagner avait à deux reprises refusé de m'inviter à *Parsifal*, sans répondre même à mes lettres : elles accompagnaient un petit livre que, tout jeune, j'avais consacré à Wagner. Il m'avait grandement coûté de les écrire ; mais ma passion de *Parsifal* et de *Tristan* avait été la plus forte ; elle l'avait emporté sur mon complet dénûment. Bref, je m'endettai à des conditions cruelles. Je fis alors le voyage de la musique et du jeûne, de l'ivresse et de la colère. Comme j'avais toujours faim et me nourrissais à peine, j'étais pour la musique un amant extraordinaire. Je sais à peu près mourir d'amour. Mais ce n'est pas là ce que je veux dire.

1 NRF, n° 313, 1er octobre 1939.

Un matin, je fus à Rothenbourg[2]. Le souvenir du père Liebermann, un bon vieux bonhomme qui m'avait enseigné l'Allemand à neuf ans, m'a conduit ainsi dans sa ville natale. Rothenbourg est ce que j'ai vu de plus charmant en Allemagne, où d'ailleurs, je n'ai pas eu le loisir de voir grand-chose. C'est un jardin dans une corbeille de murs gothiques. Saint-Jakob, une grande église, dresse, non sans majesté, sa masse du Moyen Âge dans la petite ville : elle est lourde et d'un dessin maladroit : deux chœurs et pas de transept. Par une bizarrerie dont le sol ne rend pas raison au passant, ni rien de visible, une rue est percée sous l'un des chœurs et mène dans une chapelle barbouillée de peinturlures. Une tour, un beffroi domine de haut sur la place du marché. Toute la ville semblait s'être donné rendez-vous, quand j'y promenai timidement mes pas. Je me suis vu l'objet d'une curiosité si peu discrète que j'en ai rougi jusque sur la nuque. Furieux, j'ai fui. À plus d'une reprise, j'ai dû m'apercevoir que le centre de l'Afrique ne finit qu'au centre de l'Europe, et même plus haut, en s'élevant vers le pôle.

La jolie ville ! Une manière de Soissons où l'art aurait bien moins de part que la nature. Des fleurs partout, à toutes les fenêtres ; un ordre exemplaire, une propreté parfaite ; et dans les rues, des enfants blonds, roses, frais, grosses têtes carrées, surtout les plus petits. Je me rappelle que, tombant d'admiration, je pensais : « mon Dieu, comme ils parlent bien allemand, pour leur âge ! » Après quoi, ayant fait réflexion, je me mis à rire aux éclats, comme il m'arrive. Ces jolis petits hommes plongèrent alors, tels un seul automate, ramassèrent des cailloux et même une assez grosse pierre, et me les lancèrent. Ils avaient pris soudain un visage si dur et si haineux que je ne me lassais pas de les contempler. « Méchants enfants, leur criai-je, n'avez-vous pas honte ? Je ne vous ai rien fait. Pourquoi voulez-vous me faire du mal ? » Ils ricanèrent ; ils riaient de toutes leurs petites dents, en vrais enfants. J'ai assez bon accent, en allemand ; mais je n'ai jamais pu rien dire ni rien entendre de suivi dans cette langue : elle m'est trop contraire. J'observai alors que leurs yeux disparaissaient dans leurs faces gonflées.

Ils n'ont point d'yeux.

Suarès affirme ici avoir fait un voyage d'une dizaine de jours à Munich et Bayreuth. Mais il ne mentionne que le nom de la ville de Bayreuth. Il ne donne aucune indication sur le voyage, les représentations auxquelles il aurait pu assister. Pas de dates précises ou de détails sur les personnes qui lui auraient prêté de l'argent. Il est possible qu'il ait fait le voyage sans avoir pu assister au festival lui-même. Thomas Doherty[3]

---

2 Rothenburg est à une centaine de kilomètres à l'ouest de Nuremberg et à 180 kilomètres de Bayreuth.

3 Doherty, Thomas : *André Suarès et la Musique*, thèse de doctorat, Middlebury College, 1959.

se demande s'il aurait pu commencer ce voyage sans jamais le terminer. Il mentionne également dans sa thèse que Maurice Pottecher et Marie Dormoy pensaient que Suarès n'était jamais allé à Bayreuth[4]. Sa veuve était du même avis. C'est également ce que pensait Michel Drouin avec qui nous avons échangé plusieurs fois sur cette question.

Un court texte extrait d'un carnet inédit de 1901 éclaire cette question :

> On entend Wagner sans le voir, avec délices. On ne pourrait pas le voir, sans l'entendre… Ainsi donc, je me résignerai à ne pas voir Bayreuth, ni ce que j'ai tant désiré de voir depuis 15 ans. Puis, *Parsifal* ne sera jamais si beau sur la scène qu'il l'est en moi. Il est divin, et c'est ainsi que je me le chante.

C'est ainsi que nous envisageons le rapport de Suarès à Bayreuth. S'il avait pu assister au festival, il se serait exprimé sur l'acoustique, les chanteurs ou l'orchestre. Il est invraisemblable qu'un wagnérien tel que lui ait assisté au festival sans s'exprimer en aucune manière sur ce qu'il y a vu, ne serait-ce que dans ses carnets ou sa correspondance. Reste une possibilité : il a pu aller jusqu'à Bayreuth sans avoir de place pour les représentations. Cela expliquerait le texte de *Paraclet* que nous présentons plus bas dans lequel il fait une violente caricature des spectateurs du festival qu'il aurait alors pu observer à l'entrée ou à la sortie du théâtre. Cela expliquerait pourquoi il ne parle que de l'auditoire du festival et pas des interprètes.

Cet autre texte, extrait du carnet n° 55 bis[5] et daté de 1922 décrit une visite à Wahnfried, la maison de Wagner à Bayreuth. On remarquera le titre : « Rêve ».

> Rêve
>
> – Une large allée tout ombragée conduit à la maison.
> Tout de suite, le gardien survient et montre le chemin de la tombe.
> J'ai donc couru au tombeau et je l'ai baisé longuement.
> Des gens arrivent. Je me cache dans le petit bois.
> Quand ils sont partis, je reviens à celui qui dort.
> De nouveau, je baise la grande pierre qui le couvre et le cache mais cette fois le baiser est sur la tête.

4 Inversement, Jean Astier affirme que Suarès s'est rendu à Bayreuth avec Gabriel Cognacq qui prit Suarès sous sa protection dès 1924, mais sans donner plus de détails ou références.

5 [Ms 1370] de la bibliothèque littéraire Jacques Doucet.

Ô pierre froide, pourtant ma bouche est toute chaude. J'ai le goût de la marguerite sur les lèvres.

– Et je pleure. J'ai beaucoup pleuré.

J'ai pleuré sur lui, sur toi, sur vous, sur l'amour, sur toute la joie, sur toute la peine, celles-là, sur les larmes de la vie et l'ivresse du monde.

– Il faisait calme et doux près de cette tombe. Le vent faisait doucement chanter les arbres. Le vent musicien.

– Dans sa maison, la grande salle de musique. J'ai mis les mains sur le grand Steinway offert au père de *Parsifal* par l'Amérique.

Puis, la vaste bibliothèque, où il travaillait toujours. Maintenant, elle regarde le tombeau.

Là j'ai encore joué sur le plus petit piano dont il se servait à l'ordinaire.

Cette chambre est pleine de souvenirs, un mélange bizarre de mauvais portraits et de choses touchantes.

Une douce voix [...][6] a prononcé mon nom.

– Depuis que j'ai quitté Wahnfried, j'ai vu le Théâtre.

– sur la colline j'ai cueilli des fleurs.

Au tombeau, j'ai ravi une branche de lierre qui montait sur la grande pierre juste à l'endroit où doit être sa tête, où furent ses yeux.

– J'ai rendu visite encore à Liszt qui dort tranquille sous les arbres[7].

Ce texte plein d'émotion et de sensibilité décrit une visite de la maison, puis le recueillement sur la tombe de Wagner (au fond du jardin derrière sa maison) et celle de Liszt. Il n'est pas question du festival, des représentations, des artistes. Suarès conserve l'ambiguïté. Le texte témoigne de la sincère et profonde dévotion que Suarès porte à Wagner et son titre conforte l'idée qu'il ne s'est jamais rendu autrement qu'en songe sur le sommet de la « colline sacrée ».

Enfin, à propos de Bayreuth, nous voulions présenter ce passage de *Paraclet*, dernier ouvrage de Suarès. Envisagé dès 1894, les derniers chapitres sont de 1947. Sans pouvoir annoncer de date précise pour l'écriture de ce passage, Suarès donne les noms de dignitaires nazis, il s'agit donc de l'après-guerre. Mais il signale qu'on ne les connaissait pas encore : il rapporte donc un événement antérieur. C'est une description caricaturale du public de Bayreuth[8], tel qu'on peut le croiser sur l'esplanade devant le théâtre, ou bien pendant les entractes qui durent

6 Mot indéchiffrable.

7 Texte complet.

8 On songe à certaines caricatures gravées de son grand ami Louis Jou, à la fois très raffinées dans la réalisation, et sans concession dans l'expression ; un peu à la manière de Goya qu'il admirait profondément et dont il possédait quelques œuvres.

traditionnellement une heure. Cela va dans le sens d'un passage dans la ville sans que Suarès ait assisté à une représentation. Selon Robert Parienté, Suarès se souvient ici d'un voyage qu'il aurait « effectué en Allemagne en 1898 quand il écrivait son essai sur Wagner[9] ». Notons que Parienté utilise le conditionnel. Le texte de 1901 présenté plus haut, contredit cette hypothèse. On retrouve ici la même critique du public que dans le premier chapitre de son *Wagner*, même s'il prenait alors plutôt des traits américains. Voici ce texte dans son intégralité.

Récit de Caërdal

Je revenais d'Allemagne. Déçu de Bayreuth, j'en étais écœuré même. Trop de barbarie à fleur de peau musicale. C'est trop d'abonder en soi au-delà du vomissement. Le génie n'a pas tous les droits : il n'a que ceux qu'on lui laisse. Nous sommes d'ici : nous ne sommes point de là-bas. Nous ne voulons pas nous rendre à la sommation du poing et de la bête. J'avais la nausée des Allemands que j'avais vus communier dans l'orgueil et la haine de ce temple. L'admiration ne leur était qu'une occasion nouvelle d'abonder en eux-mêmes : elle ne les portait pas à aimer, mais seulement à haïr. Gonflés de suffisance, gras de lard, luisants de gloire, rouges de mangeaille, le crâne ras des forçats, poussant les rires d'une joie abjecte à force d'être épaisse, le ventre en avant et soumises à leurs côtés ces femelles mafflues, leurs femmes et leurs filles, affublées d'oripeaux hurlants, on attendait de les voir crever par le milieu de la bedaine, mais on ne l'espérait pas : on en sentait plutôt la crainte ; on se demandait, le cas échéant, où se mettre à l'abri de ces obus viandeux. Obus, Obèses. Un groupe se gavait de nourritures lourdes, autour des chopes pleines. Et ils se curaient les dents, y décrochant le reste des saucisses : car ils obéissent à l'hygiène comme au pas de l'oie. Passant près d'une table, une odeur infecte s'exhalait de ces corps qui sentent mauvais en série, à la sortie même du bain : ils pratiquent en vain la grande eau et les soins de la propreté : ils puent de nature. Ils ont un relent de couenne mûre, un fumet de suint[10], d'aigre, de malt qui fermente, de choux en proie au ver blanc et de vieux cigare ; ils sont imprégnés de cette cendre refroidie qui fait mal au cœur de ceux qui ne fument pas. Tel est l'arôme de cette fleur, la race supérieure. Cela sentait Goering, Hitler, Goebbels, Streicher, Rosenberg, Himmler, Frick, Frack, Frock, toute la constellation qu'on ne connaissait pas encore. Chaque point lumineux est une nébuleuse de crimes, qu'on a découverte au ciel depuis et qui, à présent, y est visible.

Pendant l'entr'acte, je les écoutais. Ils aboyaient en lapant, contre le *Crépuscule*. D'ailleurs, pleins de Siegfried, de Walkyries, de Wotan, de dieux et de

9 *André Suarès* Tome II, Robert Laffont, Collection Bouquins, p. 839. Les passages présentés dans ce volume ont été écrits entre 1937 et 1947.

10 Matière grasse que sécrète la peau du mouton et qui imprègne sa laine selon le CNRTL.

> déesses barbares, de guerriers qui hurlent et qui trahissent, ils avouaient ne plus se plaire à *Parsifal* : ils lui préféraient *Lohengrin* et *Tannhäuser* à *Tristan.* Le Nietzsche a passé par là. Et, le *Ring* excepté, ils ne pensaient pas qu'il y ait jamais rien eu dans l'art ni dans le monde qui vaille *Les Maîtres.* Trois cents minutes en ut majeur ne sont pas pour lasser cette race supérieure de pot à tabac.

Il reste donc encore sur cette question du « voyage à Bayreuth » de véritables recherches pour un biographe. Il pourrait retrouver des éléments dans des textes encore inédits voire indéchiffrés et, bien sûr, dans sa correspondance. Car André Suarès fréquente des personnalités qui pourraient l'inviter au festival de Bayreuth : amis, mécènes… à commencer par Romain Rolland. En juillet 1891, ce dernier se prépare à faire le voyage et il en fait part à son ami. La réponse montre que Suarès est attiré tout particulièrement par les lieux fréquentés par Wagner, avant même le théâtre et le festival :

> J'aurais aimé aller là, surtout pour voir les arbres qui virent Wagner, et l'immuable néant où pour moi, tout serait palpitant de lui et de son roi[11].

La comtesse Murat, que Suarès appelle « la princesse », est une de ses mécènes. Sa correspondance montre qu'elle cherche à obtenir une place pour Suarès et qu'elle aimerait organiser un voyage avec lui. Le 10 août 1911, elle lui écrit qu'elle réside pour cinq ou six semaines à deux heures de route de Bayreuth, et qu'elle fait tout son possible pour obtenir des places par un ami proche. On imagine aisément la grande joie que devait ressentir Suarès, et sa fébrilité dans l'attente d'une nouvelle lettre. Le 21 août, en plein festival, il reçoit de Bayreuth une carte postale[12] illustrée d'une portée musicale, reprenant un thème du troisième acte de *Parsifal.* Voici ce qu'elle lui écrit :

> J'ai été appelée en toute hâte à Bayreuth par un de mes amis qui avait pu au dernier moment, m'avoir une place pour les *Maîtres chanteurs* et *Parsifal.* Que vous dire ? D'abord que j'ai pensé à vous. Et puis qu'il vaut mieux ne rien dire. Une divine parole semble avoir pénétré en moi, me remplissant d'émotion et de silence. Nous viendrons ensemble. À vous de toute ma pensée fidèle et affectueuse.

---

11 Le roi mentionné est Louis II de Bavière, mécène et ami. Collection Maurice Noël.

12 Collection comte Richard de Laguiche par Maurice Noël.

On imagine facilement sa déception. Il semble qu'il faille peu de choses pour qu'il obtienne l'invitation tant désirée, mais elle reste toujours hors de portée. La promesse est toujours renouvelée mais jamais réalisée.

Une autre personnalité d'importance aurait pu l'aider : Malwida von Meysenbug. Amie du couple Wagner, proche de Nietzsche, Suarès lui a été présenté par Romain Rolland dont elle est une amie chère. Suarès lui rend visite à Rome lors de son voyage en Italie en 1895. La correspondance entre Malwida et Rolland donne de précieux détails sur sa relation avec Suarès. Elle connaît bien les difficultés de celui-ci avec ce qu'elle appelle « le monde pratique », et se montre toute disposée à l'aider et lui présenter certains de ces influents amis. L'un d'entre eux est Gabriel Monod[13], autre grand wagnérien, et elle engage Suarès à lui envoyer des articles. Elle aimerait lui trouver un travail : peut-être à la bibliothèque ce qui lui laisserait du temps pour écrire et ne l'exposerait pas trop au public. Mieux encore : des cours particuliers de français. Elle l'invite souvent à sa table et s'inquiète de son bon état de santé. Mais elle se heurte à la conception de la vie du jeune écrivain. Il mange très peu, se contentant de deux tasses de café noir dans la journée et un repas léger le soir. Il passe des nuits entières au Colysée, joue des heures au piano Bach et Beethoven, ou improvise. Son caractère sombre et solitaire lui apparaît alors tout entier. Elle reconnaît en lui « une intelligence extraordinaire et un cœur chaud et généreux[14] », mais elle s'inquiète de son caractère entier et allergique à toute mondanité. Il lui apparaît rapidement « que le plus grand ennemi est en lui-même[15] ». Elle ouvre sa pensée et son cœur dans ses lettres à Rolland, sur un ton intime. Elle défend Suarès et l'aime profondément, mais sa façon de réagir la décourage et même la désespère :

> Je n'ai pu l'amener en aucun endroit où je lui avais déjà préparé un aimable accueil et ainsi il n'a fait aucune connaissance qui aurait pu lui plaire ou lui être utile[16].

13 Monod avait été le professeur d'histoire de Suarès et Rolland à l'École normale supérieure. Il a été un élément important dans leur approche du compositeur.

14 16 mai 1895. Lettre à Romain Rolland. Elle écrit aussi le 12 juillet 1895 : « c'est un esprit à la Börne plus pur que Heine, mais parent des deux ». Ludwig Börne est considéré comme le chef de file du mouvement de la Jeune Allemagne.

15 23 mai 1895.

16 14 juin 1895.

Elle conclut ainsi : « le sort lui est ennemi, mais il est encore plus son propre ennemi ». Son attitude hautaine et ses jugements péremptoires découragent ses plus proches amis. Trop sauvage Suarès ! Il aurait été « un superbe héros pour un roman de George Sand », conclut-elle dans sa lettre du 27 juin 1895. Elle est à même de lui faire publier des articles dans *Le journal des débats* ou *La nouvelle revue*, mais il ne respecte jamais les délais. De plus, lorsqu'il change d'adresse, il ne prévient pas, et les courriers s'égarent ou leur distribution est retardée. En septembre 1895, il réside à Rome au moment de l'inauguration du monument à Garibaldi. Elle y voit un excellent sujet pour un article et une occasion favorable de publication. Suarès refuse jugeant le sujet trop prosaïque. Ce passage à Rome a laissé une impression très mitigée et, si Suarès revient d'Italie avec son livre le plus reconnu, le Condottiere n'aura pas réussi à se constituer un réseau de connaissances et d'amis à même de le seconder dans ses projets littéraires.

En ce qui concerne son *Wagner*, il semble qu'il soit encore disposé à travailler son texte à la fin du mois de mai 1896 si l'on en croit la lettre du 27. Il demande en vain à Malwida von Meysenbug des souvenirs sur le compositeur qu'elle a rencontré à Londres en 1855. Elle rapporte cela à Romain Rolland :

> Voilà maintenant ce qui arrive. Suarès m'écrit une lettre désolante en me disant qu'il ne me dit pas où il va, qu'il n'ose y penser lui-même etc. Mais à la fin de la lettre il me prie tout d'un coup de lui dire tout de mes rapports avec Wagner et de lui trouver tous les détails les plus intimes sur les représentations à Bayreuth. Il croit qu'en écrivant sur Wagner cela pourrait améliorer sa fortune parce que la mode est à Wagner. Certes, je voudrais de tout mon cœur lui venir en aide, mais c'est bien difficile ce qu'il me demande : d'abord écrire pour lui sur Wagner m'est impossible, ma tête est si souffrante que je peux à peine écrire mes lettres. Pauvre Suarès cela me fait une peine profonde de ne pouvoir le sauver, mais j'ai vu l'année passée comme c'est difficile avec lui dans la pratique et je vous le dis, tout à fait en confidence, je doute de son talent.
>
> Mille et mille amitiés.

À Trévise, le 29 juillet 1896, elle écrit à Romain Rolland que Suarès lui a demandé d'intervenir en sa faveur pour obtenir une bourse de Bayreuth. Il arrivait que la famille Wagner offrît des places à de jeunes écrivains, musicographes, ou musiciens. On sait que Suarès avait demandé à Cosima des places pour *Parsifal* et *Tristan*. Sa demande d'appui allait dans ce sens. Il avoue dans cette lettre à Malwida la difficulté qu'il éprouve à demander de l'aide. Elle s'en fait l'écho auprès de Rolland :

> Ainsi en me demandant une bourse de Bayreuth, il ajoutait « quoique je n'aime pas à demander, j'aime qu'on m'offre. » – Je ne pouvais que lui répondre : « je ne mérite pas ce reproche qui ne pouvait s'adresser qu'à moi, car Cosima, ne vous connaissant pas, comment aurait-elle pu vous l'offrir et moi j'y avais pensé avant que vous me l'ayez dit. Il m'a écrit depuis sans souffler mot là-dessus. C'est la même chose avec l'article sur Bayreuth. Naturellement c'était à vous de l'écrire, cela seul pouvait être vivant et vrai et combien y aura-t-il encore dans cette foule qui écriront et quelle chance aurait-il à être accepté. Et s'il écrit un article il est plus que probable qu'il ne sera pas accepté. Il ne connaît pas assez de monde et je l'ai donc vu à Rome comme il était avec les personnes qu'il rencontrait pour la première fois, avec une allure tellement hautaine comme s'il leur était cent fois supérieur, de sorte que j'avais honte pour lui, aussi a-t-il déplu à tous ceux qui l'ont vu (...). »

Suarès a connu des personnalités qui auraient pu l'aider à obtenir des places pour Bayreuth, ou une bourse de voyage pour assister au festival. Mais si Malwida ou la comtesse Murat aimaient recevoir Suarès et le soutenir, elles savaient combien il était difficile voire impossible de le présenter dans un milieu plus mondain. Sa présentation physique même était par trop atypique : cheveux longs, allure vestimentaire excentrique qu'on lui reprochait déjà au lycée. Malwida résume bien l'effet qu'il produit : il se met « sur un pied d'hostilité avec tous, même sans les connaître et montre un sentiment de supériorité qu'il n'a peut-être pas, car au fond je crois qu'il est modeste, mais qui effraye les autres et ne les dispose pas en sa faveur[17] ».

En conclusion, il semble bien que Suarès n'ait pas assisté au festival wagnérien malgré son souhait le plus cher. Son Bayreuth est imaginaire, et il est d'autant plus riche et touchant. C'est aussi de cela que vient l'originalité et l'intérêt de ses textes. Suarès parle de son émotion, de l'impact de l'œuvre sur son univers intérieur. Rien de journalistique, ou d'historique dans ses écrits. Il parle de lui et de la résonnance du festival en lui, comme de l'œuvre de Wagner. *Parsifal* ne sera jamais aussi beau que dans son imagination[18]. Il l'a écrit. Il en est de même pour le festival. Quant au flou qui entoure cette question, il nous

---

17 31 janvier 1896.

18 Carnet inédit de 1901 : « *Parsifal* ne sera jamais si beau sur la scène qu'il l'est en moi. »

semble que l'écrivain avait tout intérêt à entretenir le doute. On aurait pu lui reprocher d'écrire sur le festival sans y avoir assisté, sur la ville de Bayreuth sans s'y être rendu.

BIBLIOGRAPHIE

Cette bibliographie n'est pas exhaustive et concerne principalement la bonne compréhension du présent ouvrage. Nous avons souhaité faire le point sur les éléments bibliographiques dont disposait Suarès sur Wagner au moment de la rédaction de son livre. Nous présentons également les précédentes études concernant le *Wagner* de Suarès, le wagnérisme et la musique en général. Pour consulter une bibliographie mise à jour des œuvres de Suarès et des ouvrages critiques, on se reportera aux actes du colloque « André Suarès » organisé en 2013 par l'université Paris-Sorbonne et l'École normale supérieure, parus sous le titre de *La Couronne littéraire d'André Suarès*[1]. Antoine de Rosny établit également plusieurs bibliographies extrêmement précises des œuvres de Suarès et des études qui lui sont consacrées, dans son dernier ouvrage réunissant les écrits d'Yves-Alain Favre sur Suarès : *André Suarès en pleine lumière*[2]. On trouvera également dans son ouvrage un point chronologique très complet sur les études suarésiennes.

OUVRAGES IMPORTANTS SUR LE COMPOSITEUR PARUS AU MOMENT DE L'ÉCRITURE DU *WAGNER* DE SUARÈS

CITÉS PAR SUARÈS

BAUDELAIRE, Charles, *Richard Wagner et Tannhäuser à Paris*, Paris, Dentu, 1861. Œuvres *Complètes*, Gallimard (Pléiade), 1976.

JULLIEN, Adolphe, *Richard Wagner, sa vie, ses œuvres*, Librairie de l'art, Paris, 1886.

LAVIGNAC, Albert, *Le Voyage Artistique à Bayreuth*, Paris, Delagrave, 1897.

1 *La Couronne littéraire d'André Suarès*, sous la direction de Michel Murat, Classiques Garnier, Paris, 2017, p. 377-385.

2 *André Suarès en pleine lumière*, Classiques Garnier, Paris, 2022, p. 507-530.

LICHTENBERGER, Henri, *Richard Wagner, poète et penseur*, Paris, PUF, 1898.
CHAMBERLAIN, Houston Stewart, *Le drame wagnérien*, Paris, Chailley, 1894.
WOLZOGEN, Hans-Paul von, *L'Anneau des Nibelungen, Guide musical*, Delagrave, 1896.
GLASENAPP, Carl Friedrich, *Das leben Richard Wagners*, Breitkopf und Härtel, Leipzig, 1894-1911
GLASENAPP, Carl Friedrich, *Wagner-Encyklopädie*, Fritzsch, 1891.
LINDAU, Paul, *Richard Wagner*, Paris, Hinrichsen & Cie, (trad. J. Weber), 1885.
NIETZSCHE, Friedrich, *Le cas Wagner*, Gallimard, 1974 (*Der Fall Wagner – Nietzsche contra Wagner* 1888-1889).
Revue wagnérienne (1885-1888), édition critique en ligne de Frédéric Gagneux, https://obvil.sorbonne-universite.fr/corpus/critique/revue-wagnerienne_tome-1 [consulté le 20/04/2022]
DUJARDIN, Édouard, « La revue wagnérienne », *La Revue musicale*, 1er octobre 1923, p. 140-160.

AUTRES OUVRAGES IMPORTANTS DISPONIBLES EN FRANÇAIS LORS DE L'ÉCRITURE DU *WAGNER*

CHAMFLEURY, *Richard Wagner*, Paris, Bourdillat, 1860.
BENOIT, Camille, *Richard Wagner*, souvenirs traduits, Charpentier, 1884.
ERNST, Alfred, *Richard Wagner et le drame contemporain*, Paris, Librairie moderne, 1887.
ERNST, Alfred, *L'art de Richard Wagner*, Plon, 1893.
FRESON, Jules, *L'esthétique de Richard Wagner*, Paris, Fischbacher, 1893.
GAUTIER, Judith, *Richard Wagner et son œuvre poétique*, Paris, Charavay, 1882.
KUFFERATH, Maurice, *Richard Wagner et la neuvième symphonie de Beethoven*, Schott, 1875.
KUFFERATH, Maurice, *Le théâtre de Richard Wagner*, Fischbacher, 1891.
KUFFERATH, Maurice, *Lettres de Richard Wagner à Auguste Roeckel*, 1894.
MALLARMÉ, Stéphane, *Divagations*, Paris, Eugène Fasquelle, 1897.
MENDÈS, Catulle, *Richard Wagner*, 1886.
MORTIER, Alfred, *Une nouvelle définition de l'œuvre d'art*, Mercure de France, Avril 1895.
SCHURÉ, Édouard, *Le drame musical*, 1886.

TEXTES DE WAGNER

Les textes suivants, de Richard Wagner, étaient traduits en français au moment de l'écriture du *Wagner* de Suarès. Les *références* reproduites ici sont celles qui apparaissent dans l'ouvrage d'Albert Lavignac : *Le Voyage Artistique à Bayreuth*, Delagrave, 1898.

Art et Politique, Bruxelles, trad., J. Sannes, 1868.
Esquisse autobiographique (1813-1842), trad. Camille Benoît, Paris, Georges Charpentier, 1884.
Le Judaïsme dans la Musique, Bruxelles, J. Sannes, 1869.
Lettres à Rœckel, traduction de Maurice Kufferath. Paris : Fischbacher, 1894.
Lettre sur la musique, suivie de quatre poèmes d'opéras, (*Le Vaisseau fantôme, Tannhäuser, Lohengrin, Tristan et Isolde*), avec une notice de Charles Nuitter, Trad. : Challemel-Lacour, Paris, Bourdillat, 1861.
L'Œuvre et la mission de ma Vie, trad. Hippeau. Paris, Schiller, 1884.
Souvenirs, traduits de l'allemand pour la première fois par Camille Benoît, Paris, Georges Charpentier, 1884. (Contient des extraits de *Souvenirs sur Spontini, Sur la Défense d'Aimer, Sur Schnorr, Lettres, L'Œuvre et la mission de ma vie*...).

Les principaux textes de Wagner, cités par Suarès dans son *Wagner* (sans précision d'édition ni de langue), sont les suivants dans l'ordre chronologique.

L'Art et la Révolution, 1849.
L'Œuvre d'art de l'avenir, 1849.
Opéra et Drame, 1851.
Une communication à mes amis, 1851.
Lettre à Villot sur la musique, 1860.
Beethoven, 1869.
Religion et Art, 1880.
Gesammelte Schriften und Dichtungen, 10 vol. Leipzig : 1871-1883. (*Œuvres complètes*, écrits et livrets. En allemand).
Œuvres en Prose, 13 vol., trad. J. G. Prod'homme, F. Holl. Paris : 1907-1923. Réimpression aux Éditions d'aujourd'hui, (Les introuvables), 1976.
Écrits sur la musique, (*Beethoven, Une communication à mes amis, Lettre sur la musique*), Gallimard, Paris, 2013.

AUTRES TEXTES DU COMPOSITEUR

Richard Wagner à Mathilde Wesendonck, Journal et lettres (1853-1871), Paris, Parution, 1986.

Lettres à Otto Wesendonck, (1852-1870), Paris : Calmann-Lévy, 1924.

Correspondance Franz Liszt – Richard Wagner 1841-1882, Traduction de L. Schmidt, Lacant, Paris, Gallimard, 1943.

Une communication à mes amis, suivie de *Lettre sur la Musique*, trad. Jean Launay, Mercure de France, 1976. (Première traduction de Challemel-Lacour en 1860).

Les Opéras imaginaires, traduction et analyses de Philippe Godefroid, Paris : Séguier, 1989.

Ma Vie, Paris, Buchet/Chastel, 1983.

PARIS, Alain : *Livrets d'Opéras*, tome II, Laffont (Bouquins), 1991.

Tristan et Isolde, texte présenté, traduit et annoté par André Miquel, Gallimard, (folio) 1996.

SUR WAGNER ET LE WAGNÉRISME

Sur la question du wagnérisme de Suarès, nous avons publié plusieurs ouvrages dans lesquels on trouvera des éléments complémentaires :

Dictionnaire encyclopédique Richard Wagner, (sous la direction de Timothée Picard), Arles, Actes Sud, 2010. Article Suarès, p. 2030-2031.

GAGNEUX, Frédéric, « André Suarès, Richard Wagner et le wagnérisme français », *La Couronne littéraire d'André Suarès*, sous la direction de Michel Murat, Classiques Garnier, 2017, p. 191-210.

GAGNEUX, Frédéric, *André Suarès et le wagnérisme*, Paris, Classiques Garnier, 2009 (édition de poche, 2021)

GAGNEUX, Frédéric, « Félix ou le poète musicien », *Nunc*, n° 49, éd. de Corlevour, automne 2020, p. 51-54.

SUARÈS, André, *Les premiers écrits : documents et manuscrits*, édition de Frédéric Gagneux, Paris, Classiques Garnier, 2010 (édition de poche, 2021).

La revue wagnérienne, 1885-1888, éd. Frédéric Gagneux, Université Paris-Sorbonne, LABEX OBVIL, 2015 : https://obvil.sorbonne-universite.fr/corpus/critique/revue-wagnerienne_tome-1 [consulté le 25/04/2022]

OUVRAGES ET ARTICLES GÉNÉRAUX

BEAUFILS, Marcel, *Wagner et le wagnérisme,* Paris : Aubier Musique, 1947.

CŒUROY, André, *Wagner et l'esprit romantique, Wagner et la France, le wagnérisme littéraire,* Paris : Gallimard, 1965.

GUICHARD, Léon, *La Musique et les Lettres au temps du wagnérisme,* Presses Universitaires de Grenoble, 1963.

L'Œuvre d'art totale, sous la direction de Jean Galard et Julian Zugazagoitia, Gallimard, 2003.

LEBLANC-GUICHARROUSSE, Cécile, *Wagnérisme et création en France, 1883-1889*, Paris, Honoré Champion, 2004.

MOST, Glenn W., « Nietzsche, Wagner et la nostalgie de l'œuvre d'art totale », *L'œuvre d'art totale*, sous la direction de Jean Galard et Julian Zugazagoitia, Gallimard, 2003, p. 11-34.

MILLINGTON, Barry, *Wagner, guide raisonné,* (ouvrage collectif), Fayard, 1992.

PICARD, Timothée, *L'art total : grandeur et misère d'une utopie (autour de Wagner)*, Rennes, Presses universitaires de Rennes, 2006.

PICARD, Timothée, « Pourquoi récrire la Tétralogie », *La Walkyrie, L'avant-scène Opéra* n° 228, septembre-octobre 2005, p. 106-110.

PICARD, Timothée, « Peintures wagnériennes en littérature », *Richard Wagner, Visions d'artistes*, Catalogue de l'exposition de Genève, Paris, Somogy, 2005, p. 252-259.

PICARD, Timothée, « Wagner, ou le procès du XIXe siècle », *Romantisme*, 2004, n° 123. Formes et savoirs. p. 105-118.

ZUGAZAGOITA, Julian, « Archéologie d'une notion, persistance d'une passion », *L'œuvre d'art totale*, sous la direction de Jean Galard et Julian Zugazagoitia, Gallimard, 2003, p. 67-88.

Wagner et la France, Catalogue de l'exposition organisée au Palais Garnier à l'occasion du centenaire de la mort du compositeur en 1983. Martine Kahane et Nicole Wild, Herscher, 1983.

Richard Wagner, visions d'artistes, Catalogue de l'exposition à Genève au musée Rath du 23 septembre 2005 au 29 janvier 2006, Somogy, Paris, 2005.

DAHLHAUS, Carl, *Les drames musicaux de Richard Wagner*, Liège : Mardaga, 1971.

GREGOR-DELLIN, Martin, *Richard Wagner*, Paris, Fayard, 1980.

Verdi, Wagner et l'Opéra de Paris, sous la direction de Mathias Auclair, Christophe Ghristi et Pierre Vidal, BNF, Opéra National de Paris, 2013.

SUR SUARÈS ET LA MUSIQUE

ASTIER, Jean, *La Passion musicale d'André Suarès*, Lucien Volle, 1975.

ASTIER, Jean, « André Suarès : un wagnérien oublié », *la Nouvelle Revue des deux Mondes*, Août 1977, p. 333-338.

BOUNOURE, Gabriel, « Brèves remarques sur le wagnérisme et le spinozisme de Suarès », *Revue de Belles Lettres*, n° 4, Genève.

BRULEY, Pauline, « Lexique et style de l'improvisation : entre musique et poésie, dans *Musiciens* d'André Suarès », Écrire en artistes des Goncourt à Proust, Pierre-Jean Dufief et Gabrielle Melison-Hirchwald (dir.), Paris, Honoré Champion, 2016, p. 257-278.

BRUNEL, Pierre, « Suarès et Debussy », *Un grand écrivain méconnu : André Suarès, Cahiers de Malagar*, automne 2001, p. 171-198.

DOHERTY, Thomas, « André Suarès et deux musiciens de son temps : Wagner et Debussy », *Revue des lettres modernes*, 346-350, 1973 (3), p. 105-124.

FAVRE, Yves-Alain, « Schopenhauer, maître secret de Suarès », *Suarès et l'Allemagne*, *Revue des Lettres modernes*, Paris, 1976.

FAVRE, Yves-Alain, « Musique du mot chez Suarès : *Lais et Sônes* », *Revue des Lettres modernes*, n° 346-350, 1973, p. 183-200.

FAVRE, Yves-Alain, « André Suarès et la Musique », *L'Éducation Musicale*, Juin 1968 et Juillet 1968.

FAVRE, Yves-Alain, « Les variations de Suarès sur Beethoven », *Suarès et l'Allemagne*, Paris, *Revue des Lettres modernes*, 1976, p. 111-133.

GAGNEUX, Frédéric, « André Suarès et la musique italienne », colloque « André Suarès, écrivain de la Méditerranée », Paris, Classiques Garnier, (actes à paraître).

MAURIN, Mario, « le Wagner de Suarès », *Suarès et l'Allemagne*, *Revue des Lettres modernes*, Paris 1976, p. 133-147.

MILLET-GÉRARD, Dominique, « "Fragile merveille". Claudel, Suarès et le haïku », Le Haïku en France. Poésie et musique, Jérôme Thélot et Lionel Verdier (dir.), Kimé, 2011, p. 57-80 ; repris dans *Le Verbe et la Voix*. Vingt-cinq études en hommage à Paul Claudel, Paris, Classiques Garnier, 2018, p. 391-413.

PICARD, Timothée, « Suarès et le modèle wagnérien : réalisation spirituelle ou perte de soi ? », *Wagner, une question européenne : contribution à une étude du wagnérisme*, Rennes, Presses universitaires de Rennes, 2006, p. 467-487.

ARTICLES DE SUARÈS SUR WAGNER (*LA REVUE MUSICALE*)

La première lettre de Baudelaire à Wagner (1er novembre 1922).
Sur Wagner (1er octobre 1923).
Musique et Poésie (1er novembre 1924).
Wagner et le Poème (1er juin 1926).
Pensées sur la Musique, XXX, (janvier 1930, nº 100).
Vues sur Jean-Sébastien Bach (décembre 1932, nº 131).

Les textes de Suarès parus dans *La Revue Musicale*, ont été réunis par Stéphane Barsacq dans *Sur la musique*, Arles, Actes Sud, 2013.

OUVRAGES DE SUARÈS FAISANT RÉFÉRENCE À WAGNER

Caprices, poèmes inédits, présentation d'Yves-Alain Favre, Paris, les Lettres modernes, 1977.
Ce monde doux-amer, préface d'Yves-Alain Favre, Paris/Nantes, Plasma/Le temps singulier, 1980.
Debussy, Paris Émile-Paul frères, 1922.
Dostoïevski, Paris, Cahiers de la Quinzaine, 1911.
Essais, Paris, éd. de *La N.R.F.*, 1913.
Goethe, le grand Européen, Paris, Émile-Paul frères, 1932.
Idées et Visions ; et autres écrits polémiques, philosophiques et critiques, 1897-1923, éd. établie par Robert Parienté, Paris, Robert Laffont, collection « Bouquins », 2002.
Musiciens, illustrations de Louis Jou, Paris, Louis Jou, 1931.
Musique et poésie, Paris, Claude Aveline, 1928.
La Nation contre la race, Paris, Émile-Paul frères, 1916.
Portraits et Préférences : de Benjamin Constant à Arthur Rimbaud, préface et notes de Michel Drouin, Paris, Gallimard, 1991.
Portraits et modèles, Paris, Grasset, 1935.
Présences, orné par Ouvré et Siméon, Paris, Mornay, 1925.

Remarques, Paris, éd. de *La N.R.F.*, 1917-1918.
Sur la vie, tome I, Paris, Cornely, 1909 ; tome II, Paris, Cornely, 1910 ; tome III, Paris, Émile-Paul frères, 1912.
Tolstoï, Paris, Union pour l'action morale, 1898.
Valeurs, Grasset, 1936.
Variables, Paris, Émile Paul, 1929.
Voyage du Condottière, Paris, Devambez, 1930.
Voyage du Condottière, tome I, *Vers Venise*, Paris, Cornely, 1910. Tome I, *Vers Venise*, tome II, *Fiorenza*, tome III, *Sienne la bien-aimée*, Paris, Émile-Paul frères, 1932.
Vues sur l'Europe, Paris, Grasset, 1939.
Vues sur Napoléon, Paris, Grasset, 1933.
Wagner, Paris, Revue d'art dramatique, 1899.
Xénies, Paris, Émile-Paul frères, 1923.

SUARÈS, André, « Précipice d'amour », « Rencontre de Vesper », « Wagner Amfortas », *La Couronne littéraire d'André Suarès*, Paris, Classiques Garnier, 2017 (textes choisis et annotés par Frédéric Gagneux), p. 361-375.

CORRESPONDANCES

André Suarès – Jacques Doucet, Le Condottiere et le Magicien, Correspondance choisie, établie et préfacée par François Chapon, Juillard, 1994.
L'Art et la Vie, (choix de lettres avec Romain Rolland, F. Jammes, Unamuno, Bergson…), Paris, Rougerie, 1984.
André Suarès – Jacques Copeau (choix de lettres, 1912-1913), Australian Journal of French Studies, 1982.
Ignorées du destinataire, Lettres inédites, Paris, Gallimard, 1955.
Cette Âme ardente, Choix de lettres à Romain Rolland, 1887-1891, Paris, Albin-Michel, 1954, préface de Maurice Pottecher, avant-propos et notes de Pierre Sipriot.
André Suarès – Paul Claudel, Paris, Gallimard, 1951.

CORRESPONDANCES INÉDITES

André Suarès – Tony Aubin (Bibliothèque littéraire Jacques Doucet), [Ms. 1471] à [Ms. 1484].

André Suarès – Romain Rolland, (Fonds Romain Rolland de la Bibliothèque nationale de France).
Lettres de Malwida von Meysenbug (Bibliothèque littéraire Jacques Doucet) – [Ms. 14.434 Alpha] à [Ms. 14.438 Alpha].
Lettres à Guy de Pourtales (Bibliothèque littéraire Jacques Doucet) – [Ms. 10.695 Alpha] à [Ms. 10.705 Alpha].

ÉTUDES SUR ANDRÉ SUARÈS

ASTIER, Jean, *La passion musicale d'un écrivain indépendant : André Suarès*, thèse de doctorat de 3e cycle. Université de Lyon II, 1975.
BARNAUD, Jean-Marie, *L'Esthétisme d'André Suarès*, thèse de troisième cycle, Nice, 1970.
BUSI, Frédéric, *L'Esthétique d'André Suarès.* Wetteren, Cultura, 1969.
DIETSCHY, Marcel, *Le Cas André Suarès*, Neuchâtel, À la Baconnière, 1967.
DOHERTY, Thomas, *André Suarès et la Musique*, thèse de doctorat, Middlebury College, 1959.
FAVRE, Yves-Alain, *La Recherche de la grandeur dans l'Œuvre de Suarès.* Doctorat d'état. Littérature française (dir. : Dedayan, Charles), Paris 4, 1975.
LIGER, Christian, *Les débuts d'André Suarès*, (thèse de 3e cycle), Montpellier, 1968.
MAURIN, Mario, *À la recherche d'André Suarès*, Université de Yale, 1951.
PARIENTÉ, Robert, *André Suarès l'insurgé*, Robert Laffont, 1999.
ROSNY (de), Antoine : *La Culture classique d'André Suarès*, Paris, Classiques Garnier, 2019.
THOORENS, Léon : *André Suarès, le Condottiere de la beauté*, extraits présentés et commentés, Anvers en 1954.

PUBLICATIONS RÉCENTES

Miroir du temps, (éd. de Stéphane Barsacq), Paris, Bartillat, 2019.
Ports et rivages, (éd. d'Antoine de Rosny), Gallimard, 2021.
Sur Baudelaire, (éd. de Stéphane Barsacq), Éditions des instants, 2021.
FAVRE, Yves-Alain : *André Suarès en pleine lumière*, éd. d'Antoine de Rosny, Paris, Classiques Garnier, 2022.

INDEX NOMINUM

INDEX DES ŒUVRES ET DES PERSONNAGES

INDEX DES ŒUVRES ET DES PERSONNAGES DE WAGNER[1]

1 Les œuvres de Wagner sont souvent désignées de plusieurs façons. Il existe le nom allemand et la traduction française. Ainsi *Die Meistersinger von Nürnberg* devient *Les maîtres chanteurs de Nuremberg.* Parfois, on utilise une simple abréviation comme *Les maîtres.* Il n'est donc pas rare qu'une seule œuvre puisse être désignée de trois façons différentes. En France, *Le Vaisseau fantôme* désigne *Die Fliegender Holländer* dont la traduction correcte est *Le Hollandais volant.* Suarès n'échappe pas à cette particularité. Il parle aussi bien de *L'Anneau*, du *Ring* ou de la *Tétralogie* pour désigner le cycle de quatre œuvres (un prologue et trois journées) : *Der Ring des Nibelungen.* Nous avons conservé ces variations tout en modernisant les formes. Par exemple, nous avons préféré *Götterdämmerung* à la forme ancienne *Goetterdaemmerung.* Mais lorsque l'auteur a préféré utiliser *Le crépuscule des Dieux* ou simplement *Le crépuscule*, nous avons conservé cette liberté qui est la sienne. Les différentes formes apparaissent dans l'index et lorsque cela nous a semblé utile, nous donnons des précisions dans les notes de bas de page.

INDEX DES ÉCRITS THÉORIQUES DE WAGNER

TABLE DES MATIÈRES

TEXTES ANNEXES

IMPRIM'VERT®

Achevé d'imprimer par Corlet,
Condé-en-Normandie (Calvados),
en Novembre 2022
N° d'impression : 178400 - dépôt légal : Novembre 2022
Imprimé en France